中国郡县文化志

沙县卷

沙县民政局　沙县地方志编纂委员会　主编

中国社会出版社
国家一级出版社·全国百佳图书出版单位

图书在版编目（CIP）数据

中国郡县文化志．沙县卷／沙县民政局，沙县地方志编纂委员会主编．—北京：中国社会出版社，2018.6

ISBN 978－7－5087－5997－5

Ⅰ.①中… Ⅱ.①沙… ②沙… Ⅲ.①文化史－沙县 Ⅳ.①K203

中国版本图书馆 CIP 数据核字（2018）第 122088 号

书　　名：中国郡县文化志·沙县卷
主　　编：沙县民政局　沙县地方志编纂委员会

出 版 人：浦善新
终 审 人：尤永弘
责任编辑：魏光洁

出版发行：中国社会出版社　　　邮政编码：100032
通联方式：北京市西城区二龙路甲 33 号
电　　话：编辑部：（010）58124851
　　　　　邮购部：（010）58124848
　　　　　销售部：（010）58124845
　　　　　传　真：（010）58124856
网　　址：www. shcbs. com. cn
　　　　　shcbs. mca. gov. cn
经　　销：各地新华书店

中国社会出版社天猫旗舰店

印刷装订：保定彩虹印刷有限公司
开　　本：170mm×240mm　1/16
印　　张：18. 5
字　　数：310 千字
版　　次：2018 年 9 月第 1 版
印　　次：2018 年 9 月第 1 次印刷
定　　价：60. 00 元

中国社会出版社微信公众号

《中国郡县文化志·沙县卷》编委会

总 序

泱泱谓中华，郡县聚国邦。中国古称“华夏”，《左传》中写道：“中国有礼仪之大，故称夏；有服章之美，谓之华。”五千年的历史激荡了几多朝代更迭、物是人非，但一直未改变的是中国的山水契阔，中国的文化延拓，中华文明如一条源头饱满的河流持续奔涌。其间，地名是中国文化底蕴的浓缩，纷繁复杂的地名如繁星散落在华夏大地，勾连出中国古老而又不失活力的地脉轮廓。

地名是美丽中国的代名词，地名是韵味中国的双关语。《说文解字》中“地”为“万物所陈列”，“名”为“冥不相见，故以口自名”，地名是非物质的，却也是形象的，既代表着自然或人文地理实体，又能超越时空在脑海中形成立体图景。地名虽是简简单单的名称，却道不尽地与人、地与物、地与事、地与地的千丝万缕的关系，一个地名是一节历史片段，一串地名就是一幅郡县画卷。

中国郡县制由来已久，春秋更则郡县生，秦汉盛则郡县成。郡、县是中国古代的两级行政区划制度，是继宗法血缘制度之后出现的地缘统治方法，为后世的行政区划和地名工作打开了新的窗口。郡县制生发出郡县志，古代郡县志是地理志，如唐代的《元和郡县图志》是流传至今最古的一部地理总志，对各个郡县的户口、沿革、山川、古迹以及贡赋等分别作了细节描述，对中国地名的变迁具有重要的考证价值。现代郡县志是文化志，“中国郡县文化志”系列丛书即是对中国地名古今文化的梳理、考察和延续，将为中国深厚的郡县文化再添一抹亮色。

郡县文化是具有中国特色的地名文化，研究和书写郡县文化是对地名文化的全新解读。地名文化博古通今，涉及政治、经济、历史、天文、地理、城市、民族、宗教、神话等一系列知识，可以说，地名文化是一件由当地居民共同织就的百衲衣。而今，地名文化已经被列为非物质文化遗产，地名文化是经过历史考验的文化财富，是中华民族生生不息的精神食粮，习近平总书记多次强调："民族文化是一个民族区别于其他民族的独特标识，要传承和弘扬中华民族优秀传统文化。"本丛书是对地名文化基因的探寻，透过郡县文化的书页，可以"望得见山、看得见水、记得住乡愁"。

乱世枭雄并起，盛世秉笔修志。今天的中国是新世纪的中国、新时代的中国，地名文化也融入文化大发展大繁荣的进程，郡县文化志对经济社会发展和精神文明建设均能起到良好的效用。编撰郡县文化志是一项颇有意义的研究工作，价值与责任同在，契机与挑战并存，每一卷都能够从今溯古、以古鉴今、把握规律、推动进步。众志成城完成的这套浩大工程，将郡县地名和传统文化娓娓道来，俯仰山河，开卷有益，愿中国地名工作不断地走向文化自觉和文化自信，地名文化代代相传并发扬光大。

是为序。

第十三届全国人民代表大会社会建设委员会副主任委员
原民政部副部长　宫蒲光

2017 年 12 月

本卷序

由民政部地名研究所和沙县人民政府合编的《中国郡县文化志·沙县卷》，带着情浓韵足的地名气息和浓郁的油墨清香面世了。这是沙县在刚获评为“中国地名文化遗产千年古县”后，首次编纂出版的地名文化书籍。这有助于外界更多更好地了解沙县地域传统文化和历史发展变革，对打造地名文化品牌，提升沙县知名度与美誉度，意义非凡，影响深远。

沙县是我熟悉与眷恋的第二故乡。20 世纪 90 年代至 21 世纪初，因工作需要有幸在沙县工作和生活了十余年，对这里的一村一镇，一街一巷，一山一水，一草一木，至今记忆犹新，仍感亲切，有一种特殊的情愫。

沙县位于武夷山与戴云山脉之间、福建省中部偏西北、闽江支流沙溪下游，是一座拥有 1600 多年悠久历史的文明古县。这里民智开发较早，文化源远流长，中原古风犹存，且地理位置与区位优势明显，土地肥沃，气候适宜，自然资源优越，物产丰富，素有“金沙县”之美誉。据境内出土文物证实，沙县在距今一万年前的新石器时代就有人类活动，地上地下各类文化遗存丰富。西周以前，县内居住着土著闽族。春秋战国时期，越族进入，与土著闽族融合为闽越族。秦代开始，中原汉人因避乱、流放等原因陆续南迁，同原匿居于深山密林中的闽越族人以及畲族等少数民族，聚族而居，胼手胝足，披荆斩棘，刀耕火种，开荒垦殖，建设家园。东晋末，沙县已形成较大的居民点。唐永徽六年（655 年）之后，沙县一直保持县级建制，居住人口已相当稳定。沙县独特的地理景观和千年文明的发展史，成为区域地名群形成、采词和演变的环境与土壤，造就了全境地名词语的显著特征和文化特色，体现了沙县先民在村落命名中的智慧，有力地延续了千年古县地名文脉，足以见证沙县底蕴深厚的历史文化。

“地名是一个地域文化的载体，一种特定的文化象征，一种牵动乡土情怀的称谓。”人类滥觞于山野，由穴居变巢居进而村居，肇基于村屯，其中演绎和记录着人类不断进化，逐步走向文明的漫长历程。《中国郡县文化志·沙县卷》，对境内 787 个千年以上自然村落地名的考证分析，得出沙县地名有以择地建村时选当地地形地貌、山形水胜、村落方位及村居特点命名的；有为数众多的村落则以姓氏与地形地貌相结合取名的；也有以各种物产、各类建筑物和当地相关的景物取名的。这些地名既突出反映其村名内涵之形象、准确、便于称谓的显著特征，又充分体现沙县地名古老的历史和独特的地域文化特点；也反映出沙县人积极向上的生活态度和对美好未来的追求。尤其是本志选取地方特色文化、有趣味的地名传说故事，用讲故事的语言风格记述该地名称的来历，令人过目不忘。志中那一个个始终未变地名的古村落，历经千百年风霜洗礼，彰显沙县独特的民俗与风情，尤为弥足珍贵。

《中国郡县文化志·沙县卷》，既遵循一般志体构架，又采用讲故事的通俗语言记述，拓宽了历史和文化视野。本志主要由政区概况、历史沿革、历史事件、著名人物、地方风物、地名故事等部分组成，包括名胜古迹、民俗风情、风味特产、沙县小吃、传奇趣事等。记述形式以文字为主，照片为辅，图文并茂，精彩生动，熔史实性、通俗性、趣味性、可读性于一炉，给人以赏心悦目、传奇有趣的享受与惬意。

是为序！

福建省民政厅厅长 汤锦娜

2018 年 1 月

目录

绪　言[①]

地名作为语言学中的专有名词，是人类赋予自然地理实体和人文地理实体的名称，既然地名是由人创造出来的，地名自诞生起就被刻上了深度的文化印痕。从口传地名到文字地名，地名通常比较精练，但小小的地名里藏着大大的文章和多多的故事，单就作为四大文明古国的中国来谈，讲好中国自己的地名文化故事任重道远，书写好中国自己的地名文化史可以增强我们的文化自信和文化自觉。

一、地名与文化之辨

地名，顾名思义是一种关于实地或实体的名称。一方面，人们天天都在使用地名，出行、居住、新闻、设施等方方面面都离不开地名，地名和人存在着熟悉又密切的关系；另一方面，人们对地名的熟识通常建立在表层上，很少有人能讲清楚地名的来龙去脉和深层意义，所以地名对于人们来说也是陌生的，是百姓日用而不知的文化符号。几十年来，人们对地名的基本概念已经达成初步共识，只是在具体的措辞用字上尚未形成一个大家公认的结论，地名可以理解为地方名称（Place names）或地理名称（Geographical names）。国家系列标准之一《地名 标志》中界定："地名，是人们对各个地理实体赋予的专有名称。"

地名的形成、发展和演变与政治、经济、地理、历史、语言、风俗等均有关联，以地名为载体的文化称为地名文化。地名文化可以区分为狭义的地名文化、广义的地名文化两种。前者单指对地名的基础研究，如地名的概念、

---

① 王胜三、浦善新：《方舆：行政区划与地名1702》，中国社会出版社，2017年版，第1－6页。

沿革、由来、类型、命名方式、命名规律、影响因素等，也就是说和地名直接相关的文化体系；后者和地方志、地域文化交叉相关，由地名引申出来的文化都包括在内，这里所说的文化具有广阔的外延。“地名的物质材料——语言文字形式及地名的结构模式等，均属于地名与文化的显性形态；而地名的形式和结构背后所反映的信仰、习俗、道德观、价值观、文化心理、美学观念等，则是其隐形内涵。”地名文化是比较中性的文化，主要与历史学、地理学相互借鉴呼应，对自然科学和社会科学均有影响和介入，1988年全国自然科学名词审定委员会公布的《地理学名词》中便设有“地名学”一节。

观乎天文以察时变，观乎人文以化成天下。其实文化的概念有几百种，比较全面的可数泰勒（E. B. Tylor）对文化的定义：“文化是一个复杂的总体，包括知识、信仰、艺术、道德、法律、风俗，以及人类在社会里所习得的一切能力和习惯。”狭义的地名文化是二维的，广义的地名文化是三维的，文化的体量更大。近似于地域文化的地名文化好比一幅拼图，整体被切割，但部分又能连成整体。当地名和文化两个词相连的时候，文化放在后边表示被引领。文化中的地名就像灿烂的星空，每个地名都是会眨眼睛的活化石，又像是白瓤黑子的火龙果，文化和地名是密不可分的；地名中的文化是地名发散出的信息，好比一座巨大的冰山，地名只是露出水面的冰山一角，而地名文化是水面以下丰富的内涵。

二、地名文化史的后盾

地名研究学者通常将地名的起源追溯到上古时代，认为地名与人类的出现相辅相成。语言出现之后逐渐发展出更多的地名，但其实考古学家发现旧石器时代的居民已经学会用岩画来定位和指路了。商朝的甲骨文上便刻有地名，一些出土的青铜器上可以辨识出关于地名的故事。考古学家已经发现很多已然逝去的古文化，并以地名冠称在文化二字前面，比如良渚文化、仰韶文化、河姆渡文化、三星堆文化等。这一切都可以说明一个道理——地名文化是中国传统文化的重要组成部分，作为四大文明古国的中国，5000 年的文明历程是考察地名文化的智力支持和坚强后盾。

中国文化是个比较笼统的概念，不仅包括诸子百家层面的制度文化，更囊括了深入每一个毛细血管的下里巴人文化。可以从不同的角度区分不同的中国文化体系，单就我们常说的“衣食住行娱”几个方面，就可以归纳出服饰文化、饮食文化、建筑文化、交通文化、休闲文化等，更不用说佛教文化、道教文化、农耕文化、游牧文化、海洋文化等更加恢宏的文化体系。各种文化在中国大地上相互交织，各种文化中都有地名穿插其中，以中国书画文化为例，张择端所作的《清明上河图》可以说家喻户晓，这五个简单的字里就包含了地名，人们走的是哪一座桥？桥在哪一条河上？河又位于哪座城市？其实《清明上河图》描绘的是北宋末年京城汴梁的繁华景象，也就是今日的开封，画中走在桥上的汴河百姓成了今人眼中的风景。

如果拿望远镜看地名，地名文化追逐着图腾文化的脚步。何星亮所著的《中国图腾文化》中，专门有一个章节讲“图腾与地名”，他认为中国最古的地名源于图腾名称。羊图腾氏族的长期居住地便名“姜”，水名“姜水”；古突厥人以狼为图腾，故名所居之地为“狼山”；今日土家族为古代巴人的后裔，均以虎为图腾，其所居之地多带“虎”字，清江流域的巴山、巴尔河、巴岩子中的“巴”是“虎”的意思，虎巴子岩、白虎溪、白虎垄等均与图腾名称有关。也有学者从氏族的角度谈地名文化，比如牛汝辰在《中国地名文化》中写道：云南省哈尼族地区存在地名连名制，子寨名称都带有母寨名称的一个字，如堕铁—多沙（堕铁沙）—多普（多沙普）—多洛（多普洛）—多脚（多洛脚）。

如果考察比较晚近的地名，在行政区划中界定的地名也有很多可以挖掘的文化。以最宏大的地名“中国”来说，别称不下 10 种，比如华夏、中华、九州、神州、赤县、海内、四海、禹城等，其他国家还称中国为支那、震旦、唐山等，哪些是美称而哪些需要雅化，每一个别称都可以做一番研究。各省级政区都有一个以上的简称，根据一个字就可以讲一整段历史，从字面来看，多数省级政区的名字与水有关，可见水是地名起源的重要孕育力量。另外，中国五个省级政区称为自治区，新疆维吾尔自治区为什么省略了“族”字，五个自治区的驻地称为首府，而其他省级政区的驻地称为省会，这些都是地名文化要回答的问题。

三、地名文化史的内涵

我们平时讲的历史可以分为三个维度——真实历史、历史记录、历史学。如果按照这样的角度思考，地名也可以分为地名实体、地名文化、地名文化史三重。有的地名实体依然存在，有的地名实体已经消亡，只留下历史地名；地名文化包括现今地名和历史地名的记录；地名文化史主要应该与地方志区别开来，郑玄认为“四方所识久远之事，谓之方志”。地名志也叫地志、志乘、书契等，地名文化史是基于地方志进行书写的，但“史专志广”的原则告诉我们，地方志详细记述一个地区方方面面的生产生活，可以说是无死角地执笔记录，而地名文化史是比较专业化的历史记录，以地名为中心点或者说侧重点。另外，古人讲“治天下者以史为鉴，治郡国者以志为鉴”，当代修志，隔代修史。当年书写的地方志通常称为年鉴，地方志每隔10年到20年要重新修订一次，地名文化史重点追溯地名的过往，达到经世致用的目的。

最重要的是，地名文化史注重探寻规律。中国矿探专家曾经根据一个区域村名特点，在当地发掘出矿藏。地名用字有区域特点，比如华北地区有很多山西移民，这些山西移民搬到新地点后以“哥”互相称呼，地名也根据人名来命名，比如刘哥庄、朱哥庄、岳哥庄，后来几经演变，“哥”字逐渐变成“各”字，就是我们现在常见的“刘各庄”“朱各庄”“岳各庄”。少数民族地区的地名多采用音译的办法，很多地名相对较长，通常在四个字以上，要仔细地区分这些名字中哪些是汉语地名、哪些是少数民族语地名，需要地名工作者在地名普查时认真地考证和记录，比如村落名“耕读百吉”是当地秀才起的汉语地名，希望当地人耕地和读书两不耽误，屯名“施古玉威”是音译的羌语地名，意思是“漂亮的农家小院”。地名的当代研究分支之一是地名标准化，其中也涉及地名文化史的考察，比如地名标准化有多少种方法，在演变的过程中有哪些规律。

地名是独特的文化遗产，文化遗产包括物质文化遗产和非物质文化遗产。民政部于2012年7月发布了《地名文化遗产鉴定》行业标准，主要规定千年古城（都）、千年古县、千年古镇、千年古村落、甲骨文和金文地名、少数民族语地名、著名山川、近现代重要地名8项界定标准。地名既涉及物质文化遗产，又涉及非物质文化遗产，非物质文化遗产可以研究地名与宗教信仰、民间传说、历史事件等之间的关系。根据《保护世界文化和自然遗产公约》，地名物质文化遗产包括石窟、石刻、壁画等人类文化遗址，历史建筑、近代现代重要史迹及代表性建筑，分布均匀或与环境景色结合方面具有突出普遍价值的历史文化名城（街区、村镇）。截至目前，中国有历史文化名城131

座，千年古县 800 余个，古村落 5000 多个，可以想见中国地名文化史的体量不可小觑。

四、地名文化的书写综览

地名的书写得益于文字的发明，甲骨文是中国已知的最早文字，残存的龟骨上记载了几百个地名。目前还没有系统的地名文化史专著，多为地名文化的研究，主要有古代史地研究、地名学基础研究、地名文化通论、地名学工具书、地名志书等几类。

古代的地名文化研究多为史地研究，历史和地理的传统是不分家。先秦时期的史书《禹贡》，仅仅 1000 多字便记录了上百个山水实体地名，里面不乏岷（山）、太行（山）、大别（山）这样一直延续至今的地名。随后出现的比较系统的地名文化研究是《汉书·地理志》，它不仅叙述了公元 2 年西汉王朝 103 个郡国及下辖的 1587 个县级政区的名字和地理沿革，还介绍了 175 座山名和 361 个陂、泽、湖、池的名称，加上其他地名共有 4500 多个。另外还有历朝历代积累的《水经注》《释名》《释地》《春秋土地名》《括地志》《元和郡县志》《太平寰宇记》《读史方舆纪要》等地名文化研究名著，《东京梦华录》《梦溪笔谈》《徐霞客游记》等地名文化笔记。

地名学基础研究论著从地名的渊源、沿革、专名通名、地名分类等方面进行书写，包括王际桐所著的《实用地名学》《地名文化论稿》，曾世英所著的《中国地名拼写法的研究》，杨光浴所著的《应用地名学》，华林甫所著的《中国地名学源流》《中国历史地理学综述》，牛汝辰所著的《名实新学：地名学理论思辨》，褚亚平主编的《地名学论稿》，地名所组织编写的《中国地名标准化研究文库》等。

地名文化通论方面分为中国地名文化研究和地方地名文化研究，直接相关的论著目前有牛汝辰所著的《中国地名文化》和魏隽如所著的《中国地名文化》，宋久成所著的《地名文化研究——概念、少数民族语地名及其他》《地域烙印下的地名文化——少数民族语、古村落地名文化个案研究》，刘保全所著的《地名文化遗产概论》等。地方地名文化丛书不胜枚举，比如《岭南地名文化》《贵阳地名文化》《仡佬族地名研究》《运河城镇地名》《嘉祥地名大观》等。

地名学工具书、地名志书是研究地名文化的基础书目。包括国家层面的

《中国地名辞源》《中国地名词典》《中国古今地名大辞典》《中华人民共和国地名大辞典》《中华人民共和国政区大典》《中国地名录》等。地方层面的有《西域地名词典》《秦皇岛市地名词典》等。地名志根据省级、市级和县级分类，如《湖南地名志》《厦门市地名志》《茌平县地名志》，部分省市编写了《海岛地名志》，部分县级以下单位也编写了地名志，如《石碶街道地名志》。

五、地名文化史的未来

罗马不是一天建成的，治史也非一时之功。地名文化史的研究不仅仅要继承历史学的方法，更要突破和超越历史学方法的窠臼，详细地梳理古代地名文献资料，在前人成就的基础上，打造中国自己的地名文化史框架。我们一直讲要建设中国特色的社会主义，坚定中国特色社会主义道路自信、理论自信、制度自信、文化自信，书写中国自己的地名文化史是理论自信和文化自信的重要表现形式。

从地名文化史的内容上说，上自名山大川，下至边疆小镇，都需要不断挖掘补充史料。在地名文化领域还有很多有待提炼总结的地方，应该逐步地弄清楚中国地名文化的特色有哪些方面，又应该如何特色化地书写中国地名文化史，比如对少数民族语地名文化史进行书写，有利于民族史的研究。对于地名的含义、别称、雅称、演变历程要做细致的考证，特别要对乡土地名和濒危地名予以记录，对一些与地名相关的但界定不清楚的问题，可以将多种解释如实记录，为日后进一步的考证打下良好的基础。

从地名文化史的方法上说，应避免简单地罗列史料，而应该像搭积木一样搭出一个形状。在文字书写的基础上，增加地图、照片、影像等地名记录，像流传至今的《山海经》留下的都是文字，但其实最初的版本配了很多地图，今后的地名文化史书写也应该如《山海经》一样图文并茂。研究方法可以有多种选择，如语言分析法、地名制图法、实地调查、地名群法（谱系学）、大数据地名统计等。如果想要深入地书写地名文化史，需要吸收中国文化的百家之长，地名文化史的研究者是专家，也是杂家。可以预见，地名文化史的梳理将提供一个了解中国文化的崭新视角，也将拓宽世界文明史的国际视野。

中国的地名文化信息量特别庞大，可以选择从地名的分类入手，做地名文化史的系列研究，如水系地名文化史、山川地名文化史、行政区划地名文化史、村落地名文化史、历史地名文化史等。民政部地名研究所拟编写的《中国郡县文化志》将填充地名文化史的研究工作，首先按照各省级政区进行编写，之后将地名文化与中药、姓氏等文化关键词连接起来，从中国实际出发做出新的地名文化阐述，开拓出中国地名文化史书写的新脉络和大格局。

政区概况

一、地理位置

沙县地处福建省中部偏西北，武夷山脉与戴云山脉之间，闽江三大支流之一的沙溪下游两岸。位于东经117°32′~118°06′，北纬26°06′~26°40′。东邻尤溪县、南平市延平区，南接大田县，西靠梅列区、明溪县，北连将乐县、南平市顺昌县。县人民政府驻凤岗街道府前中路，电话区号0598，邮政编码365050，距省会福州市205千米。全境总面积1815平方千米，2016年末辖区总人口26.92万。

二、名称来历

沙县最早的名字叫“沙村县”，主要是因为沙县旧县治原先设在今县城东5千米古县村，旧称“沙源地”。古县村处于河宽水缓与河窄水急的交界处上方，由于泥沙积淀，沙洲众多，古人便取“沙源地”之名。为突显建县于“沙源地”这一特征，加上辖区散落在沙溪流域的各个村落规模较小，故始称“沙村县”。

随着政权的更替，政区人口不断增加、辖地不断扩大，“村”字被除去，唐朝武德四年（621年）改“沙村县”为“沙县”。改为沙县亦因境内多沙洲之故。闽江主源流——沙溪自建宁县严峰山麓发源，向南流入宁化县水茜溪，汇入翠江后再流向清流、永安、三明市区及至沙县。沿途险滩礁石密布，水流湍急，可流经沙县城区上游3千米的磨面坑后，河面豁然宽阔，形成“十里平流”景观，水流平缓，河沙渚滞，遂有大洲、仙舟、沙源等大片沙地堆积，可谓多沙地带，加之这条河也叫沙溪，所以取名沙县。《福建郡县释名》载曰：沙县因“县多沙洲”而得名。《读史方舆纪要》称：“沙县，因建在闽江支流沙溪河北岸，而得名。”

唐中和四年（884年），沙县县治由下游“沙源地”迁往上游沙溪水北“杨箦坂”。古人为地方命名遵循一原则：即“山南水北为阳，山北水南为阴”，沙县新县治正处沙溪之北，故沙县又别称“沙阳”。

沙溪沙县城关河段，传说潜有一无角龙。古语云：“有角曰龙，无角曰虬。”所以此河段又称虬溪、虬江；因而沙县单字简称为“虬”，沙县城关则简称“虬城”。

沙县政区沿革表

朝（年）代		隶属	县名
夏、商		扬州	
周		七闽地	
春秋战国		楚地	
秦		闽中郡	
汉	宣帝神爵四年（公元前 58 年）	会稽郡冶县	
	建安初（196 年）	会稽郡	南平县
三国	吴永安三年（260 年）	建安郡	南平县
东晋	太元四年（379 年）	建安郡	延平县
东晋	义熙年间（405—418 年）	建安郡	沙村县
隋	开皇元年（581 年）	隶建泉州	沙村县
	开皇十八年（598 年）	隶建泉州	废
	大业年间（605—616 年）	闽郡、建安郡	
唐	武德四年（621 年）	建州	改沙村县为沙县
	永徽六年（655 年）	汀州	复置沙县
五代	后汉乾祐元年（948 年）	剑州	沙县
宋	太平兴国四年（979 年）	南剑州	沙县
元	至元十五年（1278 年）	南剑路	沙县
	大德六年（1302 年）	延平路	沙县
明	洪武元年（1368 年）	延平府	沙县
民国	3 年（1914 年）	建安道	沙县
	17 年（1928 年）	直属福建省	沙县
	23 年末（1934 年）	第三行政督察区	沙县
	24 年（1935 年）	第二行政督察区	沙县
新中国	1949 年 6 月 16 日	福建省第二行政督察专员公署	沙县
	1950 年 2 月	南平专员公署	沙县
	1970 年 7 月 1 日	二明地区行政公署	沙县
	1983 年	三明市	沙县

三、历史沿革

沙于延，邑古且巨。夏、商时期属扬州。周为七闽地。春秋战国时期为楚国辖地。秦属闽中郡。汉初属闽越国领地。汉宣帝神爵四年（公元前58年）属会稽郡冶县，汉建安初（196年）属南平县。三国吴永安三年（260年）隶属建安郡南平县境地。晋太康四年（283年），始析南平县沙源地为沙戍。东晋太元四年（379年），改南平为延平，析南乡置沙戍。东晋义熙年间（405—418年），划延平南部区域设沙村县，属建安郡，县治所沙源地（今凤岗街道古县村）。宋、齐建置、隶属不变。隋开皇十八年（598年）废。唐武德四年（621年）复置，改沙村县为沙县，隶属建州，后并入建安县。唐永徽六年（655年），复置，作为县级行政建制稳定下来，此时疆域甚广，辖地南尽黄田岭（龙岩县界），西极站岭（江西石城县界），跨有今沙县、三明、永安、明溪、清流、宁化6个县市的地域，面积一万多平方千米。唐开元十三年（725年）后，境域范围逐渐缩小，辖区多有变化。大历十二年（777年）改属汀州。唐中和四年（884年）迁治今所。五代后汉乾祐元年（948年）改属剑州。宋太平兴国四年（979年），为别于蜀之剑州，闽之剑州改称南剑州，沙县隶属南剑州。元至元十五年（1278年）、大德六年（1302年）南剑州分别改为南剑路、延平路；至正二十年（1360年）陈有定据守延平路，沙县为陈有定辖地。明洪武元年（1368年），明王朝平陈有定，改延平路为延平府。清袭明制。元、明、清三朝，沙县隶属不变。民国初废除府、州制，民国3年（1914年）沙县属建安道；民国17年（1928年），沙县直属福建省。民国22年（1933年）底，“福建事变”中成立的中华共和国人民革命政府将沙县划归延建省，在延建省政府成立之前，政务由设在福州的闽海省省府兼理。1934年1月，中华共和国失败。同月中国工农红军东方军攻克沙县，成立中华苏维埃共和国沙县革命委员会（隶属闽赣省）。2月底红军撤离，沙县仍为国民党统治区。民国23年（1934年）末，沙县属第三行政督察区；民国24年（1935年），沙县改属第二行政督察区。1949年6月16日沙县解放，成立沙县人民民主政府，隶属福建省第二行政督察专员公署。1950年2月，属南平专员公署。1970年7月1日改属三明地区行政公署。1983年至今，沙县为三明市辖县。

四、政区划分

宋代，沙县在县城设兴义、和仁2坊，在乡区设3乡辖8里。

元代在县城仍设兴义、和仁2坊，在乡区仍设3乡，改8里为32团。

明代在县城设2坊照旧，在乡区改设32都。明景泰三年（1452年）划出二十四都部分区域及二十五至三十二都共8个都设永安县；明成化六年（1470年）划出十九都的部分区域属归化县（今明溪县）。遂将十九都剩余部分及二十都改用元代旧名善峡团和仪奉团。此后，明、清两代直至民国初，沙县境内行政区划大致稳定，在县城设和仁、兴义2坊，在乡区设24都，其中十九、二十以善峡团、仪奉团替充。

民国4年（1915年）实行区乡制。全县划为7区，即第一区，区署设在九曲巷；东区，区署设高桥乡；上南区，区署设洋溪乡；下南区，区署设高砂乡；西区，区署设三元乡；前北区，区署设富口乡；底北区，区署设夏茂乡。之后，区数屡有变更。

民国23年（1934年）实行保甲制，10~15户为一甲，10~15甲为一保，10~15保为联保，联保以上设区公所。全县划为7区46联保240保2425甲。民国25年改区公所为区署。全县设3个区署辖28个联保。

民国28年（1939年）2月，析出三元、历东（今列东）、历西（今列西）等地设三元特种区。

民国29年（1940年）2月改联保为乡镇。6月成立三元县，原三元特种区及莘口一带16保划归三元县。

民国32年（1943年）10月，兴义、和仁2联保并为凤岗镇。全县划为13乡镇159保1792甲，另有罗坑、西郊2个特编保。

民国36年（1947年）增设湖源乡，全县设14乡镇159保1744甲。

1949年6月16日沙县解放，沿袭民国时期14乡镇150保1744甲的区划，同年8月废保甲，设3个区：凤岗区辖凤岗镇、富溪乡；镇头区辖镇头乡、南霞乡、潮阳乡；高砂区辖高砂乡、青溪乡、郑湖乡。县政府直辖夏茂镇、彭梨乡、儒罗乡、高桂乡、扬光乡、湖源乡。同年10月，增设夏茂区，辖夏茂镇、彭梨乡、儒罗乡。同年12月，全县调整为5区14乡镇：第一区辖凤岗镇、富溪乡；第二区辖镇头乡、南霞乡、潮阳乡；第三区辖高砂乡、青溪乡、郑湖乡；第四区辖夏茂镇、彭梨乡、儒罗乡、高桂乡；第五区辖扬光乡、湖源乡。

1950年10月，以高桂乡增设第六区，区政府设在高桥。

1951年3月，第四区改为第七区，区政府设在夏茂；原二区的潮阳乡和三区的郑湖乡并为第四区。全县共设7个区65个乡11个街。同年7月，增设第八区，区政府设在富口乡（原富溪乡），并将原二区南坑仔划为第九区。

1952年8月，将一区的城关二街（今府西路）、四街（今李纲路）、五街（今李纲路）和三区的涌溪，五区的洋溪，六区的高桥改为镇。这样，全县共设9个区96个乡（镇、街）。

1954年，增设31个乡，全县乡数调整为115个。

1955年1月，撤销原城关二街、四街、五街和涌溪、洋溪、高桥的镇级建制。同年2月，撤销南坑仔区（第九区），全县调整为8个区118个乡742个村。同年12月，城关区改为城关镇、新设夏茂镇（隶属夏茂区）。

1956年6月，改城关镇各街公所为居民委员会。同年10月，撤销南阳、高桥2区，全县从7个区1个县辖镇，下辖110个乡镇调整为5个区1个县辖镇，下辖71个乡镇。

1958年4月，撤销高砂、镇头、洋溪、夏茂、富口5个区公所，72个乡镇合并为27个，下辖142个高级合作社。同年10月，全县区、乡撤销，成立8个人民公社，下辖112个生产大队。

1960年4月，顺昌县扶延、板山仔、瓦溪3个自然村划归夏茂公社。

1961年9月，8个大公社调整为21个小公社169个大队、街和茅坪、洋坊两个直属农场。

1963年11月，改设城关镇和城关、镇头、西霞、高砂、南阳、南坑仔、大洛、湖源、夏茂、梨树、高桥和富口12个公社，分辖6个居民委员会和165个大队。

1972年12月，从高砂公社分出青州公社；从大洛公社分出洋溪公社。1979年7月从南阳公社分出郑湖公社。1981年7月，城关公社改名虬江公社。

1983年7月，洋溪公社划归三明市梅列区。

1984年10月，撤销人民公社建制，改为人民政府，下辖的生产大队同步改为村民委员会，生产小队改为村民小组。同时，夏茂、青州两个公社改为夏茂镇、青州镇；原虬江公社位于城区的7个大队并入城关镇，城关镇更名为凤岗镇；镇头、南坑仔两个公社改为琅口乡、南霞乡。同年底，全县设3

镇12乡，下辖167个村（居）委会。

1988年，由于县城城北新区开发后居民大量迁入，2月设立府北居委会。至年底，全县共有158个村委会、14个居委会。

1993年，高桥乡、富口乡（1月）、高砂乡（4月）、琅口乡（5月）撤乡改为镇建制。年末，全县辖7镇8乡，14个居委会、158个村委会、1150个村民小组。

1994年6月，富口镇延溪村分为延溪、罗溪两个村委会。

1995年6月，凤岗镇的大洲、西门、西山、东山、庙门、水南、北门7个农业居委会改为村委会。

1997年4月，琅口镇茅坪村委会分为茅坪、琅口、柱元3个村委会，大洛乡官昌村委会分为官昌、大洛2个村委会，大洛乡华口村委会分为华口、张田、罗坑源3个村委会。至年底，全县辖7镇8乡，7个居委会、171个村委会、1110个村民小组。

1998年6月，在凤岗镇增设莲花、石桥、城南3个居委会，撤销李纲居委会。1999年，西霞乡更名际口乡。

2000年7月，在全省率先进行撤乡并镇试点工作，大洛乡撤乡改为镇建制。12月，撤销际口乡，将其行政区域并入凤岗镇，并将琅口镇古县村划归凤岗镇管辖。

2002年9月30日，梨树乡建制撤销，将梨树乡的梨树、月邦、坡后、中堡4个村并入夏茂镇，池科、新桥、泉水峡3个村并入高桥镇。

2003年9月，撤销凤岗镇、虬江乡和琅口镇建制，以沙溪河为界，按水北和水南地域设立凤岗、虬江街道办事处。至此，全县设6镇4乡2个街道办事处，171个村委会和9个居委会。

2010年12月，新增西园、长富、翠绿3个居委会。

2016年末，辖2个街道办事处、6个镇、4个乡（含金沙园、海西三明现代物流产业开发区2个省级开发区）。2个街道办：凤岗街道办事处、虬江街道办事处；6个镇：夏茂镇、高桥镇、富口镇、青州镇、高砂镇、大洛镇；4个乡：湖源乡、南霞乡、南阳乡、郑湖乡，计有13个社区居委会，171个村委会，1158个村民小组。

五、人口面积

根据县境内已发现的75处文化遗址出土的石斧、石锛、石镞等石器和大量陶片文物，证明沙县在距今 1 万年前的新石器时代就有人类活动。西周以前，县内居住着土著闽族。春秋战国时期，浙江境内的越族进入福建境内，与土著闽族融合为闽越族。秦代开始，中原汉人因避乱、流放等原因时有迁入。汉元封元年（公元前 110 年），汉武帝灭闽越国，将闽越族强行迁居浙江一带。东汉、三国及两晋时期，中原汉族陆续南迁，原匿居于深山密林中的一些闽越族人亦陆续迁居到平原河谷地带，并逐渐被中原汉族同化。东晋末，沙县已形成较大的居民点。唐永徽六年（655 年）之后，沙县一直保持县级建制，说明此时居住人口已相当稳定。南宋末年，大批中原百姓南迁，沙县人口有较大发展，达 6 万余人。元朝减至 4 万余人。明中叶发展到 7 万人左右。明末至清中叶保持在 3 万～5 万人。清光绪年间，沙县人口出现第一个发展高峰，从道光二年（1822 年）全县人口约 5.3 万，至光绪三十二年（1906 年）达到 14.9 万，84 年间增长 1.8 倍。民国元年（1912 年），全县人口达 15 万左右，此后呈下降趋势。

1949 年，全县人口约 9.8 万。沙县解放后，人口增长出现 1953—1960 年、1963—1975 年两次高峰，仅 1958 年就增加 1.16 万人，增长率高达 103.6‰，为历史最高速度。除 1961—1963 年人口净减 2564 人之外，其余年份均呈旺势发展。至 1972 年 23 年间人口总数翻了一番。1975 年总人口 19.51 万人，较 1962 年增加 7.23 万，平均每年增加 5559 人。1976—1979 年增长速度略有下降，平均每年增加 3103 人。1980 年实施计划生育政策后，人口增长速度得到控制，每年净增人数在 2000 人左右，1985 年后降至 1500 人左右。1990 年 7 月第四次全国人口普查，全县普查登记总人口 228605 人，同第三次人口普查时相比，8 年增加 22124 人，增长 10.71‰，年均增加 2765 人，年均增长率 12.80‰。2000 年 10 月第五次全国人口普查，全县常住总人口为 228548 人（包括外来人口，不包括外出人口），由于近年外出人口大量增加，与第四次全国人口普查相比，常住人口减少 57 人。2010 年 11 月 1 日零时为标准时点进行的第六次全国人口普查，沙县总人口 22.67 万，较 2000 年第五次全国人口普查比减少 1879 人，10 年减少 0.82%，年平均递减 0.08%。

2016 年末，辖区总人口 26.92 万，人口密度为每平方千米 148 人。其中，城镇常住人口 9.45 万，城镇化率 35.16%；另有流动人口 4.81 万。总人口中，男性 13.87 万，占 51.52%；女性 13.05 万，占 48.48%；14 岁以下 5.2 万，占 19.31%；15～64 岁 17.92 万，占 67.68%；65 岁以上 3.8 万，占

13.01%。总人口中，以汉族为主，达26.76万，占99.4%；有畲族、壮族、苗族、回族、土家族等15个民族，其中畲族1057人，占少数民族人口的0.39%；苗族378人，占0.14%；壮族198人，占0.07%；土家族81人，占0.03%；回族51人，占0.02%。

据明嘉靖二十四年（1545年）《重修沙县志·考》，沙县境域总面积推算为2850平方千米。1983年，为三明市辖县，行政区划土地总面积确定为1815.09平方千米，约占全省土地面积的1.49%。其中，陆地1780.83平方千米，占98.1%；水域34.26平方千米，占1.9%。东西最大距离58.25千米，南北最大距离64.5千米，境域从此基本稳定。

六、自然条件

地形地貌　距今约2亿年前，沙县地层由地槽环境、浅海环境、海陆交替环境，最终形成陆地环境。在6700万年前，奠定山地地貌和主要水系基本轮廓的基础。地质构造复杂，属闽西南坳陷带北端与闽西北隆起带的过渡带，以变质岩分布面广为特征。岩浆岩出露面积1134平方千米，占全县总面积的62.48%；变质岩面积368平方千米，占20.27%；沉积岩面积311平方千米，占17.13%。全境东西窄，南北长，呈火炬形。地貌成因类型以构造侵蚀地貌为主，侵蚀剥蚀地貌、岩溶地貌、侵蚀堆积地貌为次。地势由两侧向中部倾斜，地表形态分为山地、丘陵、河谷盆地三大类型，以中低山和丘陵为主，最高峰锣钹顶海拔1537米；最低洼谷地青州镇洽湖村海拔80米，相对高差1457米。平均海拔高度在130～160米。山地海拔500米以上，面积约590平方千米，丘陵海拔500米以下面积约850平方千米，河谷盆地面积约370平方千米，分别占全县土地面积的33%、47%和20%。形成山峦起伏，沟谷纵横，山间河谷错落其间的地貌景观。

气候气象　沙县属亚热带大陆性气候，气温日际变化大，昼夜温差悬殊，冷暖不定，一年四季明显，雨水充沛，干湿明显，雨量集中，雨季常有洪涝。夏末至秋冬常见旱情；春天和初夏阴雨连绵，日照短少；仲夏之后雨水稀少，阳光充足，出现高温暑热，秋季气候干燥，天气晴朗；冬季严寒，少雨有霜。

气温　县境内气温空间分布受地形影响，中部到四周气温呈由高到低的趋势。沿沙溪、东溪两岸的河谷盆地是暖区，年平均气温在18.8℃～19.6℃；南部、西部、西北部、北部和东部边缘为冷区，年平均气温在15.6℃～

16.8℃，最低的湖源乡，年平均气温15.6℃。按照常年气候平均气温稳定通过10℃~22℃为春秋季、高于22℃为夏季、低于10℃为冬季的标准。一年中各月份，沙县平均气温基本呈周期性变化。1月最低，3月后逐月上升，一般7月达到最高值，8月后逐月下降，至翌年1月又回到最低值。在不受降水或冷空气影响的情况下，昼夜间，气温变化呈峰谷型，其中5—7时最低，此后逐渐上升，13—15时达到最高值，15时后逐渐降低。日际间，气温变化以2—3月较大，7—8月较小；按季节划分，春季日际变化1.9℃，夏季1.2℃，秋季1.6℃，冬季1.7℃。

地温　平均地面温度比年平均气温高3.7℃左右。年平均最高地面温度比年平均最高气温高12.8℃；年平均最低地面温度比年平均最低气温低4.6℃。地下温度年平均在22℃左右，比年平均温度高2.7℃~2.8℃。5、10、15、20厘米深的地下温度值相差不大，地中温度的变化幅度比地面温度和气温小，随着深度加深，温差也越小。

日照　沙县春阴雨多，光照少。受地形、雾的影响，冬季日照时数显著减少。一年之中，7月日照时数最高，达246.7小时，平均每天8.0小时；8月次之。2月日照时数最少，仅有75.0小时，为月平均值的一半左右，平均每天仅3.1小时。1989—2005年，县城常年平均日照时数为1611.0小时。

降雨　境内雨量充沛，河流密布，水资源丰富，多年平均降水量1710毫米，降水总量30.51亿立方米。春季气候变化无常，阴雨多，春播常遇到低温阴雨天气，年年有雷雨大风，有时部分地区伴有冰雹。春末各地会出现不同程度的洪涝灾害，夏初处于雨季高峰期，暴雨洪涝灾害频繁。县内各地累年平均降雨量在1510~1840毫米。西部富口镇一带为多雨区，年均雨量1826毫米。沙溪两岸的河谷地带（洋坊村除外）及南坑仔、周坑（均属南霞乡）一带为少雨区，年降雨量均在1600毫米以下。各地年降雨量的相对变率为10%~14%。县内局部地区最大年降雨量出现在湖源，达2342.1毫米。降雨量在年内分布一般以4—6月份居多，占全年总降雨量46%。夏季（6—8月），降雨量占全年总降雨量的54%，春季（3—5月），占31%，秋、冬季仅占14%。县内各地日最大降雨量均超过110毫米。

湿度　年平均相对湿度为82%。一年中2月、4月相对湿度最大，达84%；7月相对湿度最小，为77%。

霜期　秋末，高中山地区普遍出现初霜，平原地区早的年份也可出现初霜。冬季（12—2月）：天气严寒，高山地区多霜，晴天夜间至上午时段多雾。累年平均初霜期为12月16日，终霜期为2月19日。海拔250米以下地区，初霜日出现在11月下旬末至12月上旬初，终霜日出现于2月中旬中；海拔250~500米地区，初霜日出现于11月下旬，终霜日出现于2月下旬末；海拔500米以上地区，初霜日出现于11月中、下旬，终霜日出现在3月上、中旬。

风　县内各地因地形变化，风向、风速差异较大。县气象站（设在虬江街道洋坊村）附近风向8月、10月、11月以东南风为多，其余月份多东风。年平均风速为0.7米/秒。年平均8级以上大风的天数为7.7天，主要在6月、7月、8月，7月份月平均风速最大，为1米/秒，定时最大风速12米/秒。各种风向中以西南风风速最大，为2.5米/秒。

气压　年平均气压为1000.7百帕。年际变化一般不超过0.9百帕。7月为一年中气压最低的月份，月平均气压为991.4百帕。此后逐渐升高。9—10月月际变化最为明显，可达5.9百帕左右。10月后缓缓上升，至12月达到全年最高值1009.4百帕，此后又逐渐下降。正常情况下，一天中气压变化曲线呈二峰二谷状。最高峰出现在9—10时，次峰出现在22—23时；最低谷出现在3—4时，次谷出现在15—16时。

雾与能见度　冬季（12—2月）天气严寒，晴天夜间至上午时段多雾。年平均有雾日61.2天，基本上集中在秋、冬季节。10月至1月在8.7~12.2天，其中12月最高，平均达12.2天，最高年份曾达25天；7—8月雾日最少，平均仅0.7天。由于受雾的影响，每年11月、12月和1月的凌晨到上午能见度经常小于1000米。其他月份排除下雨影响的因素，能见度一般在10000米以上。

七、水文

境内最大的河流沙溪呈南西—北东流向斜贯中部，支流发达，水系为北西—南东向，主要有茂溪（东溪）、洛溪（豆士溪）等。属山区性河流，地表土层薄，河床切割深，河道坡降大，地表水基本由河道排放。多年平均降水1754毫米，降水总量30.51亿立方米，产生径流量15.41亿立方米，人均6750立方米。加上客水89.75亿立方米，水资源总量为105.16亿立方米，人均46123立方米。沙溪干流外来水量占总来水量的85%。地下水主要来自大气降水，平均每年入渗量约3.43亿立方米，地下水年径流量约3.25亿立方米，基本渗入河槽，补给河川径流。年平均河川径流量14.87亿立方米。全县水能源理论蕴藏量21.6万千瓦，可开发量15.77万千瓦，水资源开发利用程度为15.7%，且以地表水为主，供需矛盾仍然存在。

八、矿藏及其他自然资源

非金属矿产比较丰富，亦有部分稀有金属矿产。县内已发现的矿产有无烟煤、泥煤、铁、锰、铜、铅、锌、钨、钼、铌钽、稀土、铀矿、硫铁矿、石灰岩、高岭土、瓷土、重晶石、黏土、水晶、硅石、珍珠岩、松脂岩、凝灰岩、花岗岩24种。其中石灰岩、黏土、高岭土、无烟煤探明储量。水南峡黏土矿达中型规模矿床，其他属小型矿床。

据1982年普查资料，沙县土壤随海拔、地形、水热条件和植被的变化，表现出垂直地带性的差异分布，有水稻土、红壤、黄壤、紫色土、冲积土、石灰性土和山地草甸土7个土类，分为17个亚类47个土属。红壤土类面积12.71万公顷，占土地总面积的75.3%，是面积最大、分布最广的山地土壤。有红壤、黄红壤、暗红壤、水化红壤、粗骨性红壤和红土6个亚类18个土属，其中红壤、黄红壤、暗红壤各占该土类的65.3%、26.4%、4.7%。土层厚度一般在1.5米以上，厚的超过10米；黄壤土类面积16153公顷，占9.7%。有黄壤、粗骨性黄壤、表潜黄壤3个亚类9个土属，各占该土类的81.5%、13.7%、7.1%。一般处于海拔700～1400米的中山地带，腐殖质积累丰富，有机质和氮磷钾含量高，呈酸性，适宜发展毛竹、柳杉等经济用材林及药用植物；水稻土土类面积15388公顷，占9.1%。有潴育型、渗育型、潜育型和漂洗型4个亚类13个土属30个土种，各占该土类的57.9%、22.73%、16.97%、2.3%。主要分布于河谷地带和山间谷地，海拔高度在80～1300米，为耕地主要土壤，灰泥田、黄泥田、紫泥田、潮沙田等土属面积均在660公顷以上；其他土类面积9924公顷，占5.47%。99%为紫色土，还有少量石灰性土、冲积土、山地草甸土。多位于低山丘陵地带。表层土壤较为浅薄，但质地较黏，保肥能力较强，土壤中氮磷钾含量尚丰富，是发展旱地经济作物的重要土壤资源。

沙县隶属南岭东部山地常绿槠类照叶林区，有植物156科917种，药用植物品种达654种。动物区系属于东洋界的华中区和华南区交界地带，动物资源有鸟类15目35科172种，其中国家级保护鸟类5目7科28种；兽类6目14科34种，其中国家级保护兽类4目8科13种；两栖类蛙类2目6科20种，蛇类5科19种。其中，国家级保护蛙类1目1科1种虎纹蛙，蛇类1目1科1种蟒蛇。

鱼类资源共14科55种。稻田天敌已发现定名天敌2纲6目24科75种，未定名10种。

九、自然灾害

暴雨洪涝 县内各地一年中各月均可能出现暴雨，但11—12月出现机会较少；4—7月出现机会较多，且大都集中在5—6月。县气象站观测资料显示，1989—2005年，暴雨总日数79天，其中4月5天，5月21天，6月20天，7月5天。县内容易遭受洪涝灾害的地区主要是沙溪及其支流沿岸的洼地，其中耕地面积千亩以上的有夏茂镇、高桥镇官庄村、虬江街道茅坪村和肖墩村等地。

干旱 常见，威胁也较大，春、秋、冬旱较少，程度也较轻。春旱，偶有年份在初春发生严重的春旱。夏旱，6月底雨季结束后进入夏令季节，天气晴热少雨，日照强，蒸发大，常有夏旱发生，且夏季是台风活动最频繁的季节，每年都有数次台风影响带来解除旱情的喜雨。秋旱，秋季（9—11月）天气干燥少雨，年年都有不同程度的秋旱。受干旱天气影响，容易发生旱灾的地区有城关地区、夏茂镇小平原，青州镇涌溪村和南霞乡下洋村，耕地面积均在千亩以上，为县内四大旱区。其余耕地面积千亩以下的小旱区大部分集中在夏茂镇、高桥镇和沙溪两岸的小平原。

寒流与霜雪 县内寒害有倒春寒、五月寒、秋寒和冬寒4种类型。春末冷空气活动频繁南下，中山和高山地区年年有“五月寒”，中山以下地区偶尔出现“五月寒”。仲秋各地相继出现“寒露风”。有的年份还有晚台风登陆，秋末高中山地区普遍出现初霜，平原地区有的年份也可出现初霜。降雪一般12—3月间，年平均降雪日1.39天。

雷暴 县内初雷最早始日是1月13日，最迟终日是12月11日。年平均初、终雷间隔日数为235.4天。年中7—8月雷暴最多，平均月雷暴达15天左右。主要雷击区有青州、高砂东部雷击区，高桥、夏茂西北雷击区，大洛以南的南部雷击区3个，富口镇的高山地区也曾发生雷击现象。雷暴移动线路有西部或西南移向偏东、北部移向西南或东南、东部移向西南3条。

大风 8级以上大风大多出现在春、夏两季，且多伴有雷雨。雷雨大风进入县境一般有2条路线，主要路线是从西部或西南部沿沙溪河谷移向东南部，另一条路线是从偏东方向沿沙溪河谷向西南移动。

冰雹 多发生于春分到清明之时，暑热季节亦有发生，个别年份出现于冬季。降冰雹时一般伴有大风，大部分地区伴有雷雨。冰雹路线同大风路线基本相同。

经济社会发展

一、经济概况

沙县位于沙溪下游，群山环抱，土地肥沃，物产丰富，商贸发达，自古便有“金沙县”之称，被誉为“闽中明珠”。宋朝后出现第一个繁荣时期，开垦耕地不断增多，人均占有面积4.8亩。元、明之后，动乱频繁，大量土地荒芜。清初，社会仍处于动荡之中，经济凋敝，民困日滋。康熙、乾隆年间，社会渐趋稳定，经济日见复苏。同治、光绪年间，县内以制茶、手工造纸、砖瓦和陶瓷制造等为主的手工业已具相当规模；销往口外的茶叶、毛边纸数量创历史高峰；木材、笋干、夏茂晒烟等土特产品蜚声东南数省。光绪二十年（1894年）后，沙县经济逐渐落后。民国27年（1938年），县内出现纺织、化学、机器碾米、机器印刷等小型工业和手工业，城内商号也达400余家。

1949年6月16日沙县解放，建立人民政府，沙县历史从此掀开新的一页。从1950年土地改革实现“耕者有其田”，到1952年社会总产值比1950年增长18.6%。1953—1957年“一五”时期，社会总产值增长34.2%，从1958—1962年“二五”期间“大跃进”和“人民公社化”到1963—1965年三年经济恢复期，及至1966—1976年“文化大革命”，经济基本停滞。尽管走过弯路，遇过挫折，有过失误，但在中国共产党的领导下，坚定走社会主义道路，尤其是1978年后全党工作重点转移到以经济建设为中心的轨道上来，实现历史性的转折，沙县社会主义现代化建设从此发生了翻天覆地的变化。1988年全县国民生产总值2.73亿元，国民收入2.26万元，分别是1978年和1952年的2.5倍、14倍和1.4倍、14倍，经济增长速度由1952—1978年的6.9%提高到1978—1988年的9.6%，城乡居民储蓄存款余额由1954年的43万元增加到1978年的220万元。改革开放近40年来，沙县以工业为主导、以小吃为龙头、以生态为支撑，大力实施“农业产业化、工业化、城镇化”的县域经济发展战略，经济建设快速发展，经济总量大幅度提高，综合经济实力日益增强。1996年，全县国民生产总值比1980年提前4年实现翻两番的第二步战略目标。先后获“中国竹子之乡”“中国竹席之乡”“中国小吃之乡”称号。1999 年、2002 年，在全省县级经济评价中，两度进入全省经济发展“十佳县”行列，2002 年沙县经济实力首次进入前 20 位，居第 18 位；经济发展水平居全省第 5 位。2003 年上升到全省县级第 5 位，经济综合实力跃至全省第 16 位，比 1999 年上升 10 个位次。在 2011 年全省县域经济综合实力排名居第 13 位，比 2006 年提升 4 位。继 2007 年首次被推选为中国特色魅力百强县，成为福建省唯一入选的县份后，再次入选中国特色魅力百强县，并被省政府发展研究中心评为全省最具发展潜力 10 个县份之一，成功入选中国最具投资潜力特色示范县 200 强。2014 年、2015 年连续两年跻身全省县域经济实力“十强县”。2015 年人均生产总值达到 1.3 万美元，公共财政总收入突破 10 亿元大关。2016 年全县地区生产总值 205.9 亿元，比上年增长 7.2%。人均地区生产总值 89133 元，比增 7.3%。一、二、三产比重由 1952 年的 60.93∶19.34∶19.73、1978 年的 27.3∶51.4∶21.3 调整到 2016 年的 14.1∶53.4∶32.5。农村居民人均可支配收入 15736 元，比上年增长 8.3%；城镇居民人均可支配收入 30522 元，比增 8.9%。居民消费价格全年累计比上年上涨 1.6%，其中食品价格上涨 3.9%。

随着三明沙县机场正式通航，向莆铁路建成通车，南三龙铁路、鹰厦铁路城区段改线、厦沙高速公路加快建设，三明“陆地港”建成投入使用，初步构建了“海陆空”立体交通体系，实现货物流、资金流、信息流的互联互通。沙县有着良好的发展前景，正步入加快发展、跨越发展时期。沙县 26.92 万人民在县委、县政府带领下，正着力创新驱动和供给侧结构性改革，着力改善民生和创新社会治理，着力加强生态文明建设和环境保护，倾力打造山区产业升级先行区、创新创业聚集区、农村改革示范区、低碳生态宜居区，昂首阔步迈向辉煌的明天。

1. 农业农村

沙县“八山一水一田”，全县有耕地面积 1.31 万公顷，林地面积 14.8 万公顷，竹林面积 2.8 万公顷，发展农业、林业生产的自然条件优越，历史上木材、笋干、茶叶、香菇、花柰、莱芋、晒烟、板鸭等土特产品久负盛名，销往海内外。是中国南方重点林区县、全国商品粮基地县、福建省竹子重点产区，先后被列为全国南方集体林区改革试验区县、全国科普与农科教示范县和良种水果发展基地县、省农副产品基地县、农科教结合工作示范县、农村奔小康工作示范县、宽裕型小康试点县。20 世纪 80 年代实行农村改革，全面推行农业生产责任制，农民生产积极性极大释放，粮食商品率和土地产出效益提高。1985 年全县粮食总产量跃上 10 万吨，农业总产值破亿元。1988 年农民人均纯收入由 1978 年的 97 元增加到 741 元。1989 年农村温饱问题基本解决后，立足市场导向和效益中心，着手调整农业内部和农村产业结构，着力推进科技兴农与农科教结合，大力扶持粮食、水果、竹木、鸭业、食用菌五大支柱产业，促进农业优质高产高效。1993 年开始，围绕“增粮增收保供给、脱贫致富奔小康”主线，实施“全面规划、分类指导，典型示范、整体推进”的农村小康工程，建设以林竹业、果茶业、养殖业、小吃业为特色的产业化体系，农业特色产业日益显现，农业综合生产能力逐年提高，农村经济全面发展。1996 年全县贫困村全部脱帽，省定贫困户基本脱贫，提前一年基本实现农村小康县计划。全县 12 个乡（镇）139 个村基本实现小康，占行政村 83.7%；有 35982 户农户实现小康，占全县验收农户总数的 87.6%；全县小康进程综合评分达 96.2 分。1997 年全县 15 个乡（镇）全部基本实现小康乡镇的发展目标。1998 年全县农业总产值 57493 万元，比 1993 年增长 32.6%；村集体平均经济收入 29.40 万元，比 1993 年增加 13.6 万元；农民人均纯收入 3002 元，比 1995 年增长 47.9%。按 1995 年省定标准人均收入 1000 元以下的 821 户贫困户全部脱贫，消除绝对贫困。被省委、省政府授予“全省农村脱贫致富奔小康先进县”称号。2002 年、2003 年，从山富肉桂茶、东方美人茶、铁观音、青州绿茶、富口土桥乌龙茶、沙县茶厂茉莉花茶等茶叶产品抽样，经省茶叶质检中心检测，卫生安全指标合格。2003 年、2005 年从夏茂等粮食主产区的稻谷产品抽样，经农业部稻米质检中心检测，卫生安全指标合格。沙县小吃业成为农村劳动力转移、农村经济增长的一项支柱产业得到迅猛发展，有 5 万人在全国各地甚至东南亚、日本、美国经营沙县小吃店近 2 万家，占农村劳动力总数近 60%，每年赚回 6 亿多元的收入。为解决劳动力外出与耕地撂荒的矛盾，2006 年在各乡镇、街道服务中心成立土地流转中介服务所，并建成全省第一个土地流转交易市场，至 2009 年底全县实现土地流转 9400 公顷，其中耕地 7707 公顷，占耕地总面积 61.6%。促进土地适度规模经营，至 2011 年新建农业示范基地 18 个、无公害农产品生产基地 20 个，新增绿色食品、无公害农产品 36 个，新成立农民专业合作社 123 家，培育形成市级以上农业产业化龙头企业 38 家，柱源、儒元等 5 个现代农业示范园区初具规模，果蔬、畜禽、水产、林竹等特色农业规模持续壮大。2016年，森彩兰花基地、世纪民生设施蔬菜等一批特色农业项目建成。全县粮食总产量93666吨，比上年增加653吨；肉蛋奶总产量29463吨，比上年增加1705吨，增长6.1%；农林牧渔业总产值49.36亿元，比上年增长4.5%；农村居民人均可支配收入15736元，比上年增长8.3%，较1960年、1978年全县农民人均纯收入分别增长281倍、162倍。深入实施“五大扶贫工程”，实现脱贫5851人。

2. 工业经济

中华人民共和国成立前，沙县工业落后，很难找到像模像样的工厂。中华人民共和国成立后，陆续兴建青州造纸厂、地区机砖厂、县“玉露酒”厂、林产化工厂、竹器工艺厂以及农机、水泥、纸张、塑料等60多家企业。20世纪90年代起，围绕建设“工业强县”目标，以工业经济体制改革为抓手，以优化投资环境为突破口，制定出台一系列优惠政策，促进以造纸、纺织、化学、电力、森工、机械、食品为骨干的基础工业的发展和乡镇企业转制转型，工业经济总量迅速增加，形成林产、生化、金属冶炼及压延深加工三大主导产业。2005年这三大主导产业中有规模以上工业企业52家，实现产值31.74亿元，占全县规模以上工业产值的72.4%。2002年后，变“引凤筑巢”为“筑巢引凤”，相继开发占地18平方千米、基础设施投入6亿多元的三明高新技术产业开发区金沙园、开发用地113公顷的金古工业园和民营科技工业园，乡镇工业集中区6个。大亚木业、辉煌机械、厦工三重、鸿林装饰、亿力森达、明光新型材料、金沙创业园等一批重大项目成功入园。仅厦工三重公司入驻后，陆续有铸锻、包装、管材等37家机械制造的上下游关联企业入驻，促进支柱产业和高新技术产业集聚。2005年，园区培育规模以上工业企业发展到85家，工业总产值以年均递增16.5%速度达到43.84亿元，其中有9家年产值实现超亿元。全县形成民营工业为主力军的食品、化工、建材、轻纺为支柱的县级工业框架，工业总产值49.91亿元，比1989年增长6.58倍。其中民营经济占全县经济总量的70.1%，上缴税收占财政收入的60%，占工商税收的73.5%。全县共有20多家企业通过质量管理体系认证，“麦丹”味精、“天河”竹凉席、“宏光”牌酚醛模塑料等产品被评为福建省名牌产品。2010年，金沙园成为福建中部最具规模和发展潜力的省级高新区，金古工业园成为金属深加工特色产业集中区，被确认为省级循环经济示范园、机械产业园、硅产业循环经济园。全县形成包括木竹加工等特色产业集中区和7个乡（镇、街道）工业集中区的“两园八小区”工业发展平台。金沙园入驻企业160家，产值突破140亿元；金古园入驻企业64家产值突破60亿元，建成产值超亿元企业58家、超10亿元企业4家，高新技术产业产值年均增长207.2%。中国名牌产品、中国驰名商标创建实现零的突破，工业对经济增长贡献率达到70.6%。2015年金沙园升格为国家级高新技术产业开发区，并被列入国家级小型小微企业创业创新示范基地，金古园通过全省新型工业化产业示范基地评审。2016年，全县实施工业投资项目278个，投产或部分投产项目152个，完成工业投资81.79亿元；实施工业技改项目260个，建成投产或部分投产项目148个，完成投资4.37亿元。推动中国机械科学研究总院海西分院、中节能环保产业园、厦工三重、双轮化机等央企国企与县70家民企对接合作，达成对接项目协议34项，金额约1.5亿元；现场签约企业9家，金额约5800万元；动工建设民企对接项目10个，建成投产4个。实施技术提升、品牌打造重点工业投资项目85个，列入省重点技改、技术创新和战略性新兴产业重点项目库分别为14个、10个、5个。中机院海西高端装备云制造服务平台投入运行，建成全省首个节能环保产业服务运营平台，获批全省首批智能制造试点示范基地，有10家企业开展循环经济项目，总投资82380万元，完成投资额34970万元。2016年，全县207家规模以上工业企业累计完成产值608.62亿元，实现增加值131.63亿元，同比分别增长9.3%、7.9%。其中硅化工、环保电池、机械装备、食品生物医药、林产加工、节能环保装备六大产业集群工业总产值380.91亿元，占62.6%；工业用电量正增长的81家，增幅20%以上的40家；经济效益综合指数407.85%，同比上升44.42个百分点；工业产品销售率为98.91%，资本保值增值率125.21%，劳动生产率达44.06万元/人，实现税金总额8.94亿元。

2016年，全年全社会建筑业实现增加值16.61亿元，比上年增长7.3%。全县资质等级以上的总承包和专业承包建筑业企业完成建筑业总产值102.67亿元，增长5.7%。

3. 内贸与服务业

沙县自古即为闽西北的重要物资集散地，历史上商业贸易十分活跃。据史料记载，早在唐末五代十国时期就有“千家之市，百业之盛”。明代沙县“商贾工技之流视他邑为多”。中华人民共和国成立后特别是改革开放以来，商业贸易更加兴旺。1989年，全县商业企业以国有为主、实行不同经营方式转换，全县社会商品零售总额1.8亿元。1992年后，不断深化商业、粮食流通体制改革，加快“国有民营”“社有自营”步伐，大力扶持发展个体、股份、私营经济。1996年后，随着企业改制和城市建设需要，商业、粮食、供销企业利用县政府给予的盘活资产的优惠政策，通过拍卖、转让、兼并、置换、征用、政府收储、开发改造等方式盘活闲置、低效资产。城区新建、扩建金沙、建国、西山岭站等各类专业、综合市场5个，形成千万元以上市场2个，其中金沙市场成为联结城乡、辐射全国的闽西北最大农贸市场。2003年，沙县宾馆、绿园大酒店、原家小吃店、金三角大酒店等获“福建餐饮名店”称号。2005年，由国安投资发展有限公司按五星级标准投资建造的国安假日酒店，是县内档次最高的旅游涉外酒店，占地面积76.33公顷，营业面积1.2万平方米，有各类客房113间、197个床位，还有装饰豪华的中餐厅包厢，RTV包厢，大、中、小型会议厅，多功能厅，宴会厅，西餐厅，贵宾接待厅，网球场，游泳池及康乐中心等完整配套设施。由县林委投资兴建的绿园大酒店21层，有客房136间、床位242个，是县内楼层最高、客房及床位最多的酒店。至2005年底，全县登记在册的宾馆、饭店有67家、2326个床位，其中绿园大酒店、阳光大酒店、京都宾馆为三星级酒店。全年住宿餐饮业零售额1.17亿元，占当年社会消费品零售总额的11.44%。2006年后，商贸、物流、旅游、餐饮、沙县小吃及房地产、信息、劳务、中介等现代服务业发展提速。建成鸿图、华山等商业街和沙阳汽车园、万佳车城等专业市场，引进远航医药、美廉乐等具有现代业态的商贸物流企业；新建万家惠、民发、金鼎城新华都购物广场和陆地港、公路港、新华都物流仓储中心及陶瓷建材城，引进新华都、苏宁电器、永辉超市等一批知名商贸企业，三明（洋坊）汽车城入驻汽车4S店12家，厦商百货、永辉、好多多等超市商业氛围更加浓厚。小吃文化城、淘金山休闲旅游度假区和广容、仙舟等一批按星级标准建设的酒店建成营业。2006—2011年，旅游总收入和旅游接待量实现翻番，第三产业增加值年均增长15.3%，社会消费品零售总额年均增长19.4%。2008年12月沙县小吃文化城开城，“沙县小吃及图形”集体商标注册获得核准，有效运作沙县小吃餐饮管理公司及18家子公司，“互联网+沙县小吃产业”工作被列入全省首批“互联网＋”区域化链条化试点，获批“福建海外惠侨工程中餐繁荣基地”。2015 年沙县被列入全国电子商务进农村综合示范县。县内有海西三明现代物流产业开发区，闽中快递物流园加快推进，落地快递物流企业 30 多家。2016 年，全县社会消费品零售总额 50.77 亿元，比上年增长 6.6%；限额以上批发业销售额 39.76 亿元，批零和住餐业零售额 14.14 亿元。其中，汽车类增长 8.8%，日用品类增长 9%，粮油、食品、饮料、烟酒类增长 17.3%，机电产品及设备类增长 15.1%，金银珠宝类下降 16.1%。限额以下批零和住餐业零售额 36.63 亿元，增长 10%。仅邮政寄递企业 6 家、分支机构 36 家，顺丰速递、“五通一达”、天天、快捷、全峰、宅急送、优速、京东、苏宁、飞远、德邦、安能等民营快递品牌 16 个，年快递业务量 675.58 万件、邮政业业务总额量 6544.73 万元。

4. 对外经贸

沙县对外贸易始于清咸丰年间（1851—1861 年），因地处内陆，均为转口贸易。清末至民国初期，主要通过厦门、福州、广东等地商行与外商交易，主要出口产品是茶叶、笋干和樟脑。1974 年成立外贸公司，负责为省、市外贸部门组织出口货源。1985 年成立县对外经济贸易委员会，负责县内对外贸易、引进技术、资金和外事往来。1988 年实行外贸体制改革，县内企业可自行与国内有进出口权的单位开展业务，开始实施沿海地区和外向型经济发展战略。当年外贸出口收购总值 3185 万元，比 1985 年增长 5 倍。20 世纪 90 年代后，沙县立足区位条件，顺应体制变化，营造良好投资环境，制定吸引外商投资各项优惠政策，建立专门招商机构，促进招商引资和技术、人才引进。1995 年还成立三明市国际经济技术合作有限公司沙县分公司，开展对外劳务合作。至 2005 年，共批办“三资”企业 109 家（其中有 86 家已注销或拟注销），合同外资 6900 万美元，实际利用外资 4860 万美元；获进出口经营权的民营企业 21 家，自营出口创汇累计 1.1 亿美元；2005 年全社会自营出口总值 5192 万美元。沙县始终注重招商引资质量，实现从“来者不拒”的被动招商转到“引高限低、引链限单、引净弃污”选商、择商的转变。2006—2011 年，对外开放持续拓展，先后引进投资亿元以上项目 98 个，厦工三重、三和番茄酱等一批大项目投产，金煌新能源、吉山红酒等一批大项目落地动工；新批外商投资企业 23 家，新增外贸出口企业 48 家；5 年累计实际利用外资

1.3 亿美元、出口额 6.3 亿美元，均实现翻番。按可比口径实际利用外商直接投资 3300 万美元，增长 10%；外贸出口 1.8 亿美元，增长 34.3%。2006—2016 年，全县累计批办外商直接投资项目 44 个，合同外资 33673 万美元，实际利用外商直接投资 25199 亿美元；获进出口经营权的民营企业 93 家，自营出口创汇累计 165329 亿美元。2016 年，全县进出口总额 2.61 亿美元，比上年增长 1.7%；进出口顺差 1.39 亿美元，比上年增加 0.31 亿美元。

5. 财政税收

沙县是历代封建王朝作为缴税纳贡的重要县份之一。宋宣和元年（1119 年）名相李纲被贬为沙县筦库监。清中叶前以征身丁钱（米）和田赋为主，清中叶后商税收入占比逐渐增加。旧时，沙县历设税捐经征，直接税，货物税。民国初期，军阀混战，竞相搜刮。民国 8 年（1919 年）南北军阀议和，县内正税、田赋由北洋军阀所辖的县政府接管并设立的地方税征收处征收，杂捐则由南军征收，实为税赋史上一大奇事。民国 30 年（1941 年）开始建立乡镇财政。沙县解放建立人民政府后，1950 年 3 月改称为沙县税务局。1958 年 9 月与县财政科合并称为沙县财政局。1959 年 7 月分设县财政、税务两局。之后，财税机构几度合分，财政体制历经多次演变。1980 年 12 月改称为沙县税务局、沙县财政局。1994 年 9 月县税务局改为国、地两个税务局。

中华人民共和国成立后，沙县财税工作以发展生产力为前提，以“取之于民，用之于民”为原则，保持稳步增长。县内税源 1971 年前以农业税、特产税和商业零售的工商税为主，1972 年后工业产品税成为主要税源，1988 年全县工商税收 4574.2 万元。1953—1988 年上解中央财税金额 1.79 亿元，其中 1979—1988 年上解中央 7921 万元。财政收支除 1958 年、1961 年和 1967 年三次出现赤字外，其余年份均实现收支平衡，略有结余。1979—1988 年县财政收入累计 1.94 亿元，相当于 1950—1978 年县财政收入的总和；1988 年县财政收入 3166 万元，分别为 1950 年、1978 年县财政收入的 64 倍和 2 倍。

1994 年 9 月实施分税制财政体制改革，1995 年县财政收入 8233 万元，是税改前 1993 年财政收入 5405 万元的 1.5 倍；国、地税分别入库 3442.2 万元、2732.2 万元，合计数是税改前 1993 年全县工商税收 4767.9 万元的 1.3 倍。随着经济发展和总量增大，1996 年财政收入首次突破亿元大关，达到 1.1 亿元；2002 年国税征收超亿元，入库达到 1.46 亿元。2005 年，全县财政收入达到3.2亿元，比1989年增长7.3倍；国、地税各项税征收分别入库1.87亿元、1.19亿元，比1994年分别增长3倍、5倍。2016年，全县公共财政总收入12.44亿元，同比增长2.4%。其中，地方公共财政收入9.04亿元，地方级税收收入5.67亿元，同比增长13.2%，上划中央收入3.4亿元，同比增长29.6%。县地税组织各项收入8.73亿元，同比下降0.4%。其中，税收收入5.39亿元，同比下降3.84%，扣除“营改增”因素增长21.15%；县级收入3.95亿元，同比下降4.91%，扣除“营改增”因素同口径增长20.29%，占地方级财政收入的43.69%。入库非税收入3.34亿元，同比增长5.7%。

6. 金融

沙县自古因商贾而民间融资较活跃，但清末民初仅有一个当铺，民国19至22年（1930—1933年）出现广豫汇兑庄，城关地区一些商号为方便商品流通自行印发货币代用券。民国25年（1936年），福建省银行在沙县设立办事处，农村信用合作机构也开始建立，成为沙县现代金融业的开端。但由于大量投放货币，很快出现天文数字般的通货膨胀，金融市场一片混乱，严重影响国计民生。中华人民共和国成立后，经过多年努力，建成遍布城乡的金融机构网络，形成以人民银行为领导，工商银行、农业银行、建设银行、中国银行为主体，保险公司、城市和农村信用社及邮政储蓄机构并存的金融体系，存、贷规模逐年扩大，金融业务种类不断增加，在调节经济、稳定物价、稳定市场、稳定人心、促进生产、扩大流通等方面发挥了重要作用。1950年全县存、贷款余额分别为11万元、6.2万元。1957年存款余额超百万元，达162.7万元；1970年破千万，达1001.1万元；1986年过亿元，达1.22亿元；贷款余额1955年超百万元、达203.1万元，1959年破千万元、达1080.2万元，1986年过亿元、达1.12亿元。1988年，各银行、信用社现金收入累计达31371.5万元，支出累计达36047.7万元，分别为1981年的5倍和5.2倍。1991年5月县外汇管理局成立，与县人行合署办公，负责县外汇业务管理。县人行、工行率先在全县使用电脑办理日常业务，随后各家金融机构都广泛利用电脑开展业务，主要用于日常的存贷款业务、会计、清算、行政办公等，基本脱离手工作业，办事效率大为提高；县建行、农行、中行、兴业行、农信社、城信社相继实现储蓄存款县辖通存通兑。全县金融机构各项存款余额2.03亿元，各项贷款余额2.04亿元；保险公司保费收入472万元。1993年后，随着国家金融体制改革深化和金融监管的强化，以县人行为领导的防范金融风险监管机制，国有商业银行为主体、政策性银行与商业银行相分离、多种金融机构分工协作的银行业和保险业金融组织体系逐步建立和完善。1994年7月，县农行受上级农业发展银行委托，开始代理农业发展银行划转业务；同年9月福建兴业银行三明办事处在沙县成立（1998年6月更名县兴业银行），为首家股份制商业银行；同年12月县银监办筹备组成立。1995年5月，商业银行法颁布后，县工行、农行、中行、建行4家国有专业银行向自主经营、自负盈亏、自求平衡、自担风险、自我约束和自我发展的国有商业银行转化，其经营理念也由原承担政策性业务转变为以实现利润最大化为目标；经营范围由原业务经营型转变为综合经营型，经营方式由原单纯的存贷资产业务向资产业务、中间业务转变，银行中间业务出现结算业务、租赁业务、信托业务、代理业务、咨询业务、计算机业务等多种经营服务方式。1996年8月，沙县首次出现证券经营机构，闽发证券三明列东街证券营业部沙县证券服务部成立。1993—1996年，县农行金穗卡、县工行牡丹信用卡、县中行长城信用卡、县建行龙卡先后发行并开办业务，随后牡丹取款卡，龙卡与长城借记卡，金穗、顺通、邮政等储蓄卡也相继面市。1998年后，随着经营改革的深入，金融服务对象涵盖从单位到个人、从国有经济到个私经济的全县所有经济主体，业务领域从传统存贷款和结算业务拓展到保险、证券交易代理、外汇管理、典当、保管等多个领域。金融创新不断加强，服务功能进一步强化，相继推出银行承兑汇票业务、信用证业务、封闭贷款、拼盘贷款、主办银行制、抵贷返租等一系列新的金融服务品种和服务方式，赢得客户、市场和自身三方得益。2004年5月，经上级批准正式成立县银监办。1998年底，全县金融系统已初步建立金融电子化的基础体系，计算机在柜台业务的基本普及应用，在管理上的应用也初见成效；4家国有商业银行和兴业行还实现储蓄存款省辖通存通兑，加入全国电子汇兑系统实现全国范围内资金划拨24小时到账，为客户提供高效、快捷、安全可靠的服务手段。1998年后，金融业务由单纯的经营型存贷款和结算业务转变和拓展到资产业务、中间业务、各类保险、证券交易代理、外汇管理、典当、保管等多领域、综合经营型，相继推出银行承兑汇票业务、信用证业务、封闭贷款、拼盘贷款、主办银行制、抵贷返租等一系列新的金融服务品种和服务方式，服务对象涵盖从单位到个人、从国有经济到个私经济的全县所有经济主体，金融服务体系向多层次、多元化、多功能方向发展，既赢得客户、赢得市场，又赢得自身经济效益，为当地企业、居民带来极大的金融服务便利，为客户提供了安全高效、方便快捷的服务手段和结算方式，支持和推动全县经济社会持续、稳定、快速发展。2001 年，沙县开始有外币存款。同年 3 月青纸服务部成立，使用闽发证券三明列东街营业部上海、深圳席位，以上市公司福建省青山纸业股份有限公司的员工为主要服务对象。至 2005 年末，县内人行总行分支机构有县人行，中国银行业监督管理分支机构有县银监办，国家外汇监管机构有县外管局，国家商业银行有县工行、县农行、县中行、县建行 4 家，地方股份制商业银行有县兴业行 1 家，非银行类金融机构有县农合社 14 家、邮政储蓄机构 1 家，县财险公司、县寿险公司 2 家；全县金融系统在岗从业人员 630 人，拥有电脑 298 台，安装 ATM 柜员机 32 台，POS 机 99 台，共发卡量达 14.8 万张。2005 年全县金融机构各项存款余额 32.49 亿元，比 1989 年增长 16 倍；各项贷款余额 28.89 亿元，比增 14 倍；外汇存款余额 1841.58 万美元，外汇贷款余额 160 万美元；全县国际收支申报 4553.62 万美元，单位外币存款余额和居民外币储蓄余额 826 万美元；证券业资金开户数达 7890 户，代理股票交易量 6.84 亿元，实现交易手续费收入 209.70 万元。2011 年底被国家四部委列为全国 6 个、福建省唯一的农村金融制度改革试点县，沙县探路全国普惠制金改。试点应用“一带四”的运行模式，全县设立担保基金 53 家，覆盖 1/3 的建制村，农户入股 1743 户，基金规模 4136 万元，累计为农户提供担保贷款 1733 笔 1.48 亿元。2013 年 5 月农业部专家组中期评估对沙县首创的村级融资担保基金和广覆盖的农村信用体系高度评价，并分别获得国务院副总理马凯和汪洋的肯定。创新林权抵押与金融合作模式，累计发放林权抵押贷款 4.61 亿元；开展农村土地信托流转，累计完成各类产权交易 103 宗 7385 万元。2016 年设立资产管理公司、投贷联动基金、政府性融资担保公司等，打击恶意逃废债和抱团赖账行为，妥善处置和化解不良贷款。至年末全县金融机构本外币各项存款余额 163.08 亿元，比上年末增长 14.2%；金融机构本外币各项贷款余额 167.48 亿元，增长 1.4%。

沙县保险业务于 1951 年开办，财产保险有火灾险、货物运输险和企业财产强制险险种；人身保险有团体人身险和简易人身险险种。1957 年保费收入 1 万元，比 1952 年增长 17.4%；理赔金额 0.13 万元。1958 年底刮起“共产风”后，保险业务中断。1981 年恢复办理企业财产保险、机动车辆保险和家庭财产保险。当年保费收入24.31万元，理赔8起金额0.37万元。1988年，财产保险有运输工具及责任险、企业财产险、货物运输险、家庭财产险、农业及其他险，保费收入194.06万元，理赔金额48.44万元；人身保险有简易人身险、养老金保险、人身意外险，保费收入97.89万元，理赔金额7.31万元。两险保费收入合计291.95万元，比1981年增长11倍，理赔金额55.75万元。2005年县财险公司保费收入1660万元，受理理赔案件1155笔，支付1482万元赔款，综合赔付率为89.28%；寿险公司保费收入5563万元，全年累计赔款、满期给付等支出2113.78万元，赔付率38%；在沙县开展保险业务的企业还有中国太平洋财产保险、平安人寿保险、平安财产保险、新华人寿保险、中华联合财产保险等，营销服务人员32人，实现总保费收入270万元，全年累计理赔款、满期给付支出32万元。2016年，全县保费收入2.2亿元（不含太平洋、中华、新华保险等），比上年增长25%；全县保险赔款给付金额1.12亿元，比上年下降3.6%。

二、社会发展

沙县古城，绵延千年。历史上，宋朝后期曾出现“五步一塾，十步一庠”的文化教育盛况。民国27年（1938年），沿海一批省级军事、文化、教育机构内迁沙县，沙县的教育、卫生、文化出现短暂的繁荣景象。中华人民共和国成立后，在党的领导下，沙县社会主义建设和社会发展取得长足的进步。改革开放以后尤其是近年来随着经济发展，沙县大力加强文化、教育、卫生基础设施建设，推进“教育优先”发展战略和“科教兴县、文化强县”建设。在1978—1988年改革开放头10年，文教卫生投资1367万元，新建教学用房4.42万平方米、医疗用房1.81万平方米、文化体育用房0.96万平方米。1989—2005年，县财政共投入教育经费5.33亿元，全社会集资捐资办学金额累计达150万新台币、101万元港币、5829.08万元人民币，为教育事业的持续健康发展提供资金保障，有效促进办学条件的改善和教育水平的提高。医疗卫生通过各级各部门多方筹资，投入1787万元用于基础设施建设，投入2963万元添置现代化诊疗设备。广播电视事业全县共投入2000万元，建成较为完善的广播电视传输覆盖网络。2006—2010年累计投入近30亿元，建成金沙高级中学、金沙小学、凤岗中心小学、新中医院、县医院住院大楼、县影剧院、青少年校外活动中心、龙湖公园等一批重大民生项目，实现城乡免费义务教育。2011—2016 年累计投入 65 亿元，办成 66 件民生实事，如意湖湿地公园、沙县一中新校区、三官堂小学、县医院综合门诊大楼等一批重大民生项目建成投入使用。

1. 文化艺术

1992 年，沙县荣获“全省文化工作先进县”“全国体育先进县”称号。1997 年，沙县文化街建成开放，成为沙县文化事业繁荣发展的一个重要标志。至 1998 年，全县所有乡镇全部建立文化站，各建制村普遍建立文化室、俱乐部，个体创办的营业性文化娱乐场所遍布城乡各地。社区文化、企业文化、校园文化、乡村文化、家庭文化全面发展。文艺创作活跃，诗歌、散文、书法、美术、摄影、音乐、舞蹈、民间文学创作群体相继形成，许多文艺作品在全国、省、市发表、展出、演出，并在省、市乃至全国举办的赛事上获奖。沙县肩膀戏、西皮台等民间民俗文艺重放异彩。2001 年沙县肩膀戏在中国第五届民间艺术节上荣获金奖；2005 年被列入福建省首批省级非物质文化遗产名录。2005 年 10 月沙县被评为全国文化先进县，获此荣誉的全国只有 53 个县，福建省有 3 个县。2006—2009 年新建或改建 12 个乡镇和街道文化站，提升设施配置水平；新建 24 个村级文化室、40 家农家书屋（其中省援建 18 家）、5 个文化信息资源共享工程乡镇服务点。2010 年图书馆实施自动化建设，建立馆藏图书数据库，实行“一卡通”图书借阅制度和上网制度，实现“零门槛利用图书馆”。开展创建全国公共文化服务体系示范区并顺利通过验收，高砂、青州 2 个乡镇成为全省第一批建设文化信息共享工程示范点，为农村群众提供免费的文化信息共享服务；影剧院按国家乙等歌剧院、四星影院标准设计，四星级的标准建设，总投资达 1 亿多元。2016 年末，全县有艺术表演团体 1 个，艺术表演场所 1 个，公共图书馆 1 个，博物馆 1 个，文物保护管理机构 1 个。文化系统各类艺术表演团体演出 78 场，观众 10.9 万人次，剧场、影剧院演（映）出 13 场次。累计有 4 个项目（肩膀戏、沙县小吃、定光佛信俗、罗岩太保信俗）入选福建省省级非物质文化遗产名录。

2. 教育事业

1991 年省教委对沙县实施义务教育工作进行六项督导评估，确认沙县实施义务教育工作已达到“优”级标准。1992 年实施义务教育工作受到省政府表彰，荣获“全省义务教育工作先进县”称号。1996年“两基”（基本普及九年义务教育和基本扫除青壮年文盲）工作顺利通过省政府的评估验收，2003年“两基”巩固提高工作通过省、市政府跟踪督查，2005年，“双高普九”工作分别通过市验收和省验收前指导。沙县小学在校生数为17477人，适龄儿童入学率达99.93%，年保留率100%，毕业率100%；普通初中在校人数11176人，适龄少年入学率95.12%，年保留率97.10%，毕业率98.61%；普通高中在校生4671人，高三毕业生788人，考取高等院校692人，升学率为87.82%。1989—2005年，高中毕业生总数达11256人，共为各类大中专院校输送优秀的高中毕业生8370人。与此同时，中等职业教育、成人教育、老年人教育也得到长足发展，为社会培养和输送大量合格的适用性人才。2006年以来，教育投入持续加大，2013年6月通过“教育强县”省级评估验收，2014年顺利通过“全国义务教育发展基本均衡县”国家督导评估，获福建省第二批“全国义务教育发展基本均衡县”。2016年全县幼儿园60所（公办16所，民办44所），小学26所，教学点有23个，初级中学11所，九年一贯制学校1所，完全中学1所，高级中学2所。公办幼儿园在园学生4090名，民办幼儿园在园学生5845名，小学在校学生22745名，初中在校学生9418名，高中在校学生4338名。中小学校舍面积有469331平方米，幼儿园（含民办幼儿园）校舍面积有77115平方米。中等职业教育招生1373人，在校生6180人，毕业生3166人。成人高等教育（秋季）招生197人，在校生468人。全县普通高中招生1515人，在校生4338人，毕业生1375人。全县初中招生3428人，在校生9418人，毕业生3018人。普通小学招生4273人，在校生22745人，毕业生3415人。幼儿园在园幼儿9935人。初中毕业生普高升学率54.75%。初中阶段适龄人口入学率98.25%。小学学龄人口入学率100%。幼儿园入园率98.76%。

3. 科学技术

民国27年（1938年），福建省立科学馆、省立医学专科学校等文教机构从福州迁至沙县，开创沙县现代科学知识普及、推广的先河。民国35年（1946年）内迁机构回迁后，县农场偶尔开展引进良种、先进农机具等科技活动，但成效不大。中华人民共和国成立后，党和政府重视科学技术的普及和推广，促进工农业生产和各项事业的发展。1976年后陆续恢复、建立一批科研机构和学会，县内科技活动由城镇向农村普及，由引进为主转为承担专题研究、新产品开发、中间试验、新技术推广和技术改造等多方面的活动。特别是1985年贯彻执行中共中央关于科学技术体制改革的决定后，县内建立一批科研机构、学术团体和从事科技情报交流、咨询服务、科技开发、技术监督等科技服务机构，农村出现一批科技专业户，科学技术已经成为县内经济、社会发展的主要动力之一。1979—1988年，全县共安排科研、“星火计划”等项目140余项，其中有6项获国家部级科技成果奖，6项获福建省科技进步奖，20项获省厅级科技成果及推广奖，19项获市级科技进步奖或科技推广奖，11项获县级科技进步奖。1989年，沙县科研机构有市属农业科学研究所和县属农业科学、农业机械化、林业科学技术、林产工业科学研究所4家。1994—1997年，相继成立沙县苏铁、科丹生物技术、华星水产良种、华益蔬菜、沙县园艺、华鑫豆制品6家民办研究所和天泰光电科技有限公司。1998年县农机化研究所与农机化技术学校合并组建为县农业机械推广中心，成立县食品科学研究所，组建县农业技术推广中心、县经济作物推广中心、县农机推广中心、县畜牧水产推广中心等农业技术推广机构，同时在15个乡（镇）设立的农业、农机、兽医、水产、经作等技术推广站，各村配备的农技员组成县农业科学技术的推广网络。2002年设立三明高新技术产业开发区金沙园。2003年环科化工、宏光化工、三和食品、天泰制药等企业建立技术中心。2004年12月，沙县被确定为全国第二批科普示范城区和科普示范县，获第一届省科普先进县称号，凤岗街道城北社区居委会被评为福建省科普示范区。至2005年，全县新技术产业开发园区1个，科研组织15家。其中，市属1家，县属3家，民办体制科研组织11家。1989—2005年，沙县县委、县政府确定以企业为主体，以产学研结合和技术创新为主线，以解决关键性、共性和基础性技术为突破口的全县科技发展和科技促进经济、社会发展的战略举措，组织制订中长期规划和年度计划，实施科研活动、科技攻关、星火计划、科技成果推广，创造发挥科技人员才干、利于科技人才成长的良好环境。全县有30余家重点企业分别与高等院校、科研院所建立长期稳定的合作关系。1998年“沙阳板鸭综合标准化”被列入国家第二批全国农业标准化示范区项目。1999年县设立科学技术进步奖，2000年评出一、二、三等奖项目12个。2001年，县建沙水泥有限公司通过ISO9002产品质量和质量体系认证，成为县内首家通过国家方圆标志认证委员会质量认证中心认可的企业；县华鸿化工有限公司生产的高分子益胶泥 PA－C 型产品再次被建设部列为科技成果推广转化指南项目。2004 年，沙县小吃办被国家科技部星火计划办确定为“首批国家星火计划农民科技培训星火学校”，沙县小吃培训中心被指定为全省唯一的地方小吃——“沙县小吃”技能鉴定站；沙县荣获全国第二批科普示范城区和科普示范县。1989—2005 年 17 年间全县组织申报和实施国家、省、市、县级科技计划项目共 239 个，完成各级科技计划项目 193 个，先后有 63 项科技成果获奖。其中，柰丰产栽培技术研究 1 项获得国家奖，池塘养鱼综合标准、反季节蔬菜栽培等 11 项获得省级奖，PIC 瘦肉型猪种示范、渍害稻田的工程改造等 39 项获得市级奖，12 项获得县级奖。2016 年，全县新认定国家高新技术企业 3 家，累年总计达到 13 家；有省级科技计划项目 1 个、科技孵化器 2 个、众创空间 2 个、工程技术研究中心 7 个、知识产权优势企业 4 家、创新型企业 7 家、科技型企业 36 家。建立专家、成果、标准、专利等服务资源库 20 多个，建立协同设计、机械检测、外贸商务、创新助理等专业化应用子系统 13 个，为 100 多家企业提供科技政策培训、专利事务代理、科技项目申报等一系列服务。全县专利申请总量 472 件，专利授权数 210 件，分别比上年增长 122.6% 和 40%。其中，发明 14 件、实用新型 89 件、外观设计 107 件。荣获全国科技进步示范县称号，谢华安院士工作站落户夏茂，三明（沙县）现代农业科技示范园被认定为国家级农业科技园区。

由于科技进步及劳动者素质提高，劳动生产率也有较大提高，特别是近 30 年来科技事业在国民经济建设中发挥着越来越大的作用，科技对经济增长的贡献率越来越明显。县属全民工业企业全员劳动生产率由 1958 年的 1546 元/人，提高到 1965 年的 4802 元/人、1978 年的 8620 元/人、1988 年的 1.39 万元/人；农村每个劳动力生产粮食从 1950 年 379 千克，增至 1956 年 495 千克、1978 年 546 千克、1988 年（人均耕地减少 2 亩）644 千克；单位面积（亩）产粮由 1950 年不足 90 千克增至 1988 年 294 千克。2005 年，全县农村从事第一产业劳动力 3.73 万个，二、三产业主要是经营沙县小吃的劳动力 3.65 万个，每个农业劳动力生产粮食 1223 千克，单位面积产粮 421 千克，每个农业劳动生产率 1.94 万元。2016 年，全县农村劳动力资源 10.94 万个，其中从事农业的劳动力 4.45 万个，每个劳动力生产粮食 2105 千克，单位面积产粮 394 千克，每个农业劳动生产率 4.51 万元；全县规模以上工业企业劳动生产率 44.06 万元/人。

4. 医疗卫生

医疗卫生条件不断改善，城乡居民健康水平显著提高。全县159个村卫生所已有92个达到甲级卫生所标准。全县消灭丝虫病和消除碘缺乏病，计划免疫工作和法定传染病与其他传染病发病率均达到和控制在卫生部部颁标准内。1996年通过省级卫生县城评审达标；1997年11月省卫生厅专家组对沙县消除碘缺乏病情况进行评估验收，达到卫生部颁布的“消除标准”；2000年获全省3年以上省级卫生县城复核评审第一名；并通过初级卫生保健工作审评达标，成为全省第一个消除碘缺乏病达标县。2005年全县共有各类医疗机构53个，专业卫生技术人员786人，床位总数605张，每万人口拥有25张病床和26个卫生技术人员。全县居民人均寿命由民国期间38岁提高到1986年的69.65岁、2005年的72.73岁；老年组人口由1989年的60岁以上占全县总人口的5.22%，提高到2005年65岁占全县总人口的7.65%。

2016年末，共有各类卫生机构247个。其中，医院2个，乡镇卫生院10个，社区卫生服务中心2个，厂矿医疗卫生单位8个，疾病预防控制中心和妇幼保健院各1个。全县公立医疗卫生单位共有专业卫生技术人员847人，各类医疗卫生机构共有注册医师、医士678人，注册护师、护士169人。全县共有医疗卫生机构床位总数1288床。其中，县直医疗单位718床，乡镇卫生院床位数255床，厂矿70床，个体245床。全县村级卫生所164个，社区卫生服务站8个，村级医生236人。全县乙丙类传染病发病率304.34人/10万人。城乡居民医疗保险参保人数21.71万人，参合率达99.99%。

5. 体育健身

体育场馆设施不断完善，全民体育健身方兴未艾，竞技体育为国家输送一大批优秀人才，实现“天天有活动，月月有比赛，年年有成绩”。1991年被评为“全国体育先进县”，1996年被国家体委、国家教委评为“全国开展《锻标》工作先进县”，1998年通过“全国体育先进县”复查验收，青州镇被评为全国亿万农民健身活动先进单位。2006年启动“百村农民健身点工程”，在青州等7个乡镇布设农民健身点，每个乡镇配套5万元建设篮球场和室外健身设施。在全县范围内投入36万元建设12个省级健身工程点，新建25个村级农民健身点和青州镇的乡镇级农村健身工程建设。2010年实施占地面积

18 公顷，总预算金额 3.8 亿元的体育公园建设项目，2012 年体育公园被国家体育总局命名为“全民健身户外活动基地”。2016 年，全县参加国际性群体比赛 1 人次，参加全国性群体比赛 5 人次，获 10 金 7 银 4 铜；参加全省性竞技比赛 20 人次，获 10 金 11 银 11 铜；参加全市竞技比赛 30 人次，获 21 金 15 银 15 铜。建成农民体育健身点 20 个。

6. 广播电视

广播从有线发展到调频，电视从无线发展到有线，农村从村村通广播发展到村村通电视。2005 年 12 月 7 日，中央电视台“同一首歌走进沙县”大型演唱会在沙县金沙园举办，第一次走进县级城市。至 2005 年，全县开通 31 套有线电视节目和 1 套自办调频广播节目，有线电视实现县乡全部联网，城乡有线电视网入网户达 3.63 万户，广播与电视的综合覆盖率分别达到 83.3% 和 98.71%。2016 年末，全县有广播电台 1 座，广播人口覆盖率 90%，年末全县拥有卫星地面接收设施 1500 座，城乡有线电视网入户数已达 45355 户，电视人口覆盖率 98%。

7. 社会保障

1985 年沙县各乡镇全部建立敬老院，成为在全省率先实现乡乡有敬老院的县份。1997 年在全省率先实行城乡最低生活保障线制度，1998 年在全省率先全面实行企业离退休人员养老金社会化发放，贫困群众的基本生活需求得到保障，符合条件的城镇困难居民已逐步纳入最低生活保障范围。近几年，全面建立城乡低保、农村五保供养标准自然增长机制和 80 岁以上老人高龄补贴制度。2016 年末，全县新增城镇就业 1942 人，城镇登记失业率为 2.36%；农村劳动力转移培训 1435 人，实现转移就业 3386 人。参加城镇基本养老保险人数为 58843 人（其中参保在职人员 45357 人，离退休人员 13486 人），参加城乡居民社会养老保险人数为 117248 人（其中，60 周岁以下 83986 人，60 周岁以上 33262 人），全部实现养老金按时足额发放。城乡居民参加医疗保险人数为 217090 人，参保率达 99.9%。参加工伤保险人数为 45410 人，参加生育保险人数为 30050 人，参加失业保险人数企业 1432 家 34737 人，享受失业金人员达 12634 人（次），发放失业金约 1287.83 万元。全县纳入城市和农村最低生活保障居民分别为 766 人、2752 人，呈现逐年减少趋势。

8. 生态与环保

沙县受气候、自然地理等因素影响，流域源短流急，洪旱灾害常交错发生，尤其是洪涝灾害为影响范围居诸灾之首，水土流失，水源涵养能力下降，使生态环境受到破坏，造成不同程度的经济损失。

历史上，沙县农村居民聚居点有在村头水尾营造“风水林”的习俗，夏茂、高桥等乡镇至今尚保存有禁止毁林挖山的石碑。最早的有关环境保护条款是在清乾隆五十三年（1788 年），知县邹人敏在大洲立《淘金山禁碑》，碑文写道：“龙脉关系通县，各宜加意栽培。小民惟利是图，只知取予之便。日事斧斤，以致秀灵濯濯，殊堪痛恨。今据各绅士呈词恺切，足见为顾地方。准出示严禁：该处来脉土石草木，毋许损掘砍伐，仍捐廉俸，以资善举。”从民国到中华人民共和国成立后，森林资源的过量消耗始终是影响沙县环境质量的主要原因之一，“大跃进”“大炼钢铁”期间的破坏尤烈。“文化大革命”期间乱砍滥伐，加上“农业学大寨”运动中不合理地毁林开荒、推山造田、填河造田，造成森林资源急剧减少、土壤肥力下降、水土流失严重等不良后果。20 世纪 70—80 年代随着沙县工业、乡镇企业的发展，在振兴沙县经济的同时，也带来环境污染的严峻问题。从那时起，沙县就境内沙溪和东溪两条最大的河流受到污染问题开始治理。1971 年县内的青州造纸厂开始对本厂生产过程中产生的废气、废液、废渣进行治理。1981 年三明地区环保局在沙县进行第一次污染状况调查，翌年底县基建局设置环境保护股，1984 年改为县环境保护办公室，协调经济发展与环境保护之间的关系。1985 年 5 月县环境监测站测出酸雨。

20 世纪 90 年代起，随着城镇建设步伐加快，人口增长尤其城镇化人口的膨胀给环境造成新的压力。沙县坚持“围绕经济抓环保，抓好环保促经济”，实行环保目标责任制年度考核，先后开展创建省级和国家生态县建设、全县环境污染全面治理和县城环境综合整治，形成从城市到农村，从工厂到学校，各行各业都重视环境保护工作，变由政府独家负担转为企业自筹、环保补助、专项贷款的新格局。

1989—2005 年 17 年间，全县水土保持累计投入治理资金 2108. 04 万元，共完成水土流失综合治理面积 18062 公顷，建立生态公益林 2. 88 万公顷，森林覆盖率 75. 5%。全县环境保护和污染治理总投资 15216. 62 万元，年平均

1000万元以上，其中拨款、贷款2420.98万元。1999年，按照国家及省政府规定2000年底期限如期实现“一控双达标”（污染物总量控制，工业污染源要达到国家或地方规定的污染物排放标准；空气和地面水按功能区达到国家规定的环境质量标准）要求。2000年1月，建设部授予沙县第三次全国城市环境综合整治优秀县城称号。县长环保目标责任制考核与综合整治定量考核多次获得省、市一等奖。境内空气和地表水环境质量全面稳定达标，县城环境空气质量达到《环境空气质量标准》Ⅱ级标准，沙溪沙县段水质达到《地表水环境质量标准》Ⅲ类标准，饮用水水源水质达标率保持在98%以上，人民群众享有清洁、安静、优美环境的愿望正在逐步实现。

2006年以来，沙县依托丰富的绿色资源和独特的人文资源，坚守“绿水青山就是金山银山”理念，大力实施经济可持续与生态协调发展的“生态立县”发展战略，将生态文明创建、农村环境连片整治、民营工业区搬迁等作为重点工作，并列入为民办实事项目。至2006年底，建成区绿化覆盖面积达405.29公顷，覆盖率33.35%；城市园林绿地面积382.58公顷，绿地率31.48%；公共绿地面积74.15公顷，人均公共绿地面积达11.35平方米。获省级生态县、省级园林县城称号，国家级生态县通过考核验收。

2011—2016年，共投入生态建设资金45.57亿元，农村环境连片整治示范片区项目3356万元，搬迁民营工业区企业，加快淘汰落后产能；实施流域水环境和畜禽养殖企业综合整治，工业企业污水处理设施改造；推进黄标车淘汰和企业锅炉改造，不断加大污染防治力度，较好地完成污染物减排目标任务，生态环境保护良好，环境质量不断改善。形成国道、省道2条美丽乡村示范带，被列为全国美丽乡村标准制定单位。获中国候鸟旅居县称号，城区空气指标持续向好，生态新城列入国家低碳城试点，连续三年被评为“全国百佳深呼吸小城”。至2016年，全县有10个国家级生态乡镇，11个省级生态乡镇，14个省级生态村；省级以上自然保护区1个，自然保护区面积333公顷，占全县土地面积的0.1%；森林覆盖率达75.5%，位居全省前列。空气质量保持和优于国家二级标准的天数（API≤100）占99.2%；境内6条主要水系地表水水质达到国家Ⅲ类标准，沙溪12个省控断面水质达标率100%；集中式饮用水源地水质达到二类标准，城区饮用水源和乡镇水源地水质达标率100%；污水处理率85.6%，生活垃圾无害化处理率100%；噪声环境质量达到功能区标准，城区道路交通昼间噪声平均等效声级为66.8分贝，昼间环境噪声 55.6 分贝；全县二氧化硫、化学需氧量年排放量分别为 4166.96 吨和 2114.57 吨。生态环境质量指数在全省分级标准评定中连续 3 年评为优良，生态创建满意测评中公众对环境满意率从 2010 年的 87.1% 提高到 2015 年的 96.2%。

三、基础设施

沙县全社会固定资产投资 1954—1978 年完成 1.08 亿元，1979—1988 年完成 3.62 亿元，平均每年 3627 万元。1954—1988 年投资累计 4.7 亿元，其中全民所有制完成基本建设投资 2.19 亿元，占 46.6%。1989—2005 年社会固定资产投资除 1989 年、1990 年“治理整顿”缓压投资项目 17 个，压缩投资 4648 万元，两年平均增长率 -2.8% 外，“七五”至“十五”期间，累计投资 99 亿元。其中，1991—1995 年大力改善投资结构，增加对农、林、水、能源、交通、短缺原材料、工业、科教文卫和城市基础设施建设的资金投入，累计社会固定资产投资 214578 万元，年均增长率由“七五”的 10.6% 猛增至 41.6%。1996—2005 年交通、能源、通信等基础设施和城镇建设取得突破性进展，累计社会固定资产投资分别为 28.49 亿元、46.1 亿元，年均增长率分别为 10.7%、26.7%，仅 2005 年完成社会固定资产投资 21.12 亿元，创历史新高。2006—2016 年累计社会固定资产投资 1316.03 亿元，年均增长率 26.8%。近年来，三明沙县机场、三明北火车站、三明汽车北站（沙县）、厦沙高速（沙县段）、鹰厦铁路沙县改线工程、三明沙县机场福银高速连接线、中节能环保产业园项目、机械科学研究总院海西分院、三明（沙县）现代农业科技示范园、夏茂松乾水库、双溪水库、金沙路改造、体育公园、生态新城湿地公园、县医院综合门诊大楼、沙县一中新校区、三官堂小学、三明生态新城职教园、三明北大附属实验学校、第二幼儿园、第三幼儿园、长泰幼儿园、生态新城第一小学等一大批重大民生项目陆续建成投入使用。2016 年全县固定资产投资（不含农户）229.09 亿元，比上年增长 10.8%。其中，项目投资 214.38 亿元，增长 11.3%；房地产投资 14.71 亿元，增长 4.2%。

1. 交通运输

沙县地处水陆交替，交通要冲。沙溪河自古就是沙县与外界商贸往来的黄金水道，古往今来战略地位十分显要。宋朝后，沙溪航道就已被开发利用。

1956年鹰厦铁路建成通车，1969年实行“社社通公路”并且建成城关第一座横跨沙溪河永久性大桥。1974年沙县航运站开通城关至琅口群众往来的机动船，1979年实行“队队通道路”，随着水陆交通的发展，沙县成为闽中主要商品集散地之一。沙县出产的茶叶、香菇、烟叶、木材的农林土特产品，就是通过沙溪河道运往南平、福州，或是漂洋过海，销往世界各地。

改革开放后，尤其是1998年以来，交通建设取得重大突破。1992年开始，沙溪流域航电梯级开发，通航300吨船只，今至福州航道船闸建成，具备通航条件。2001年，京福高速公路沙县至福州段全线通车，结束沙县无高速公路的历史；县境内拥有等级公路400千米。至2005年，全县累计投入交通建设资金近13亿元，新建和改建公路300多千米，全县实现村村通水泥路，乡村道路水泥路面硬化里程达744千米。21世纪初，向莆铁路、福银、三泉高速公路建成通车，三明沙县机场、沙县码头等一大批重大交通项目动工，向莆高铁、杭广高铁正在规划中。至2016年，在境内，有三条高速公路（福银、三泉、厦沙）、三条铁路（其中向莆、杭广两条是高速铁路）、一个机场、一个陆地港。三明陆地港首动区正式营运，三明海关、三明检验检疫局入驻办公。沙县成为海西中部交通要素最齐全，对外交通最便捷的城市之一，被交通部确定为全国100个、福建省4个交通枢纽城市之一。2016年，全县交通运输、仓储和邮政物流业实现增加值9.16亿元，比上年增长4.4%。全县公路累计通车里程1492千米。农村公路改造、硬化9.8千米，硬化路面通村率100%。

2. 邮政电信

民国时期，沙县邮政局的营业仅卖邮票、收挂号信、包裹件、汇兑，城内信件投递日不逾百件。中华人民共和国成立后至1989年前，沙县邮政各项业务仍以手工操作为主，运输设备有运邮自行车39辆、摩托车11辆、邮政汽车1辆，信筒、信箱180个，县局与各乡镇邮电机构之间的邮件往来均由客运汽车运送。1989年后，沙县邮政基础设施建设和技术设施更新加快，科技水平不断提高。1991年配备多功能秤和包裹收寄机、报纸捆扎机，取代老式单功能设备手工操作。1992年信函捆扎机和挂号登单机投入使用，报刊发行、邮政储蓄、挂号登单处微机化，全县邮政初步进入现代化阶段。1992年12月开通5000门程控电话，1994年1月全县除城区外的13个乡镇全部实现电话程控化；1995 年开通数据通信，开始步入数据信息和计算机时代。1995—1996 年，沙县抓住“农村扶贫奔小康”时机，实施“村村通电话”工程，累计投入 928.08 万元，架设 200.31 千米杆路，铺设 1216.4 芯千米光缆，全县实现村村通电话，成为全市第一个实现村村通电话的县。至 1998 年电话交换机总容量突破 4 万门，比 1989 年增长 12.6 倍。1998 年邮政、电信分营，1999 年电信重组，移动业务正式剥离独立运行。随后，中国联通三明分公司在沙县设立联通营业部，铁通沙县办事处成立。随着科学信息技术的发展，通信信息网络日益健全，网络技术迅速提升，有力推进国民经济信息化进程。2000 年城区敷设大对数主干光缆，新增移动电话 1 万余户，固定电话用户达 3.9 万户，电话主线普及率达 17 部/百人；无绳电话覆盖县城区的电话网。2001 年，投资 2650 万元的电信大楼投入使用。2003 年“小灵通”信号和 IC 电话机覆盖全县各乡镇，用户数迅速增长到 18041 户和 1039 部。2005 年全县城乡交换机总容量 6.5 万门，固定电话用户 7.14 万户，小灵通用户 2.12 万户，全县固定电话普及率达 29 部/百人。年末宽带上网用户 7085 户，移动电话 4.7 万户，共有数据基本用户 145 户，国际互联网用户 1.5 万户。

2003—2005 年县邮政局配备运邮汽车 10 辆、专用与速递摩托车 12 部、城乡投递自行车 40 部，2005 年所有部门和营业窗口、储蓄点均使用计算机进行管理。至 2005 年，县邮政局有计算机 50 台，前台终端 41 部，打印机 71 台，传真机 16 台，复印机 1 台，一体机 1 台，闭路监控 8 台，捆钞机 1 台，电子秤 25 台，自动取款机 2 台。2016 年，沙县邮政局 1 个、支局 7 个、专业部门 5 个，邮路 49 条，总长度 430.29 千米，邮政营业网点 20 个，储蓄网点 12 个，村级便民店 78 个，服务覆盖全沙县。

截至 2016 年电信公司完成 4G 基站点 76 个 189 扇区，基站累计开通 453 个站点 1112 个扇区，实现“村村通 4G”，建成“全光县”，宽带网总数达到 52155 线；天翼用户 4.16 万户，智能机用户 1.86 万户；宽带用户 3.51 万户，光宽带用户 2.57 万户。流量经营迈入 G 时代，翼支付用户活跃，“互联网”得到突破云业务。移动公司新建移动基站 164 个，累计达到 962 个，城区和农村覆盖率分别为 98.9%、90%；移动通信用户 13.8 万户、宽带用户 2.2 万户。联通公司网络总投资 1500 万元，新建 4G、3G 基站 146 个，累计 750 个；新增固网国际小区 8 个、乡镇固网宽带 23 个村 2248 个端口，累计近 3 万个，网络覆盖率达 92.8%，城区资源到达率 95%。

3. 能源及水利

沙县有丰富的水电资源与发展潜力，水能资源理论蕴藏量21.6万千瓦。1990年6月，成为首批全国100个初级农村电气化县。1994年12月通过水利部水利科技推广服务体系示范县验收，1996年5月在全省第一个通过省政府初级水利化县验收。多年来，沙县加强水利、水电、电网等基础设施建设，深化小型水利产权制度改革，积极推进节水灌溉、水资源管理、水土保持、洪涝灾害防御体系建设。1989—2005年，全县各类水利建设共投入资金22760.33万元，其中国家补助6321.52万元，县自筹3298.87万元，乡、村自筹及群众投工投劳12376.84万元。全县新建小Ⅱ型以上水库14座、喷灌工程15处、电灌工程77处，新增库容512.8万立方米，新增有效灌溉面积1.3万公顷，新增装机1092千瓦；建成防洪治涝工程262处，防洪护岸长91.29千米，保护耕地面积1789.2公顷；建成人饮工程153处，年供水量1823万吨，全县饮用自来水人口达21.83万人；建成现代化防汛指挥中心，防灾减灾能力进一步提高。至2005年底，全县拥有各类水利工程3307处，其中蓄水工程133处总库容5628.24万立方米，有效灌溉面积1.31万公顷，占总耕地面积的81.3%，保证灌溉面积1.27万公顷，占总耕地面积的78.7%。2016年，完成水利建设项目投资4.02亿元，水库工程建设投资9300万元；防汛抗旱指挥中心投入使用，有值班室5个，会商室、视频会议室分别为2个，是三明市规模最大、设备最先进、配套最齐全的县级防汛抗旱指挥中心。

20世纪90年代，在实施小水电开发的同时，着力做好沙溪的中型水能资源重点开发，以政府投资为主，并采取与县域外经济实体合资及吸收民间资金，参与建设沙溪河梯级电站。1995年发电量达10398亿千瓦时，首次突破亿千瓦时大关。至2005年，全县有大小水电站142座，装机容量16.91万千瓦，年发电3.12亿千瓦时；建成110千伏及以上变电站3座容量10.7万千伏安，35千伏升压站13座容量13.49万千伏安，形成较为完善的供电网络。2016年，全县有小水电站148座，装机容量8.97万千瓦时，发电量4.92亿千瓦时，购电量4.89亿千瓦时，售电量7.55亿千瓦时，同比增长5.38%。全社会用电量12.14亿千瓦时（含青纸用电量），同比增长4.79%，固定资产投资0.76亿元，同比增长85.37%。新建及改造10千伏及以下配网线路217.74千米，新增容量2.47万千伏安。

4. 城乡建设

1990年后，先后拆迁改造滨河路、水南路、建国路等8条城区主干道；建成东大桥、府前悬索桥，拓宽改造西大桥，并建成穿越鹰厦铁路的三官堂和建国路两座下立涵，开发建设林业新村、城东小区、莲花新村等10多个住宅小区；建成县政府大楼、绿园大酒店、国税大楼等一批标志性建筑；完成第一水厂技术改造、开工兴建第二水厂，使城区日供水能力由1996年的2万吨提高到2005年的5.5万吨，供水普及率达100%。仅1998—2005年的8年间，全县累计完成城乡建设投资27.48亿元，新建建筑面积344.44万平方米。城区建成区面积由1989年的4.2平方千米扩大到1995年的6.2平方千米、2005年的15.9平方千米，人均公共绿地面积由1989年的不足6平方米提高到10.9平方米。城镇居民人均居住面积由1989年的不足10平方米提高到31平方米，农民人均居住面积由1989年的不足11平方米提高到33平方米。1998年，全县有138个村实施新村建设，占村总数的83%；有18447户农民建新房，占总户数的44%；农民人均居住面积达35平方米；171个村按照“五有五改一化”的要求，不同程度地进行村容村貌整治，农村基础设施建设得到加强，实现村村通公路、通电话，村庄通电话率比1995年提高了19.9个百分点；96.3%的农户用上安全卫生饮用水。城市配套设施日趋完善，整体功能不断增强。

2016年，房地产开发投资14.71亿元，比上年增长4.2%。房屋施工面积207.85万平方米，增长36.2%；房屋建筑竣工面积25.06万平方米，增长253.9%。按工程用途分，商品住宅投资5.99亿元，增长7.6%；商业营业用房投资1.2亿元，下降21.2%。商品房销售面积28.21万平方米，下降3.3%。商品房销售额15.65亿元，下降10.7%。

2016年县级重点项目建设全年完成投资151亿元，全年建成投产或部分投产122个项目，新开工136个项目。沙县制造业小微企业创业创新基地建设项目、三明海大生物饲料生产项目、沙县松川再生资源综合利用项目、三明生态新城水上乐园建设项目、三明生态新城国际闽中乐园建设项目、沙县第三幼儿园建设项目、沙县双溪环库道路建设项目等一批项目开工建设。

地名故事

一、街道乡镇地名

2016年，沙县辖6个镇（青州镇、夏茂镇、高砂镇、高桥镇、富口镇、大洛镇）、4个乡（南霞乡、南阳乡、郑湖乡、湖源乡）和2个街道办事处（凤岗街道、虬江街道）。

1. 凤岗街道

历史上，因县城凤岗山而得名。唐朝沙县县治前后有两座山，溪北为凤岗山、溪南为凤凰山。凤岗山下的扬簧坂（今县政府驻地）及其周围，茂林修竹，古树苍天，风光秀丽，据传凤凰曾栖落山冈繁衍生息，故沙溪北区域史称“凤林岗”。扬簧坂的“簧”，旧时即指扇风取凉之用具；因为风景独好、视野开阔，远途跋涉者路过此地都会扬起扇子驻足歇息观赏一番。唐中和四年（884年）沙县县治完成由沙源地（今古县村）迁往凤岗山下凤林岗扬簧坂，凤岗之名由此而来。

民国32年（1943年）10月，兴义、和仁2镇并为凤岗镇。1949年设为凤岗一区。1958年置城关人民公社。1963年改为城关镇。1984年10月，原虬江公社位于城区的7个生产大队并入城关镇，更名为凤岗镇。2000年12月，原西霞乡撤销改际口乡，而后又撤销际口乡，将其行政区域以及琅口镇古县村划归凤岗镇管辖。

2003年9月，撤销虬江、凤岗、琅口3个乡镇建制，以沙溪河为界南北两块进行区划整合，以北由原虬江乡水北片的西郊、垄东、水美、井后、三姑、际岩、灵元、龙坑8个建制村和原凤岗镇北片7个社区、12个建制村整合组建凤岗街道办事处。

凤岗街道办事处在县城主城区，是沙县政治、文化、商业、金融服务中心所在地。辖区东接高砂镇，北邻富口镇，南面与虬江街道隔河相望，西面与三明梅列接壤，东西最大距离17.85千米，南北最大距离24.5千米。地势从东北、西南、正南方向向沙溪河谷倾斜。东南部为地势平坦宽阔的盆地，平均海拔在130～160米；境区四周低山、高丘环列，海拔在300～600米，最高点为三姑村的狮子峰，海拔1007.4米，最低点（城区）海拔约100米。辖内溪河均属沙溪水系，沿岸的“十里平流”、“仙舟”半岛、“廿八曲性天峰”、古县溪面的“月牙平湖”等为自然独特的山水风光。矿产资源有稀土、高岭土、黏土、花岗岩、砂石等。鹰厦铁路、国家二级公路205线、省级沙将公路304线、福银高速公路三明连接线穿境而过。省级经济开发区金沙园坐落于辖区内。旅游资源约占全县总量的50%，共有40多个大小景点景物。淘金山为省级风景名胜区，虬溪试院（兴国寺）、城隍庙、豫章贤祠（罗从彦纪念馆）、水美土堡群4处为省级文物保护单位；沙县小吃城、小吃文化和步行一条街、人民体育公园、龙湖公园亦独具地方特色。

2015年，辖区总面积232.4平方千米，其中林地面积1.47万公顷，森林覆盖率74%；耕地面积1733公顷。辖20个建制村、9个社区；有小学6所、初中1所、高中2所。总人口6.3万（其中农业人口2.4万，居民3.9万），人口密度为每平方千米271人。农林牧渔业生产总值6.08亿元，比上年增长2%；规模以上工业产值完成23.26亿元，比增16.8%；全社会固定资产投资完成9.85亿元，比降9.9%；招商引资6个项目总投资1.18亿元，占任务数的235%；农民人均纯收入14740元，比增13.67%。

2. 虬江街道

传说沙溪沙县城关段潜有一无角龙，人们称为“虬龙”，故此河段为“虬江”。1981年以此溪流传有“虬江”名而命名，由城关人民公社改名虬江人民公社。1984年改为虬江乡。后被引用为虬江街道名。

2003年9月，撤销虬江、凤岗、琅口3个乡镇建制，以沙溪河为界南北两块进行区划整合，以南由原虬江乡的洋坊、金泉、墩头、长红、官南5个村委会，原琅口镇全境13个村委会，原凤岗镇的城南居委会和水南村委会组成虬江街道办事处。

虬江街道办位于县城区中南部，距县政府驻地2千米，距三明（沙县）机场5千米。东与高砂镇、南阳乡接壤，南与大洛镇、南霞乡毗邻，西南与梅列区洋溪乡交界，北与凤岗街道隔沙溪河相望。辖区总面积114.14平方千米。其中，陆地111.43平方千米，水域2.71平方千米，分别占97.63%和2.37%。东西最大距离17.7千米，南北最大距离11.3千米。以低山、丘陵为主，地势南部、西部高，中部属较开阔的沙县盆地，海拔在105～140米，最高点墩头村珠峰海拔1128米，最低点沙溪河面茅坪段海拔101米。主要溪流有张尖溪（墩头溪），河道全长7.6千米，流域面积19.5平方千米；洛溪（豆士溪）河道长12.3千米，流域面积36.9平方千米；洛阳溪（琅溪、南溪），河道长10.6千米，流域面积43.5平方千米；建有官蟹航运枢纽上院码头。矿产资源有钾长石、黏土、瓷土等。钾长石分布在曹元村一带，探明储量2000万立方米，居全省之首；黏土矿分布在金泉村水南峡一带，探明储量450万立方米；瓷土洁白度较高，分布在长红村、金泉村，未探明储量。后底村有一处温泉鱼塘，出水温度16℃~27℃，日出水量500立方米。区位优越，交通便捷，境内205国道、省道304线穿境而过，市县快速通道、县道琅南公路与沿线各村的乡村水泥道路相接；三明生态新城、昌福（向莆）铁路三明北站；正在建设的南三龙高速铁路、厦沙高速公路将贯穿境内；省级循环经济示范单位沙县金谷经济开发有限公司位于境内，三明市农业科学研究所坐落于境内柱源村。文物有茶丰峡村历史文化名村和陈氏大厝、将军祠等景点。有沙县"毛竹之乡"、三明市"十佳毛竹乡"之称。主要种植烟叶、柑橘、茶叶、油茶。工业以化工、纺织、竹木加工、食品加工、新型材料、饲料加工等为主。先后获得"第二次全国农业普查先进单位""福建省集体林权制度改革先进集体""三明市十佳乡镇""三明市文明单位"和"三明市平安街道"等称号。2015年，辖区山林面积8051.13公顷，耕地面积1224.33公顷，森林覆盖率79%，辖19个建制村和2个社区，有中学2所、小学3所、文化站1个、县中医院1所及沙阳乐园、湿地公园各1处。工农业总产值28.15亿元，其中规模企业产值23.2亿元，农业总产值3.68亿元；全社会固定资产投资完成11亿元；农民人均纯收入15118元。

3. 夏茂镇

古称下茂，相传隋代胡郡守夏天巡行到此，见其土肥物茂，故取谐音改名夏茂。

1949年设夏茂镇。1958年改人民公社。1984年复置镇，镇政府驻西街村。夏茂地处县城西北部，为沙县第一大镇和最大盆地，位于沙县、将乐、顺昌、明溪4县交界处，东邻高桥镇，南接富口镇，西与明溪县毗邻，北与将乐、顺昌接壤，距沙县城区38千米。属闽中丘陵山地格局，地势西北高，四周为中低山包围。最高点雪峰山海拔1298米，最低点水头村海拔170米。

辖区东西最大距离 21. 36 千米，南北最大距离 16. 88 千米。境内茂溪（又称东溪）为最大的溪流，流域面积 248 平方千米，干流长 38. 5 千米，平均水流量为每秒 1. 21 立方米，另有银溪、合溪、后溪、龙峰溪、各溪、石坑溪、莲池坑溪、黄砂溪等河流。物产丰富，茶叶、花柰、烟叶是夏茂镇久负盛名的“三宝”，特色产品茂溪冬酒、板鸭、辣椒酱、乌龙茶、花柰、红菇等在省内外拥有较高的知名度。清乾隆年间，夏茂晒烟以其独特的清香型风格被乾隆帝钦点为“烟魁”。1985 年全国李杏资源调查协作组到夏茂镇实地考察后，认定夏茂花柰为珍稀果品，并被农业部正式定名为“柰李”。矿产有稀土、钨矿、石英矿、铁矿、硫黄铁和高岭土 6 种。夏茂镇人杰地灵，旅游资源丰富，是中央苏区闽赣省的重点区域之一，是红色老区镇，彭德怀、滕代远、杨尚昆等老一辈无产阶级革命家曾在这里留下他们战斗的足迹；是中央政治局原委员、空军原司令员张廷发将军，著名经济学家、厦门大学博士生导师邓子基教授以及著名社会学家、福建省社科院院长严正教授的故乡。有中共福建省委沙县特别支部旧址、传薪阁、夏茂镇革命烈士纪念碑、东街中央红军村等红色旅游文化资源；有罗坑、西街、李窠历史文化名村和始建于明洪武八年（1375 年）的桃源洞别墅、唐代的龙归洞和明代中叶进谷桥、彭邦天后宫（妈祖庙），以及罗邦塔、文昌宫、天湖净寺、崇圣寺、隆福寺等文物古迹与宗教文化资源；有民间流行大腔戏、梆子腔、夏茂山歌、台阁、舞龙、游春牛、舞鱼、接香龙、踩高跷、迎烛桥等传统民俗文化资源，其中游春牛被列入三明市非物质文化遗产；以夏茂牛系列、烧卖等各色小吃为代表的沙县小吃文化资源。交通便捷，福银高速公路、304 省道和向莆快速铁路贯穿全境。地理位置优越，区位优势明显，是苏区县重点乡镇；沙县粮食主产区和沙县小吃发祥地；也是全国重点镇、全国文明村镇、省级商贸重镇和三明市小城镇建设中心乡镇。2015 年，全镇土地总面积 247. 9 平方千米，其中耕地面积 3000 公顷，林地面积 1. 73 万公顷，有万亩现代农业示范园、夏茂现代烟叶园等。辖 27 个建制村和 1 个社区，有 117 个自然村 252 个村民小组。有中学 1 所，小学 4 所，文化站 1 个，卫生院 1 所。全镇农业总产值 3. 7 亿元，比上年增长 4. 6%；实现规模以上工业产值 5. 1 亿元，比增 25%；全社会固定资产投资 10. 5 亿元，比增 45. 8%；预算内外总收入 2786. 36 万元；农民人均纯收入 14852 元，比增 11%。

4. 青州镇

因镇政府驻青州村而得名。青州地名来源于当地沙溪东部有片冲积地“沙洲”，根据汉代五行学说，东方谓“青”，故引申称为青州。另一说为青州镇驻地青州村对面河滩有一大沙洲，村的四周环山，青松葱茏，故以青松和沙洲各取一字，作为地名。

民国29年（1940年）撤区立乡，时称青溪乡，乡公所设在涌溪村。1949年12月属第三区。1958年撤区并乡，设青州乡。1972年成立青州公社。1984年10月以驻地青州村取名，改为青州镇。

青州镇位于沙县东北部，地处三明、南平两地交界，古有“远县近府”之说（乡民有争讼常往延平府投诉而不愿到沙县，因府近而县远）。距县城34.6千米，为三明的东大门和市级中心镇。东北与南平市交界，西与高桥镇为邻，南接高砂镇与郑湖乡。境内大部为低山丘陵，地势略为南高北低，平均海拔为285米。最高点位于与高砂镇交界的坂山村天湖山，海拔938米；最低点洽湖村海拔80米，也是沙县海拔最低点。辖区东西最大距离18.42千米，南北最大距离16.93千米。境内有马铺溪、澄江楼溪、涌溪、洽湖溪，均属沙溪支流，总长73.3千米，流域面积262.9平方千米。沿沙溪两岸建有11座水电站，装机容量4725千瓦，洽湖、青州、澄江楼、涌溪、管前5个村为沙溪口电站水库淹没区，库区建有全县最大的200公顷淡水养殖基地。砂石资源丰富，涌溪石门庵的红岩石，马铺石壁窠的花岗岩，沙溪下游河道的砂、石等。鹰厦铁路、205国道、福银高速公路穿境而过。鹰厦铁路境内设青州站，办理货物运输业务；福银高速过境13.5千米并设有1个互通口。全省三大纸厂之一的上市公司福建省青山纸业股份有限公司坐落境内，镇内兴办了织布、建材、竹制品、香料、造纸等行业企业。有青平山、坂山、天湖山等风景。先后获全国造林绿化百佳乡镇、全国体育先进乡镇、全国亿万农民健身活动先进乡镇，省级基层党组织先进镇、科技示范镇、卫生镇、知名乡镇、造林绿化十佳乡镇、省第十二届文明乡镇、农村宣传思想文化示范乡镇等称号。镇文化站被推荐为“全国优秀文化馆站”；镇老体协获全省“老年人健身康乐家园”称号；澄江楼村农家书屋获评“全国双服务先进集体”。2015年，全镇面积140.72平方千米，森林面积9400公顷，森林覆盖率达75.3%。辖12个建制村、1个社区，总人口2.2万，人口密度为每平方千米156.3人。

有幼儿园4所，小学3所，初高中1所，卫生院2所，文化站1个。农林牧渔总产值3.17亿元，比上年增长6%；规模以上工业总产值29.33亿元，比增18.5%；全社会固定资产投资完成11.55亿元；财政总收入1678万元；农民人均纯收入17933元，比增11%。

5. 富口镇

因自古物产丰富，又地处水北交通关口，过去曾是高桥、夏茂、梨树等地进城必经之地，加之集市贸易繁荣，乡民富庶，故称“富口”。

富口镇位于县城西北部，离县城14千米，在“沙县10分钟生活圈”和“三明30分钟经济圈”内。1993年1月撤乡设镇。东连凤岗街道，南与梅列区陈大镇接壤，西与明溪县夏阳乡为邻，北接夏茂镇和高桥镇。境内地势略呈西南高东北低，大部为丘陵，平均海拔329米。最高点大佑山海拔1276.3米，最低点延溪村平均海拔140.2米。溪河均属沙溪水系，河道全长48.4千米，流域面积78.34平方千米，水电站年发电量1.22亿千瓦时，居全县乡镇之冠。矿产资源主要有石灰岩，分布在佑溪一带，工业储量在1850万吨左右，远景储量3500万吨。土特产以香菇、笋干、土纸为著和柑橘、黄花梨、枇杷、板栗、桃水果为主。山、水、洞、林等旅游资源一应俱全，有省级森林公园大小佑山；省级风景名胜区七仙洞，为典型的喀斯特地貌；省级森林保护区罗卜岩楠木种源自然保护区，是国内唯一以楠木为保护对象的自然保护区，334公顷，其中楠木分布面积67公顷。地方特色民间艺术有迎烛桥、迎铁枝、大腔戏、舞龙等，其中小腔戏被列入三明市非物质文化遗产。富口镇是中央苏区重点镇，荷山村为红色文化村，红色旅游别具特色，有“中央红军村”之称的荷山村至今还保留着当年彭德怀、杨尚昆等指挥战斗的司令部、红军医院、造币所、通讯站等大量红军史迹群。先后获省级卫生乡镇、全省民政工作先进单位，首届福建省科普先进乡镇，福建省第三批科技示范乡镇等称号。2015年，全镇面积233.1平方千米，其中耕地面积1453公顷，林地面积1.92万公顷。辖15个建制村（均为革命老区基点村），有81个自然村97个村民小组，总户数4174户，总人口16898人，人口密度为每平方千米72.5人。农林牧渔总产值3.95亿元，比上年增长11.9%；规模以上工业总产值17.22亿元，比增19.5%；全社会固定资产投资9.15亿元，比增12.8%；财政总收入936万元，与上年基本持平；农民人均纯收入12288元，比增11.2%。

6. 高桥镇

高桥镇古称崇信乡，高桥村古称德星里。南唐保大六年（948 年）里人张确举状元及第，回乡正值村里建桥，寓高第之意，故取名为“高桥”。今镇政府驻地位于高桥村而得名。

高桥镇位于沙县北部，距县城 25 千米，东靠青州镇和南平王台乡，南接凤岗镇，西和富口镇毗邻，北与顺昌县郑坊乡接壤。历史悠久，人杰地灵，素有“千年古镇，状元之乡”的美誉，南唐时期当地人张确高中状元，为三明境内史上状元第一人。地势北高南低，东西最大距离 19.7 千米，南北最大距离 21 千米。平均海拔 200 米。最高点桂岩村天台山海拔 1078 米，最低点官庄村海拔 120 米。福银高速公路、省道 S304 线穿过境内。已探明的矿产有石英石、高岭土、花岗岩等，其中分布在黄溪坑村、官庄村、正地村畔岭一带的红色系列花岗岩，储藏量达 120 万立方米。1993 年撤乡建镇。1997 年 5 月，官庄村换届选举接受美国 CNN 有线电视台记者全程跟踪采访，在国内外产生重大影响。2002 年，经省政府批准，原梨树乡新桥、池科、泉水峡 3 个村并入镇区。近几年，打造出农村金融制度改革、土地信托流转、农村新型社区建设、内部制度建设等工作品牌，荣获省级文明乡镇。2015 年，辖区总面积 215.7 平方千米，其中耕地面积 1400 公顷，水果面积 1100 公顷，林业用地 1.79 万公顷，毛竹林面积 1800 公顷，森林覆盖率占 83.3%。辖 14 个建制村，有 64 个村民小组。官庄村是全镇人口和畲族雷、钟、兰姓氏人口最多的村。全镇农林牧渔业生产总值增长 5%；规模以上企业增加值增长 11%；全社会固定资产投资增长 9%；农民人均纯收入增长 11%。

7. 高砂镇

高砂地处沙溪河畔，古时因沿河泥沙冲积，滞堆成高地（当地方言称“窝沙”）而得名。

1949 年设高砂区，辖高砂乡、青溪乡、郑湖乡。1961 年设高砂人民公社。1984 年设高砂乡。1993 年撤乡改为镇建制。

高砂镇位于沙县东南部，距县城 15 千米，距三明 35 千米，距南平 45 千米。东与郑湖乡接壤，南与虬江街道为邻，西南连接南阳乡，西靠凤岗街道，西北毗邻高桥镇，北接青州镇。境内大部分为丘陵，地势略为北高南低，平均海拔在320米。行政村最高点柳源村（海拔550米），最低点为渔珠村（海拔90米）。辖区东西最大距离21.5千米，南北最大距离21.2千米。境内土壤偏酸性多呈红色，有沙溪支流高溪、端溪、渔溪3条。矿藏自然资源主要有砂石矿。鹰厦铁路、205国道、沙溪航运枢纽、福银高速公路并列越境而过，集镇距青州、沙县高速互通口均为15千米。205国道境内长12千米，双向单车道。樟墩村属革命老区基点村。设有占地规模133公顷的高砂工业集中区，产业发展定位以化工、林竹、造纸为主，已落户规模企业10多家。先后获福建省文明村镇、环境优美乡镇、“信用镇”，三明市农村经济发展“十佳乡镇”，福建省“平安库区”创建工作先进单位，全国百家示范乡镇（街道）总工会，三明市重点乡镇工业发展竞赛活动奖等称号。2015年，土地总面积160.88平方千米，其中耕地面积1086.73公顷，山林面积1.31万公顷。辖14个建制村，有122个村民小组。有幼儿园2所，小学1所、初中1所，文化站1个，卫生院1所。全镇农业总产值49.16亿元，增长2.16%；农业产值5.16亿元，增长4%；工业产值44亿元，增长1.94%，其中规模以上企业产值42.8亿元，增长2%；工业用电量5602万千瓦时；地方公共财政收入879.5万元；全社会固定资产投资12.71亿元，增长21.56%，12家规模以上企业完成固定资产投资11.6亿元；农民人均纯收入15514元，增长10.71%。

8. 大洛镇

因镇政府驻地位于大洛村而得名。镇政府驻地大洛村，因古代乐姓始居此地，故原名大乐，后因谐音演变为“大洛”。1958年属上游公社（洋溪地区）。1961年洋溪工委成立，分大洛、洋溪、湖源3个小公社。1963年以驻地大洛村取名，设大洛人民公社。1972年分出洋溪。1984年设大洛乡。2000年撤乡改为镇建制。

大洛镇位于沙县南部，距县城24千米。东与南霞乡、尤溪县相接，南与湖源乡、大田县相连，西与梅列区洋溪乡交界，北至虬江街道。镇域面积117平方千米，地势西高北低，以丘陵为主，整体呈山峦状分布，海拔400～1537米，最高山峰锣钹顶海拔1537米，位居全县之冠。盛产毛竹、竹笋、商品材、反季节蔬菜、水果、药材等农特产品，有水杉、红豆杉等百年古树，树龄高的达500年以上。有水电站14座，总装机容量3000千瓦。交通便利，304省道贯穿全境，实现自然村村村通水泥路，是沙县、尤溪两县边界的商品集散地和特色经济的繁荣带。大洛开村于宋朝，古称乐洋村，明清时期为二十都，民国时期为扬光乡地。昌荣村系县内唯一的少数民族（畲族）村。主要名胜古迹有锣钹顶、蓬仙岩、前村舍利塔、上坂摩崖石刻、宝山、张田、华口土堡、陈山寨邓茂七练兵场等。山际村古迹保存有上坂村鸡只石清乾隆年间摩崖石刻。宝山村古迹有吕峰山明代邓茂七起义旧址。民间传统艺术有剪纸、民间刺绣，陈山、前村迎烛桥。2015 年，全镇耕地面积 840 公顷，山地面积 8373 公顷，其中竹林面积 4240 公顷，用材林 1733 公顷，生态林 1486 公顷，经济林 633 公顷。辖 14 个建制村，有 28 个自然村 65 个村民小组，共 2675 户，总人口 10617 人，人口密度为每平方千米 90.7 人。有幼儿园、小学、中学、文化站以及卫生院各 1 所。全镇实现农业总产值 2.59 亿元，比增 7%；实现规模以上工业企业产值 1.1 亿元；完成全社会固定资产投资 2.74 亿元，比增 53.4%；财政总收入 1511 万元；农民人均纯收入 13232 元，比增 11%。

9. 郑湖乡

明朝初年，河南胡氏渡江南下，迁至九曲溪（郑湖乡所在地）繁衍生息。九曲溪因日月变迁渐渐形成湖，并与所住村民胡姓姓氏相结合，得名“湖源”。民国 36 年（1947 年）增设湖源乡，因与另一名为“湖源乡”同名，遂从其所辖村“郑垱村”“湖源村”中各取一字，称“郑湖”。1949 年 8 月废保甲，设 3 个区，隶属高砂区辖；12 月设 5 个区，隶属第三区辖。1951 年与第二区潮阳乡并为第四区。1958 年 10 月隶属新成立的红专人民公社辖区，后设郑湖人民公社。1984 年 10 月撤社建乡，改置为郑湖乡。

郑湖乡地处沙县东南部，距县城 39.3 千米。东界南平，南靠尤溪，西毗南阳、高砂，北接青州。全境大部为丘陵，地势略呈东高西低、北高南低，平均海拔在 330～350 米。最高点长村村通天崎海拔 1343.8 米，最低点海拔 230 米。境内有黄坑林溪、大坂溪、白云溪及郑湖溪三级支流，积雨面积 72.5 平方千米，汇入马铺溪，形成沙溪支流，长 29 千米，流域面积 143 平方千米。矿藏资源有闽西北最大的石英矿，是生产结晶硅、铁合金等工业产品的重要原材料，主要分布于庆洋村一带，经地质部门勘测，远景储量达 1500 万吨。地方特色民间艺术有杜坑村板鸭制作、高地村大腔戏、徐墩村剪纸、大炉村木雕等。名优特农产品有郑湖水柿、板鸭、高山晚熟水蜜桃。主要名胜古迹有杜坑五家大院、庆洋白鹤山、郑湖村伏虎庙、金和亭庙。杜坑村的文斗堂（原民国国大代表胡嘉会住址），坐落于杜坑村三斗洋，距今已有102年的历史，占地2000平方米，建筑面积1960平方米；高地村的土堡1座，占地面积1333平方米，距今已有300年的历史，是省级环境优美乡镇、市级特色农业乡镇。是沙县板鸭的发源地，素有“板鸭之乡”之称；是福建省最大的无核水柿生产基地。“郑宗牌”“香外香牌”郑湖板鸭，“沙阳水柿”“沙阳柿饼”四大品牌享誉省内外。2015年，辖区总面积106.55平方千米，其中耕地面积974公顷，山林面积9236.47公顷，森林覆盖率达79%，辖11个建制村（其中8个老区基点村），有20个自然村77个村民小组，总户数2724户，总人口12488人，其中农业人口12129人，人口密度为每平方千米113.8人。工农业生产总值22693万元；完成财政总收入68.34万元，减少18.76%（主要受地税减少经济下行影响）；完成全社会固定资产投资23505万元，增长60.13%；农民人均纯收入11794元，增长11.18%。被省委、省政府授予“第十二届（2012—2014年度）省级文明乡”，被市委、市政府授予市级平安乡镇荣誉称号。

10. 南阳乡

以驻地名称改变取名。清末民初属水潮洋，民国32年（1943年）10月改为潮阳乡。旧时由于地处低洼，暴雨时因河道窄浅流速慢，田地街道常常淹没一片汪洋故称“水潮洋”，后把“洋”改“阳”取名为潮阳。1949年8月废保甲，全县设3个区，潮阳乡隶属镇头区辖。后因地处沙县东南部，1951年将南山尾和潮阳各取一字更名为“南阳”，乡政府驻地南阳村。1958年10月隶属新成立的红专人民公社辖区，后设南阳人民公社。1984年10月撤社建乡，改置为南阳乡。

南阳乡位于沙县东南部，距县城24千米，东北与郑湖乡毗邻，西北紧接虬江街道，北邻高砂镇，西南紧靠南霞乡，东南与尤溪县西城镇接壤。地势略呈东高西低，大部为丘陵，平均海拔在201米。最高点为乌石顶，海拔1249米，最低点为凤坡洋，海拔165米。属沙溪支流，主要溪流有南溪河，全长22千米，流域面积109平方千米。名优特农产品有西坑土鸡、板鸭、油茶、葡萄。县级文物保护单位有邓将军墓和罗岩庙2处。其中邓将军墓为沙县开县始祖邓光布墓葬，始建于唐末；罗岩庙坐落于华村罗岩山风景区，始建于南宋嘉定六年（1213 年）前，明嘉靖年间重建，自古即是八方游客游览、观光、避暑、朝拜的胜地。2017 年 1 月，“罗岩太保信俗”被福建省人民政府列入“第五批省级非物质文化遗产代表性项目名录”。民间文艺有扎纸、山歌、打醮等。向莆铁路、厦沙高速公路穿过境内，其中厦沙高速公路在大基村设有一个互通口（沙县南阳口）。建有 2 座水电站。经济以农业为主，种植水稻、甘薯、烟叶。包装推出杨梅、葡萄、油茶、茶叶等土特产品。先后被授予省级生态乡镇、省级文明村镇、市级文明乡镇、市级平安乡；南阳乡计生服务所被评为国家级计生优质服务示范站。2015 年，全乡总面积 65. 4 平方千米，其中耕地面积 733 公顷，林地面积 4664 公顷。辖 9 个建制村，有 41 个自然村 74 个村民小组，总户数 2691 户，总人口 11155 人。其中分布在木科村、大基村畲族人口 150 人。人口密度为每平方千米 170. 6 人。有幼儿园、小学、中学、文化站以及卫生院等。农林牧渔业总产值 16307 万元，比增 6. 8%；完成一般性财政预算收入 917 万元（含上级补助），比增 8. 5%；招商引资完成 1481 万元，比增 12. 2%；完成社会固定资产投资 1. 13 亿元，比增 13. 1%，实现农民人均纯收入 12103 元，同比增长 7. 9%。

11. 南霞乡

1984 年 10 月改南坑仔人民公社为南霞乡，取南坑仔和霞村的首字为乡名，改为南霞乡。乡政府驻地南坑仔村，聚落带状分布，因有条水坑叫东坑，村落坐南朝北，故名南坑仔。1949 年 8 月废保甲，设 3 个区，隶属由镇头区调整为第二区，即南坑仔区。1951 年为第九区。1958 年属卫星人民公社。1961 年分设南坑仔和霞村两个人民公社。1963 年 11 月改设成立南坑仔人民公社。

南霞乡位于沙县东南部，距县城 25 千米，乡政府驻南坑仔村。东邻尤溪县，南依大洛镇，西北与虬江街道接壤。境内大部为山地，地势略呈东高西低，平均海拔在 360 米左右。最高点为溪源村的观音岩海拔 1136 米，最低点霞村桂盂海拔 243. 3 米。辖区东西最大距离 12 千米，南北最大距离 14 千米。境内有沙溪支流洛溪（又称豆士溪）的 3 条支流中的 2 条，一条发源于南霞乡龙泉，称龙泉溪，一条发源于牌坊岭，称溪源溪。两条支流在双溪汇合后，在虎跳与洛溪汇合，由南向北经罗布从洛溪桥注入沙溪。已探明的矿产主要有铀、银、钨、硫铁、高岭土等可供开采利用。旅游资源有松柏岩、观音岩、双溪漂流3个景区，每年接待游客3万人次以上。风味小吃“泥鳅粉干”属沙县著名小吃。土特产品茶油、青壳蛋、黄花菜在沙县久负盛名。地方特色民间艺术有舞狮队、大腔戏等，其中打狮被列入三明市非物质文化遗产。2015年，全乡土地总面积124平方千米，其中耕地面积876公顷，林地面积9333公顷。辖11个建制村，有72个村民小组，总户数2824户，总人口11987人。人口以汉族为主，居住有部分畲族、壮族人口。人口密度为每平方千米96.5人。有中学、小学、幼儿园、卫生院、文化站等各1所。全乡农林牧生产总值24864.2万元，比增8%；社会固定资产投资24800万元，比增69%；财政收入99万元，比增5%；农民人均纯收入11387元，比增11%。

12. 湖源乡

因湖水聚集于此而得名，代表湖水源头之地。元朝末年大洛华口人到此开基建村，常受淹成湖。且洛溪、黄墩溪、铭溪三股水在此起源，故名。民国36年（1947年）增设湖源乡，乡政府驻地锦湖村，寓“锦绣前程”之意而名。1949年8月废保甲，隶属县政府直辖。1950年4月设湖源乡公所。1956年设为湖源乡。1958年改为湖源高级社，隶属上游人民公社。1961年成立湖源人民公社，属洋溪工委。1963年隶属县直管。1984年改置湖源乡。

湖源乡位于沙县南端，距县城46千米，距306省道7千米。东接大田县广平镇，西毗三元区中村乡，北邻大洛镇。境内大部为山地、丘陵，地势略为南高北低，平均海拔在810米。最高点五瓶酒山海拔1274.3米，最低点洋头海拔546.6米。辖区东西最大距离6.2千米，南北最大距离7.5千米。境内有4条溪流，属沙溪支流，全长12.2千米，流域面积31.72平方千米。矿产资源有石灰石、高岭土、金矿、铁矿、煤矿等，其中石灰石矿储量约4000万吨，高岭土矿储量约2000万吨，为沙县石灰石和高岭土的主要矿产区。土特产品有茶叶、白笋干、黄花梨、香菇、金薯等农产品。名胜古迹有龙会桥、亭峡万民宫、鸾凤洞（仙妈亭）等，其中龙会桥建筑风格独特，双檐歇山顶木质结构，桥亭共十槅九植，占地面积400多平方米，是湖源乡标志性建筑之一。城前村为红色文化村。民间传统艺术迎花灯、迎龙、迎烛桥、打狮、迎铁枝等颇具地方特色，其中湖源“迎龙迎烛桥”被列为三明市非物质文化遗产。2015年，全乡总面积40.6平方千米，其中耕地面积400公顷，林地面积2800公顷，果、茶园面积336公顷。辖5个建制村和万代林场，有44个村民小组。总户数1536户，总人口6449人。人口密度为每平方千米158.8人。有中小学、文化站及卫生院。乡政府驻地居住人口密集，周围分布5个村，有“千家乡”之称。方言自成一体，称湖源话，是兼有闽中、闽南特点的混合型方言。2015年全乡农林牧渔业总产值13562.89万元，全社会固定资产投资20300万元，农民人均纯收入11722元，财政收入263.67万元。

二、村落（巷、堡）地名故事

通过调查、考证、统计、分析，沙县境内787个自然村千年以上建村、始终未变地名的有672个，占85.4%。沙县的地名文化及地名史，印证沙县千年文明的发展史，既体现了沙县先民在村落命名中的智慧，也彰显了沙县历史文化的影响。

1. 命名方式

沙县独特的地理景观和鲜明的方言特色，成为区域地名群形成、采词和演变的环境与土壤，造就了全境地名词语的显著特征和文化景观。对境内787个自然村村名考证分析，有以择地建村时选当地地形地貌、山形水胜、村落方位及村居特点命名，也有为数众多的村落则以姓氏与地形地貌相结合取名，也有的以各种物产、各类建筑物和当地相关的景物取名的，由此突出反映其村名内涵之形象、准确，便于称谓的显著特征。

（1）以山、水、田的自然特色及村落方位、环境等地形地貌为特征命名

此类自然村占全县自然村总数56.5%。是沙县地名的显著特征，充分体现了这类地名的地域文化特点。与“山”有关的村落，包括建立在山头、山间、山边、山角边、山岩边、山坑边、山峡边、山垄边、山岭边、山墩边在内的自然村有81个。如，长角、前峡、底峡、山头、峡仔、横坑、岩头、长垄、半岭、杜坑、桂岩、垄东、南山下、泉水垄等。与“水”有关的村落，包括建立在溪边、河边、坑边、沙洲、山漈、水漈、水坝边在内的自然村有101个。如，大洲、桦溪、牛浆坑、坡头、任尾溪、水美、溪口、水东、鸭母道等。与“田”有关的村落，包括建在田边、田中、田头、洋田、田磜在内的自然村有33个。如，长洋、八十桌、墩头、百桌洋、下村洋、田中央、后

垄、洋邦、田中、大邦墘等。与村落方位、环境地貌有关的村落，包括建在村边、墘边、路边、树边、塘边的自然村有230个。如，水南、背后、盂头、村尾、中心洋、牛岭头、下坑、大盂、大盂仔、坂山等。

（2）以姓氏为词根命名

这类村落有97个，占全县自然村总数的12.3%。以开基入住居民姓氏与地形地貌（如坑边、山窠、山坑、水坑、溪边）相结合取名，这些质朴的地名也突显出这类自然村历史的古老与悠久。如，陈罗坑、陈坑、余厝、廖厝、罗坑头、肖厝、李厝、陈村、郑坑、罗布、官南、倪居山、乐厝、胡婆地、陈山、华口、陈兜、罗厝、罗坑源、张田等。

（3）以古建筑物古设施等为标志命名

这类村落有65个，占全县自然村总数的8.3%。以土堡、旧院、旧厝、古驿馆、古楼房、木桥、石桥、渡头、水坝、水碓、古井、榨油坊、榨蔗糖厂、凉亭、石碑、店铺等为标志命名的自然村为数不少。如，马坑、石桥、铺头、土堡、油楻、井后、窑场、双门桥、上岸、瓦溪、洋元庄、马道、厝古仔、瓦窑等。

（4）以丰富物产为特征命名

这类村落有35个，占全县自然村总数的4.4%。以当地盛产的林木土特产品如林木、毛竹、茶树、桐树、茶叶、胡椒、粉干、草席和陶瓷产品等物产为特征命名。如，木山、樟树板、茶窠、粉干曲、松林、人布、木窠、枧头、茶窠、碗厂、杉口、林墩、林洋、竹山、茶坪等。

（5）以邻近宫观寺庙标志性建筑建村而以相应名称命名

如，东山庙、山堂、白林庵、杜坑庵、庵头、塔寺、太保庙、坡介寺、太保宫、宫后等。

（6）以祈福和寄寓美好愿望的吉祥语词命名

如，灵元、产龙坪、洋坊、长红、昌坪、长阜、儒元、安楼、旺坑、长安、富积坑、百灶坪、宝丰、南丰、胜地、安坪、良坑、霞村、龙池、龙泉、官昌、宝山等。

第（5）、第（6）两类自然村约占全县自然村总数的4%，这些地名是在村庄发展过程中自然形成的，充分体现了沙县人积极向上的生活态度和对美好未来的追求，非人为刻意命名。

2. 地名故事

（1）高桥村

高桥村为高桥镇政府驻地，古称德星里，村落呈团状分布。

据清康熙《沙县志》载："翔鸾乡，其村数十，高桥最大，按旧志，桥始建，里人张确举状元及第，故名，取高第之义。"《沙县志》卷之二疆里记载："高桥，宋开宝八年建。里人张确，举南唐状元及第，而桥适成，因名高桥。盖取高科之义。"

沙县民间至今流传有关张确的传说。说是沙县张氏始祖孺公的五代孙令资公住在新坡村附近的吴早山下，山上有一座庙，叫西金庙。一天夜里，其妻梦见一只玉燕飞投入怀。夫妇俩觉得这个梦很奇异，找人圆梦。圆梦的人说："玉燕投怀，将生贵子。"果不其然，不久张家生了个男孩，取名确。张确少年时聪颖好学，曾在庙里读过书，文章蜚声乡里。后来，张确以第一名登第，高中状元。消息传到家乡，正逢村里建桥，乡亲因张确高第而取"高"字为桥名，取村名为高桥村。

（2）龙慈村

龙慈村位于高砂镇，距集镇 5 千米，下辖大际、小坑、东坑坂、龙慈、廷坑等自然村。横贯龙慈村有条小溪叫鸬鹚溪，过芦口坑入沙溪河。鸬鹚溪快到芦口坑处，有一段暗河与此溪交汇形成回流，遇到大水时村民从鸬鹚溪水运木材过此处，会被吞没数立方米之多，之后在下游陆续浮现出来，吞吞吐吐，很似过去抓鱼的鸬鹚鸟，人们称此处为"鸬鹚颔"。自古至今因该地从未发生过洪灾，古人认为水泛滥成灾是孽龙作怪，可见此龙是驯善慈祥的，加之"鸬鹚"与"龙慈"本地方言相近，故取村名为"龙慈"。

在龙慈村有一则流传很广且跟"龙"有关的传说。该村有座山，其形为"五马落槽"。曾有风水先生说这里是块风水宝地，定出大贵人，将落在龙慈村。有一年，龙慈村的一户人家生了个孩子，行为特异，终日制造弓箭，剪折大堆的纸人纸马作为玩具。突然有一天，他临睡前嘱咐母亲说："明天五更鸡鸣时，您将纸人纸马排列开来，然后叫醒我。"不想他母亲第二天起了个大早，等了很久鸡也未叫，实在不耐烦，她便敲打竹茓把鸡吵醒，催起鸡鸣，然后将箩筐里的纸人纸马一口气倒了出来，叫醒儿子。儿子醒来，张弓搭箭对准皇帝龙廷射去，因时辰未到，皇帝还未上朝，箭钉在"金交椅"（沙县俗语，金銮殿里皇帝宝座的意思）上。纸人纸马因倒得太急，没有逐一排列，弄得断手折足，所以虽变了真人形，终究不能派用，因此坏了大事。皇帝惊觉后，命国师测卦，卜辞说：“蓬杆造旗，即在龙慈；蓬杆造箭，即在沙县。”皇帝一气之下，就用朱笔在沙县地图上勾画，取消了龙慈村“五马落槽”这个地方。不久后，这位英雄终因大业未成，吐血而死。他的那些纸人纸马变成的将士，在“五马落槽”山造了座天子墓，以天子葬式埋葬了他，并集体自杀，为其殉葬。后人将形似“五马落槽”山称为“天子墓”山。

（3）富口村

富口村位于富口镇，聚落呈块状分布，人口 700 人，居民多外出经营沙县小吃。传说富口村开村于元朝年间，东边村口处有个小村庄，地名叫前坪，称为前坪村。村庄地形像匏瓜，后山有两条山脊向下延伸左右连接，像“两藤结一瓜”。

当时，村子住着曹姓家族，曹家有一已婚男子进京赶考，高中状元，受朝廷重用，后又官升宰相，一路高官厚禄恰都因住宅好风水的作用。可在京做官后，就难得回家与家人团聚。有一天，一个风水先生来到此地，看到此处的地形，高声称赞：“风水甚好，风水甚好啊。”同时见妻妇曹氏时，对其说：“好人家，大富大贵，能高官厚禄，光宗耀祖啊。”曹氏说：“先生高官厚禄有什么用，我家官人在外为官，难得回次家。”风水先生问：“那你是要他回家还是留在京城做官呢？”曹氏说：“若能回家最好不过了。”风水先生说：“后山左边那条山脊，是阻碍你家官人回家的元凶，只需挖断那条山脊，你家官人就会回家了。”曹氏听了风水先生的话，雇用了二三十人去后山挖掉山脊，可奇怪的是，不管白天挖了多少，但只要一到晚上山脊又变回原样了，连续挖了几天都是如此。曹氏感到奇怪，又去问风水先生，为什么一到晚上山脊就变回原样了？风水先生又教她说：“要想让山脊不变回原样，你需在挖山脊的时候往里杀条狗，用狗血祭土神。”曹氏按风水先生说的方法去做之后，果真挖掉的山脊再也没有恢复了。就这么挖了几个月，后山左边的山脊就被挖断了。又过了半年，曹家官人在京犯下大罪，被斩首，尸体被允许运回了家中安葬，此后曹氏家族搬家迁走，远离此地。现居住二十多户都是杂姓人家。因为此处是通往沙县主要交通路口和溪水流向出口处，所以称之为“匏口”，到中华人民共和国成立后用普通话才改为“富口”，至今本地方言“富口”仍叫“匏口”。

（4）马山村

站在高桥镇官庄赤岭村朝西望，可以看到几里路外有一座山，形状好似一匹跪在地上的骏马。就在这座山的山脚下，有个村庄，人们叫它“马山”。

据说，这里原来并没有山，这个小村庄也不叫马山。以前，这里是一片麦地。但是，一到春天小麦返青的时候，常常有一匹马来到麦地里，把麦苗啃个精光。这马又高又大，据说是匹神马，谁也不敢去惹它。许多人为了逃避马的祸害，不得不忍痛抛下土地，远走他乡。

眼看这里的土地一天天荒芜下去，有个农民很不服气，他说：“这头畜生！害得人们离乡背井，不得安宁，我倒要看看它有多厉害。”

这一年冬天，他种了几亩小麦。麦苗返青的时候，他在田头搭了座小茅棚，一天到晚守着小麦。一天黄昏，太阳刚刚从山背后落下去。氤氲的雾气笼罩着大地，那个农民正躺在茅棚里歇息，忽听得一阵马嘶声，他顺手抓了一把锄头，走出了茅棚。

在朦胧的夜色中，果然有一头高大的骏马左右摇荡着长长的尾巴，安闲自在地吃着麦苗。不一会儿，麦地就被糟蹋得不成样子。

那个农民看在眼里，气在心头，一时间也不知道哪里来的勇气，冲上前去，大喝一声，挥起锄头朝马头砍下去。那马吓了一跳，抬腿要跑，锄头正好落在马腿上。只听得惊天动地一声嘶鸣，这马跪卧在地上，一动也不动了。

那个农民被这马的叫声震得耳朵差点聋了，丢下锄头就往回跑。第二天早晨，他壮着胆子到地里一看，只看田头凭空冒出一座形状好像卧马的小山。

害马被除去了，农民又陆续迁回，在这里安居乐业了。从那以后，人们就把这村子叫作马山。这村子里有口水井，人们说：“这井就是那位大胆的降马农民一锄头挖出来的。汩汩不尽的井水，就是马的伤口流出来的血。”

（5）李窠村

夏茂镇有个李窠村，不知情的人会以为李窠住的人家姓李，其实，李窠住的全是张姓人家。这李窠的来历，有一段故事。

很早以前，勤劳勇敢的夏茂张厝人家在这山窠里开垦荒山，种植李子树，流下许多汗水，建成大片的李子园，经过精心管理，李子连年大丰收。每年李子丰收季节，人们都成群结队地到这里买李子、吃李子，渐渐地就将这里叫作“李子窠”。那时的李子品种甚多，有明琴李、鸭脚李、珍珠李、麻铃李、芙蓉李、桃加李、杏李（柰李，现今俗称花柰，夏茂人古称杏李）等品种，统称都叫李子。李子果实成熟于盛夏季节，产量高，一般每株产量达百余斤，高产的每株达数百斤。据镇档案记载，1953 年做了一个调查，夏茂观音堂的杏李最高单株产量达 800 余斤。1964 年夏茂曾以鲜果送往香港试销，颇得港人青睐。近年来还大量销往深圳、珠海、香港、澳门等地。

李子可食率高，营养丰富，有清热、利尿、消食积等功能。既是鲜食佳果，也适宜加工制成罐头、蜜饯、李脯、李干等。李干还可深加工成优质的“加应子”。中华人民共和国成立前加工的李卤咸，曾是出口的上品。发展李子生产是这里劳动人民致富的主要门路，但这李子窠后来不知什么原因引起火灾，大片的李子树被烧得无一幸存。勤劳智慧的张家人民就在被烧成平地的李子窠开基建村，重建家业，虽然没有了那么多的李子，人们却依然习惯叫“李子窠”，后来又简称“李窠”。

（6）长阜村

长阜村原名“大埠头”，距夏茂镇约 2.5 千米。村四周一马平川，物产丰富。相传宋初杨姓人选择在这里开基建村，一则四周是一大片平洋，利于家族繁衍；二则这里是去溪口、洋罗坑、岩观、扶延、新建以及明溪等地的必经之地，且靠近茂溪岸边，可建通船的码头和通商的大商埠，故取名大埠头。

这大埠头的“埠”字，原意指码头，后也用到商埠等，又与夏茂话“布”同音。过去识字的人不多，置办箩筐、谷席之类的农具时，怕被人以旧换新偷走，照例要写“大埠头张记”及“×年×月置”等。那些叫来代笔的图一时方便，或自己勉强为之又根本记不起“埠”字如何写，便以“布”字代替。久而久之，好比约定俗成，偶尔也有在公文上使用，虽次数不多。实则夏茂这地方还有一个村叫大布村。好在一个是“大布头”，一个是“大布”，一个在夏茂东，一个在夏茂西，人们也不至于搞错。

据说这杨姓人后来发展不顺，迁徙他乡。宋末张姓人从外地迁来大埠头，后又有朱、范、俞、邱等姓迁来这里居住。到了民国期间，已经发展到近百户人家。民国 20 年（1931 年）农历五月十八日上午，在中共地下党党员洪基的策动下，夏茂大布大刀会攻入夏茂教堂，消灭了卢兴邦驻守夏茂一个连的兵力，将他们杀得片甲不留，百姓自是拍手称快。在外地的卢部则恼羞成怒，连夜着人送信给国民党县党部，要求迅速组织卢兴邦在沙县的余部及其他兵力“血洗大布”。信正好被在场的大布村坑头自然村的吴老豪看见。他想，大布大刀会曾救过我的命，我也身为大布人，应该救救大布人的命，他灵机一动，在“大布”之下添了一个“头”子（当时公文均系毛笔书写）。当年农历七月二十六日夜3点至第二天上午10时许，国民党派一个营的兵力血洗“大布头”：杀害大埠头村民95人，打伤42人，其中被杀绝的有27户，成了寡妇的有28人。全村700余间民房被烧毁，财物全被烧光、抢光，全村损失计20余万银圆。

两年后，村民们认为“大埠头”一名太不吉利，便取“长治久安”“物阜民丰”之意，改地名为“长阜”。

1958年10月以后，长阜村一直是生产大队和行政村所在地。农户已发展为210户。党的十一届三中全会后，这里发展为亩产吨粮田，盛产茶叶、茉莉花、烟叶、花柰、芋子和蘑菇等，村民逐渐走上了小康之路，成了名副其实的“长阜”村。

（7）月邦村

月邦是原梨树乡的一个建制村，原称“魏坊”。很早以前梅历（今三明市梅列）有一帮魏姓的人到中堡打工，数年后都积攒了些钱。他们见距中堡5华里的地方山川秀美、土地肥沃，便来到这里开基建村，称魏坊。又过了些年头，魏姓人逐渐在这里发达富裕起来，人丁兴旺，五谷丰登，成了方圆几十里有口皆碑的富村。不久，又有一些邓姓的人也搬迁到魏坊定居，也在这里发展壮大起来。

清顺治初（1644—1645年间），魏坊接连发生过鼠疫和霍乱。有一年的农历七月半发生了一次严重的鼠疫，一个星期全村就死亡百人，有的五六口之家全户死尽，有的一天之内一家死了三个人。活着的人，人心惶惶，唯恐死神随时降临。次年农历七月中旬，这里又发生了一场严重的霍乱，不到十日，死亡数十人。两次灾难，均发生在七月半前后，且死亡人口以魏姓居多，有的绝户。多心的人便认为“魏”字的右边是个“鬼”字，所有七月半闹出灾祸。“魏坊出鬼了！魏坊出鬼了！”的消息不胫而走。村里的人能逃的逃，能举家搬迁的举家搬迁。剩下两家魏姓的只好搬迁到中堡定居。邓姓的一部分迁走，剩下的几户便一面烧香放鞭炮求神灵保佑，一面请道士为之驱鬼，并决定将地名中的“魏”字改为“月”（方言中“月”与“魏”谐音），取光明、光亮驱恶魔之意。“坊”改为“邦”（方言也谐音），从此“魏坊”的地名就不再有人提，而代之以“月邦”，一直沿用至今。

中华人民共和国成立后，人民生活发生了天翻地覆的变化，村里的卫生设施条件不断得到改善，鼠疫和霍乱也不再发生，但月邦的变迁和更名给我们的启示是，落后和愚昧才是灾难真正的根源。

（8）罗坑村

罗坑是夏茂的一个行政村，这里住的不是罗姓人，而主要是谢姓人家。民间习惯上叫罗坑坪。关于罗坑的来历，谢姓人家代代相传着这样一个故事：一千多年前，将乐高山区圭羊村有一姓谢的犁田手，专靠替周围一带人犁田为生。某日傍晚，他牵着牛经过夏茂人称为“老坑”的地方，牛就再也不肯走了，打也不动，拖也不起，硬赖在这里。犁田手拿它没办法，只得守在牛身边，还要割草给它吃。不料这牛倒好，一赖就是三天三夜，犁田手眼看三天没有活计，心急如焚，最后流泪哀求牛道：“牛啊牛，你不能这样，我一家老小的生计，可是全系在你身上的呀！”那牛见犁田手哭得伤心，它也流下泪来。犁田手见牛有了反应，便接着又说道：“我们赶快干活去吧！”那牛果真站了起来，跟着犁田去了。傍晚收工时，雇主叫犁田手将牛牵往茅棚去睡，可牛死也不进茅棚，硬拖它，它竟一扭头，又跑回了老坑。连续几天，它总是照样上工，收工照样回老坑。过了些时日，老坑附近的田犁完了，他们要去离老坑十几里路的地方犁田，这牛仍是一收工便往老坑跑。犁田手无奈，只得跟着它天天回老坑。一直到夏茂雇主的田差不多犁完，该回圭羊村的时候了，犁田手就牵着牛往圭羊方向走，可牛死活也不肯回去。犁田手只好让牛留在老坑，自己回圭羊。乡亲们见犁田手独自回来，问起牛，犁田手一一说了。族中有见识的老者听后，认为老坑一定风水好。于是几个谢姓族人邀了个地理先生来老坑看风水。地理先生看看算算，认为这里果然是好风水，并指出了宜建房居住的方向。此后，几家谢姓人便在老坑旁边的坪地里搭起茅棚住了下来。他们开垦荒地，辛勤劳动，果然没几年就家家有了可观的收入，相继盖起了土木结构的新瓦房，形成了一个漂亮的村落。因为嫌老坑不好听，所以起村名时便用罗坑坪（夏茂方言“罗”与“老”同音）。沙县解放后，又去掉“坪”字，直称罗坑。

（9）珍珠窠村

沙县高桥镇珍珠窠又名“曹地”，说到珍珠窠这一村名的来历，当地还流传着一个催人泪下的传说。

相传在很久以前，曹地人有两把世代祖传的珍珠伞。当时国王昏庸无道，整日在宫中寻欢作乐，不理政事，以致奸臣当道，政治十分腐败。有一年，国王下令，要每个郡县进贡一件奇珍异宝。贪官污吏为了能博得国王的欢喜，以便日后升官发财，就乘机强迫百姓献出珍宝。

曹地官吏对当地的宝伞早就垂涎三尺，想把它作为飞黄腾达的阶梯，只是苦于没有借口。当接到命令时，他们就以进贡为借口，采取软硬兼施的办法迫使曹地百姓交出了宝伞。得到了梦寐已久的宝伞，他留下一把据为己有，另一把派兵护送京城。不料这把伞在路途中被一伙强盗所劫，他不得不将另一把宝伞派兵再次护送到京城。

国王上朝，看过宝伞，龙颜大悦，文武大臣们也对巧夺天工的宝伞赞不绝口。国王当即下令对曹地百姓的赋税给予适当减免，并给进宝官吏连升三级。这时一个奸臣上前奏道："启奏国王，臣不久前观察了天象，看见东方有一片紫色霞光呈龙凤状，臣认为这是不祥之兆，再说，珍珠伞有两把，一把被强盗所劫，他们想犯上作乱与陛下争天下，陛下须早日斩草除根，免除后患，望陛下三思，收回圣命。"国王听信谗言，不觉胆战心惊，于是就下旨将曹地百姓满门抄斩。为了记住珍珠伞给村民所带来的灾难，曹地村就改名为珍珠窠了。

（10）樟墩村

樟墩村位于沙溪北岸，与高砂村隔河相望，弯曲的沙溪河水，冲刷成一个肚兜式、弧形的、坐北朝南的村庄。村庄的中心点，有一座自东向西走向的大土墩——面前墩。面前墩的东北边有一棵大樟树，有村民根据巫师指点：将七宝（即五谷杂粮、芝麻、铜钱等）埋入樟树头边，并拜樟树为父，以保佑子孙世代繁衍昌盛。这样，樟树成了神树，樟墩村地名由此产生。

离面前墩头4华里的沙溪上游北岸，有一座由断层岩形成的断崖山。龙慈廷坑自然村的钟氏人家，在山顶上建了一座大圣庙，庙里有一口报时的老铜钟。于是这座山就称为"老钟岩"。

距面前墩墩尾下游4华里岸边，也有一座风景绮丽的大山，叫"下坑仔岩"，山顶上有一座观音庙。传说有一次地震时，老钟岩大圣庙里的报时老钟被震到山下，顺着沙溪往下漂。大圣庙通知观音庙派人阻拦，报时老铜钟在下坑仔长潭边被拦住，但却沉入潭底。从此每当天黑时潭底就发出响亮的长鸣声，通知人们住夜歇息。

樟墩村由于地处内陆，村民从未吃过海味，于是派村民林尚广带着大量的山珍找巡抚换海味，巡抚指令福州知府，选择最强健的一尾母鱼，从闽江口向上游到樟墩。又指令上游永安县令选一尾强健的公鱼，顺着沙溪往下游到樟墩。公母两鱼，听到钟鸣声便繁殖子鱼，供樟墩的子孙享用。

当公鲤鱼游到老钟岩头上方、沙溪中间时听到老铜钟隐隐长鸣，不知铜钟已冲至下游，且天已黑，认为已到目的地，于是停下歇息等候母鲤鱼。而母鲤鱼游到下坑仔岩头山脚下长潭的沙溪中心时，同时也听到潭下铜钟大鸣，就也停下，等候公鲤鱼到来。双鱼各自静候，日久天长就形成了现在的上、下鲤鱼洲。

20 世纪 90 年代，国家分别在上、下鲤鱼洲旁修建了高砂水电站和官蟹航运枢纽，建设两座拦河大坝，公母两鱼相会更是遥遥无期了。

（11）大石头巷

夏茂东街夏茂粮站大门右边有条巷子叫“大石头巷”，现在无论巷头巷尾还是巷的中间都找不到一块大石头。那么，怎么会叫大石头巷呢？

原来，这个巷的巷子口先前是有一块大石头，而且大得露出街边。它形似青蛙，民间相传是“蛤蟆精”，说是晚上会跳出大街来吃蚊子，还有人说曾听见它咕咕叫。夏茂洪姓的人一直将“蛤蟆精”当作风水石，说有了这块石头，洪家人就会中状元、会当官。话说清顺治年间，夏茂风云人物罗其熊（众称“罗总爷”），某日外出后坐轿回家，路经这里时，一不小心，轿夫被这块石头绊了一脚，这一绊非同小可，竟然将“罗总爷”的轿子也给颠翻了。一气之下，“罗总爷”叫人把露出街面的部分给凿了。说来也巧，此后附近蚊子显得特别多，大家怨声载道，说是因为“蛤蟆精”被破坏掉的缘故，甚至将那几年出了许多麻风病人也归罪于这个原因。洪姓的人则更是闹得沸沸扬扬，说是这一凿，坏了洪家几代的风水，怎能了得？罗其熊自知理亏，后悔当时一怒之下没有顾及后果，便答应补救。石头凿下当然不能恢复，经协议出钱在洪家对门山筑起了一座高高的石塔，俗称“罗邦塔”。此塔现已成为县级文物保护单位。

1980 年，这里进行街道改造，大街小巷都相继铺上水泥路，大石头巷改道时也凿去了高出路面的石头，铺上水泥，整条巷就看不到大石头了。

（12）郑湖古堡

沙县郑湖乡高地胡厝老宅历史上先后建有两座土堡，都毁于 20 世纪。如今，第一座土堡早已消失得无影无踪，第二座土堡也只剩下一些断垣残壁。而那个消失在时光深处的第一座土堡，却见证了高地胡家一段不平常的岁月。

话说清朝年间，沙县郑湖高地村胡氏家族文星高照，胡子贤、胡世炳、胡家和三代进士及第，胡家和还是武进士。胡家兴旺以后，就兴建了一座土堡。土堡呈四方形，围墙底部厚四米，三堂两厅，二楼是廊道，土堡正面有三个大门，中间大门上有个漏斗形的大洞，土匪进攻时泼辣椒水用的。门右侧有暗室，长二十几米，用来存放武器弹药，土堡内有暗道通往外面。土堡墙顶三米多宽，可安排五六个壮丁站岗放哨。土堡四角有炮孔和瞭望口，架着土枪和土炮。这座土堡不仅是胡氏族人休养生息之所，还是他们抵御匪患的坚固堡垒。

相传武进士胡家和能举300斤重物，力大无比，而且擅长经商，是郑湖一带的富翁，据说他的金银珠宝多得可以从家门口一直铺到村尾。胡家和的仆人很多，一天要吃三四百斤大米。胡家和宽容待人，乐善好施，仆人们对他感恩戴德，众乡亲也无不佩服称赞。一有空，胡家和就领着仆人们加固土堡。经过长期的苦心经营，胡氏土堡固若金汤。土匪几次进攻，都被胡氏族人和仆人们击退。

民国时期，胡氏旁系出了个混混叫胡海，是个拐脚单身汉。他凭着有些家底成天游手好闲，吃喝玩乐，还经常瞒着家人去赌博，是个十足的败家子。那个时候，胡家六太爷经常在土堡里开庄设赌。每逢开庄，六太爷都要吩咐下人捞几锅大米饭，招待参赌的赌徒，一些闲人懒汉则趁机去蹭饭吃。

话说青溪乡（现在的青州镇）溪坪村有个长工叫阿尤。阿尤是南平人，这家伙贼眉鼠目，性情粗暴，好赌成性。每逢胡家六太爷开庄，阿尤就要到胡氏土堡混饭吃，然后再赌上一把。

这天阿尤又到土堡混吃混喝。吃饱喝足，阿尤就跟混混胡海赌上了。“开、开、开……”“大、大……小、小……”他们从早赌到晚，赌得废寝忘食，赌得天昏地暗。这天阿尤手气特旺，连连赢钱。他高兴得手舞足蹈，笑容满面。胡海则输得一塌糊涂，连家里的那张地契都输了，胡海那个急呀！开最后一把之前，阿尤突然内急，要去解手。回来后，地契却被胡海赢了回去。眼看到手的“宝贝”就这样没了，气急败坏的阿尤认为，胡海肯定在他解手时做了手脚，就嚷嚷这局不算，要胡海陪他重来。这不是耍赖吗？于是，两个人打了起来。阿尤是外地人，平时猖狂不逊，早有人看他不惯。所以一动手，其他赌徒趁机围殴阿尤。六太爷闻讯出来，见阿尤被打，高声叫道：“打得好！像阿尤这样的癞皮狗，就要好好教训，看以后还有谁敢赖赌混饭吃！”六太爷话音刚落，众人的拳脚如雨点般砸向阿尤。阿尤被打得口鼻出血，筋青骨折，大叫饶命，众人这才放手而去。

阿尤受伤后，回南平老家调养。他越想越不服气，外地人是那么好欺负的吗？此仇不报，誓不为人！几个月后，阿尤从南平带了一帮土匪，到高地找胡家人报仇。

一天深夜，阿尤和土匪将睡梦中的胡氏族人团团包围在土堡里。幸亏土堡的岗哨机灵，发现了阿尤和土匪，立即开枪报警。胡氏族人纷纷惊起，操起枪炮与土匪战斗。由于土堡太坚固了，加上土堡内的火力猛烈，土匪攻了几次都未能攻破，还死伤了好几个人。土匪无奈，就一把火烧了土堡旁边的大厝和土库（古时用土墙围成的储物仓库），回南平去了。

经过这次变故，胡家六太爷戒赌，并立下一条族规：凡是赌博害人者，一律逐出胡氏家族！

随着时间的推移，这座曾经庇佑胡氏族人的土堡渐渐衰败。“文革”时期，土堡被当作地主阶级的封建堡垒拆除了。

三、自然实体地名故事

1. 凤凰山

沙县城关水南有座山叫凤凰山，听老一辈说，凤凰山的得名有一段奇妙的传说。

以前，凤凰山的山脚下有一个石洞，洞里住着一只金凤凰。有一天，金凤凰在洞口立了一块石碑，碑面写着：“洞内有只金凤凰，价值黄金三千万，谁能一气读碑文，随手赢得时运转。”

说也奇怪，从此只要有人经过洞口，石碑就会发出耀眼的金光。偏偏这一带没人识字，只是茶余饭后多个话题。世上没有不透风的墙，奇闻很快一传十，十传百，人尽知晓了，于是山外人蜂拥而至。奇怪的是，来人一开口读碑文，石碑就金光四射，刺得人眼泪直流。读音一停，金光消失，可读碑者的眼睛却再也看不见了。

有一大，皇帝的宠臣在京城听说这一奇事，心想若抓住这只金凤凰献给皇帝，就可以升官发财、青云直上了，可怜他好梦没做成，反倒把一双眼搞瞎了，结果被皇帝罢免回乡了。

从此，再也没有人到此读碑文了。

光阴似箭，不知又过了多少年，这件奇事逐渐被人们淡忘了。凤凰山松青柏翠，四季如春，那石碑还依旧屹立在山脚下。

有一年，凤凰山下的一户人家里出了新科状元。这户人家母子二人，母亲砍柴种田，纺纱织布，勤俭度日。孩子七岁时，母亲说："万卷诗书苦攻读，金银财宝家中无。待到功名成就时，为国为民不为奴。"这孩子真听话，刻苦攻读诗书，十载寒窗后，拜别了母亲赴京赶考。

不久，他果然高中了新科状元。皇帝恩准他返乡祭祖。当经过凤凰山脚下的石碑时，突然"轰"的一声，石碑放出万道金光。状元郎下令停轿，走近石碑，一看碑文，状元立即下跪，对着石碑连磕三个响头。原来碑文正是："万卷诗书苦攻读，金银财宝家中无。待到功名成就时，为国为民不为奴。"顿时，狂风大作，随着"轰"的一声巨响，一只金凤凰腾空而起，展翅飞上云天。状元仰望天空，远处隐隐约约传来嘱咐声：为官清廉，万世流芳……

于是，状元郎立即找人在凤凰山脚下立一石碑，并挥起金笔写上"凤凰山"三个大字。"凤凰山"的名字便这样代代流传下来了。

2. 淘金山

因为山下溪流有金可淘而得名。原名华山。不知什么时候，有人发现山下溪流带来的沙子中有闪闪发光的金子。人们开始在这里淘金，淘金的人多了，不约而同地就把这座山叫作"淘金山"。

相传，明正统年间，农民起义军领袖邓茂七在沙县廿四都陈山寨揭竿起义，号"铲平王"，挥师攻城克县，杀贪官污吏，济平民百姓，一时万民拥戴，威震全国。

邓茂七发现沙县城外西郊的华山风光秀丽、气候宜人，且山高林密，上山之路险峻，山顶却平展如一马平川，一口天池四季水源不盈不枯，是进可攻、退可守的好地方。于是，邓茂七在山顶结寨屯兵，在山上埋藏18口巨锅的金银，以作军需，日夜操练兵马，并以此为根据地，四路出击。官兵数次围剿，均以失败而告终。朝廷不得已，连派两名御史前来"招抚"，可邓茂七不为高官厚禄所动，立志横扫八闽，与朝廷抗衡。

后来，铲平王誓师挺进南平、邵武。临行前召集部队问道："谁愿留寨守银？"一士卒应道："愿留！"铲平王以为其贪财，挥剑将其斩于荷塘之侧以示众。孰料士卒一倒地顿时变成巨石，状若金龟。副将说：“龟秉灵性，其为邓将军守银，诚心可表。”铲平王不由对其肃然起敬，率军叩拜再三，方才离去。此去后，短短数日，连连攻克数十座城市，只可惜后来延平一仗，义军中了埋伏，邓茂七不幸阵亡，再也没有回到山寨。

邓茂七阵亡的消息竟传到了山下大洲坊一姓邓的人耳中，他心中暗暗高兴，三更天就悄然荷锄上山，找到埋金银之处，挥锄便挖。可他虽然挖得汗流浃背、手臂发麻，仍然不见金银的影子。他好不沮丧，但一想到金灿灿、白晃晃的金银，又不甘心，于是又抡起锄头一阵猛挖。终于听到“当”的一声，两口上下覆盖的巨大铁锅，出现在他的眼前。

他惊喜若狂，除去锅上的土，就想用锄头撬开铁锅。谁知锄头还未插进缝中，突然天昏地暗，雷电交加，顿时大雨倾盆，更兼飞沙走石，吓得他连忙钻进石巷内躲避。可待雨歇天晴他出来一看，挖银的地方平整如初，根本没有一丝挖过的痕迹。

他感到奇怪，却还是不甘心，便举起锄头又挖。可锄头还未落地，突然一块巨石劈面打来。他吓得抱头鼠窜，心想，定是金龟所护，非分之财不可贪也。

邓姓人回家后，从此收敛了贪财之心，广结善缘，得以长寿而终。后人便将华山改名为淘金山。淘金山虽没挖到金银，却成了绝好的旅游胜地，吸引了众多游客前来游览。

3. 八仙山

在沙县梨树月邦的西北面，与夏茂的洋元庄交界的地方有座八仙山。

相传，古时候在月邦住着姓刘的一家人，家主名叫“刘老大”。这家人生活贫困，刘老大每天天不亮就要上山打柴，以此来维持妻儿老小的生活。

一天，刘老大与往常一样，天没亮就上山打柴了。半路上，看到八个老者坐在大石岩上下棋。刘老大也爱下棋，他见天色还早，就站在旁边观战。过了一会儿，他觉得肚子空了，看到石岩旁有一个吃剩的桃子，就偷偷地捡来吃掉。又站了一会儿，刘老大怕打柴去太迟，只好离开，走出没有百步，想起柴刀还放在那里，又返回来拿柴刀。岂料几位下棋的老者都不见了。刘老大虽然觉得奇怪，却也顾不得多想，一担柴火砍好后，他就挑着柴火回家了。

想不到回到村里后，村庄乡亲和家里人见了他都吓得拼命跑，老婆紧张得连家里的桌子都打翻了，便跪到他面前求情道："老大！你不要吓我们妻儿老小，你做神做佛只能来'看梦'[①] 子女，不然你叫我们这一家子怎么过？"妻子说完，眼泪直往下掉。老大听了莫名其妙。他说："我不是好好地站在你面前吗？捡来的柴火放在柴坪上，怎么说我死了？"他老婆跑到柴坪一看，果真有一担柴放在那里，才确信老大不是鬼而是人。

刘老大的老婆迷惑不解地说："你是怎么回事？那天一大早出去打柴就不见回来，一去就是三年多，就在你出走的那天傍晚，我托了许多人到处去寻找，找了几天几夜也没有你的踪影。我想你一定不在人世了，只好给你安了一个'歿主'[②]，为你披麻戴孝。"刘老大听老婆这么一讲，更糊涂了："我早晨才刚刚走的，砍柴回来还不到半天，怎么会是一去三年多呢？"

村里人听说刘老大没死而活着回来，都跑过来看热闹。大家围着刘老大问长问短。刘老大把事情的经过说了一遍，老人们才明白，原来是刘老大的勤劳感动了八位仙人，特意来超度他的，因他只吃了半个仙桃，所以还不能成仙。因此，大家都称这座山为"八仙山"。

从此，刘老大的家庭渐渐有了节余，生活一天一天好了起来。

4. 龙头山

龙头山位于沙县高桥镇新桥北部，特别高大，整座山的形状犹如神话传说中的龙头。山上长满了粗大而又古老的青松，关于这座山与山上的青松，有一个动人的传说。

很久以前，新桥这个地方年年发生干旱、水涝、虫害等灾害，使这个地方的粮食连年歉收。农民生活愈过愈苦，可是地主依然强迫农民缴租，官府的苛捐杂税多如牛毛，逼得农民家破人亡。许多农民被迫背井离乡，到处流浪。有一天，天上来了条青龙，它看见这里灾害不断，粮食歉收，农民的生活穷困，便决意拯救穷苦乡亲——遇到天旱就下雨，逢上水灾就把水吸掉。此后，新桥一带风调雨顺，各种农作物长势喜人，年年大丰收。流落异乡的农民又纷纷回到了新桥，过上好日子，农民都非常感谢青龙。

---

① "看梦"即庇佑的意思。

② "歿主"即神主牌。

但好景不长，过了两三年，这件事就让新桥的大地主知道了。他十分怨恨这条青龙坏了他的“好事”，准备派人把青龙杀掉。这事被农民发现后，自发组织起来，保护青龙，双方于是展开一场大搏斗，一直打了几天几夜。最后，地主一家丁趁青龙未防备之机，一刀把青龙的头砍下，青龙就这样被杀死了。大地主听说青龙已经死了，得意忘形，一不小心掉到河中淹死了。

后来，青龙的头变成了一座大山，为保护青龙而牺牲的农民则变成了山上那些古老高大、挺拔不屈的青松。人们为了纪念勇敢的青龙，就把这座山叫作“龙头山”。

5. 老鹰山

在沙县高桥境内有座山，这山生来十分怪异，山顶上光秃秃的，不长一棵花草，不生一棵树，只有一块巨石盘卧，远远看去外形酷似一只凶恶的老鹰，那巨石上的两个小洞好像恶鹰的眼睛，凶光毕露。因此上洋村的村民们叫它“老鹰山”。这山为何长得这样呢？

传说很久以前，离老鹰山不远的地方有一个村庄叫曹地村。曹地村古木参天，苍松四立，一年四季如春，冬无严寒夏无酷暑，风景秀丽，气候宜人，所以到此居住的百姓越来越多。因村里共有十八姓，所以也叫作“十八村”（现在是高桥曹地水库所在地）。

那时十八村人丁兴旺，百姓虽不同宗族却也和睦相处，生活过得十分美满幸福，后来一只老鹰精占据了老鹰山后，情况就全变了。

老鹰精跑到十八村里，不是偷吃童男少女，就是变成人形欺妻占妇，甚至口吐精火，焚烧房屋，扬言要“吃曹地，踏黄坪（黄坪指的是现上洋村的一个小山名）”，永远作恶。百姓齐心拼斗，却因老鹰精太强大而无能为力。这样一年过去了，十八村村民惶恐不安。搬的搬，跑的跑，村庄日渐凋零，完全失去了往日的热闹。

一天，一位年逾古稀的长者召集大家说：“明天有一位捉拿精怪的道士路过我们村，我们何不请他治治这精怪呢？”大家听了非常高兴。

第二天清晨，十八村的百姓站在村口欢迎，道长刚到村口，老鹰精就知道了，不等村民开口，就亮开双翅冲下山来。顿时乌云大作，半边天空暗下来，村民吓得躲的躲，逃的逃，那鹰精眼里射出两道金光，张开鹰爪，凌空向道长袭来。道长手执降妖宝剑，与它厮杀起来。只见天空狂风大作，剑光闪闪，一个时辰过去了，鹰精被赶跑了。但道长自知不是鹰精对手，便起身告辞，百姓苦苦劝求，这才勉强留宿下来。

翌日清晨，十八村和上洋村两村村长打躬作揖再次请求道长作法捉拿鹰精，道长无法推辞，只好实话实说："我实在是无能为力替四乡百姓除此妖怪精，但我有一防止老鹰残害上洋村的办法，在上洋村的水尾安两道石门（那两道石门至今尚存），石门白天紧闭，晚上打开，若是鹰精飞来，它必有作用。"说完，道长就走了。

道长走后不久的一天，鹰精看见十八村只剩下老者弱妇，又想糟蹋上洋村。不料那鹰刚飞到水尾，两道石门放出金光，将那鹰精搞得晕头转向，差点从天上掉了下来。从此以后，就再也不敢侵入上洋村。但过路行人依然被鹰精残害。

后来，上洋村百姓将此事告到京都。皇帝得知后，就下旨派了一位武艺超群的范将军带着降妖弓箭前来除精。

经过七七四十九天的跋山涉水，将军已近上洋村。他打扮成打猎的村民，一边打听鹰精的活动情况，一边背着弓箭，向上洋村走去。将军看到前方一老者走来，就向他问路，"到上洋村走哪条路?""听口音您是外地人吧?"老者反问道。范将军说："我是京都奉旨到上洋村捉拿鹰精的范将军。"

那老者是鹰精变的，一听是奉旨降妖的范将军，顿时大惊失色，扭头"豁"的一声变成老鹰，展翅欲逃。范将军一看眼前老者不见了，天空马上昏暗下来，知道它是妖精化身，就立刻张弓搭箭，射向鹰精，这一箭不偏不离正中鹰精翅膀。鹰精中箭无力，就从半空坠落下来。将军以为鹰死了，就向它走去，不料那鹰精只是受了重伤，突然张开大翅，拼了命向将军扑去。鹰精用两爪紧紧抓住未曾防备的将军，将其啄伤倒地后，又勉强飞到老鹰山山顶，不大工夫箭伤发作，吐血死了。据说那有毒的血水把山顶上的树木花草弄得枯萎了，后来就再也不会生长植物了。日久天长，鹰精就变成一块巨石。

村民得知被恶鹰啄伤的就是朝廷派来的范将军后，就极力抢救，但因伤势过重、流血过多，范将军还是去世了。后来，百姓为了纪念范将军就在黄泥墟（现在归南平管辖）建一座"忠诚庙"，该庙至今香火不灭。

6. 狮子山

传说，沙县南霞观音岩的对面山峰上，住着一个仙人，这位仙人曾是天宫玉皇大帝派来探察凡间情况的使者，他是骑着一只狮子来的。过去在天宫里悠闲清静使人厌倦，今天得到玉皇大帝的圣旨，能不叫他高兴吗？见这里清水萦绕着高山，鸟儿自由飞翔，鲜花竞相开放，既清静又优美，就在这山峰上的一个村子住了下来。

这位大仙叫兽凡，他看到这里的人们不仅善良厚道，而且勤劳俭朴，心里很满意。兽凡与村人和睦相处，村人也非常尊敬他，常常送给他好吃的好玩的。孩子们也常常骑在那头狮子身上玩，这狮子也像兽凡一样，跟孩子们玩得挺开心的。兽凡常常和孩子说天上的事。

这样相处了一段时间，忽然有一天傍晚，天空上飘着几朵红云，一位宽鼻子，大眼睛，手拿大锤的神人飘到村子上空，发出洪钟般的声音说："兽凡，玉皇大帝命你速回天宫，不得有误。"不等兽凡骑上狮子，他就被那人挟着胳膊走了。乡亲们哭喊着想拉住他，但终究来不及了，一阵风过后，两人不见了。此时他留下的狮子立刻变成了石头山，人们就称它为"狮子山"。

7. 天台山

沙县高桥镇与南平、顺昌交界处有座山，叫"天台山"。天台山海拔1087米，站在天台山上俯瞰四周，西南面是沙县地域，东面是南平市延平区地域，北面是顺昌地域。天台山如同一条纽带，将沙县、延平、顺昌三地连在了一起。

天台山方圆百里，山脉逶迤，山上终年松涛呼啸，即使夏日炎炎，也凉如深秋。寒冬腊月，天台山常常风雪弥漫，细雨绵绵，时晴时雨，时云时雾，气象万千。倘若能在天台山上留宿一夜，便可观赏远处隐隐约约的万家灯火、冉冉升起的红日和那大海波涛一样的茫茫晨雾。天台山有山崖、山崖庙、天台庵、石棋盘等胜景，还有流传很久、神奇而古老的传说。

在高桥镇桂岩村张厝自然村有一奇特景观，那就是在张厝自然村的路上、田野里、家门口，到处都是石头。人们不禁要问，这么多的石头是从哪儿来的？

相传很久以前，有位小伙子得了一根神竹枝，这些石头都是他用神竹枝像赶鸭子一样赶来的。这根神竹枝太神奇了，只要小伙子拿着神竹枝一扬，那些大大小小的石头就会乖乖地滚着走。小伙子赶到哪儿，石头就滚到哪儿。小伙子把石头赶到张厝，他要在这里搭一座天梯。小伙子一边赶石头，一边砌天梯，一直把天梯砌到半天高。小伙子赶石头砌天梯，一日复一日，已经很久没有回家了。

一天，他的家奴赶来报讯："公子，不好了，老夫人病重，叫你速速回去！"

小伙子说："我的天梯还没有砌好，等天梯砌好了，我再回家！"

过了些日子，家奴又来报讯。家奴说："公子，夫人病重，请你快快回家，晚了就来不及了！"

小伙子和妻子情深义重，听到这个消息，内心焦急。小伙子二话不说，将神竹枝往地上一插，就和家奴一起匆匆赶回老家去了。回到家一看，母亲和妻子健健康康，平平安安，什么事情都没有。原来，小伙子的母亲和妻子想他想得厉害，这才让家奴前去骗他回来。

见母亲和妻子都很安好，小伙子就放心了。在家住了几日，小伙子惦记着他的天梯，就告别了老母和妻子，匆匆赶回高桥张厝。小伙子到了张厝以后，找到了那根神竹枝。遗憾的是，那根神竹枝叶子枯黄，赶不动石头了。这么一来，小伙子就没有办法继续砌天梯了。小伙子只好回了老家，再也没有来过。那砌到半天高的天梯日晒雨淋，最终坍塌了。不计其数的石头滚落一地，所以，张厝自然村便到处都是石头了。

由于天梯只塌了上半部分，下半部分就形成了一座山，叫作"天台山"。

如今，高桥镇天台山已经成为沙县的旅游景点，吸引了不少游客前来游玩。

8. *夜光莲*

在沙县高桥距城关40多千米的地方，有一座山叫"天台山"，山上有一座庙，可容纳500名左右和尚在此修行诵经。明朝年间，庙里从福州铸了一口钟，重约600斤。铸好后，在没有交通工具的情况下，先用船只运到来舟，然后以毛竹片铺地，硬是靠人工把钟拖拉至天台山大庙里安放。此钟一敲响，沙县、南平、来舟、洋口、顺昌都能听到。在庙门前有一口池塘，塘中有一口井，井中插着一根木头。传说是当年建庙时，由济公和尚来调运木头（把洋口河里的木头调来从井中冒出），听鲁班仙师说木头够了，就剩下一根还插在井中而形成此状。此庙建筑雄伟壮观，上下五幢，有大雄宝殿等，民国期间被土匪烧毁。但那口明朝铸的钟还在。只是在1958年"大炼钢铁"时期，小高炉炼不出钢铁，就把那口钟当铁拿来炼，用了许多办法均无法打破。后来从福州请一位工程师来，在他指点下，先用木柴堆住烧红，再用冷水浇灌，然后用八磅锤敲打才打破，可惜一口明朝历史文物——铸钟，就此终结了生命。

在天台山的半山腰有一个山洞，洞口在天台山的朱厝村后山，后洞口在顺昌方向，洞中有洞，有大厅，有池塘，洞中住有18户人家，全部姓储。洞中那口池塘有一株莲花，开起花来，白天是粉红色，晚上会发出银光，照得洞中明亮，人们把它称为“夜光莲”，是绝无仅有的宝贝。

当时，朝廷为了搜集民间宝物，就颁发了一条规定，凡民间持有宝物者，若进贡给朝廷，朝廷可封他为进宝状元。那储姓人家的长辈，为了能被封为“进宝状元”，就把当时绽开的三朵“夜光莲”，摘了一朵通过官府渠道进贡给皇帝。事后想想又怕被贪官中途劫走，占为己有，所以又摘了一朵，雇了镖行的两名镖员从私人渠道往朝廷呈送。结果两朵“夜光莲”均送达到皇帝身边。

皇帝在早朝时，问各位大臣“此人献宝，为何从官私两条道呈上？此举何意？”有一位奸臣奏曰：“此人心术不正，他不信皇上赐封的各级官员，怕中途被某官员占为己有，这是对皇上的不忠，是对皇上的侮辱。若赐封此人为‘进宝状元’，将来必误国矣！”皇帝听后大怒。立刻下旨派官兵前去剿灭储姓人家。

官兵来到沙县高桥，向天台山进发时，经过虎头岭（去往天台山的必经之路）时，就听到天台山半山之间，有锣鼓喧天响，仿佛在演戏。结果到了半山时，却偃旗息鼓，悄无声息。官兵们无奈，只好返回，但回到虎头岭时，又听到锣鼓喧天，热闹非凡。官兵又折回去，喧天的锣鼓声又消失得无影无踪。官兵只好再次撤回到虎头岭。然后，暗中派人前去盯梢，看看那些人从哪里出入。通过盯梢侦察，山中的洞口终被发现。遂官兵再次前去，人员全部躲进洞中，洞口石门紧闭，无法进入，在山中到处搜查，没发现其他洞口。无奈，官兵去弄来火药，把洞口炸塌，并用万吨大石堆封死洞口，从此之后，再无人发现洞中之储姓人出入。

后人传说，洞中人当时从后洞逃出，全部改为朱姓人氏，故出现了洞口下的朱厝村。

9. 莲花山和荷山

坐落在沙县富口镇东南方向的莲花山景色优美，雄伟壮观。山顶上有一座规模不大的庙，叫“莲花庙”。莲花山海拔较高，人们登上山顶，就可以看到不远的地方有许多小村庄和小山，其中一座较大的山叫“荷山”，它处在莲花山的山脚下，说起来这两座山名还有一段来历呢。

据说在很久很久以前，莲花山和荷山，本是两座荒无人烟的荒山。荷山海拔比莲花山低，地势也较平坦，莲花山地势陡峭，山上古树参天，鸟语花香，幽静异常，是一个理想的修身养性之所。

一天，有个人因为和家里吵了几句，一气之下出家当了和尚，他看中了莲花山，准备在山上建一座庙，作为修身养性的场所。谁知他来到山上之后，又有一个年轻的尼姑也看中了这座山，两人互不相让，争吵起来。和尚劝尼姑说：“你还年轻，干吗要当尼姑呢？再说天下尼姑庵到处都是，非要这座山不可？我看你还是让给我吧，我会永远感激你的。”尼姑也不示弱，她指着山脚下那座山说：“我看你还是让给我吧，山脚那座山不是挺好吗？你还是还俗到那座山去娶妻生子，高高兴兴地过一辈子不是更好吗？”和尚最初不肯，两人在山上吵了一天，谁也没说服谁。到了晚上，两人就在山上席地而睡，晚风徐徐吹来，冷得和尚直发抖，他不由想起在家时睡的是暖和的被窝，可现在却是天当被地当床，好不寒酸，只怪自己一念之差铸成大错，想到这，和尚潸然泪下，想着想着和尚不知不觉地睡着了。

第二天，尼姑又来劝说和尚，他还是犹豫不决，到了第三天，尼姑彻底说服了和尚，和尚还俗后搬到山脚那座山住了下来，并把此山取名“和山”，还开辟菜园和田，后来他娶妻生下了一大群孩子，他的后代慢慢繁衍起来，逐渐发展成为一个村落。“和尚”死后，别人看这里的地形像一朵荷花，山村处在荷花之中，于是就把这座山村取名“荷山”。

再说，那个尼姑在山上建成了一座寺庙，庙里供着许多菩萨，还放了一口大钟和一只大鼓在庙里，钟和鼓至今犹在，过了几年她去世了，因为她的俗名叫莲花，所以人们就把这座山取名“莲花山”，把庙取名“莲花庙”。

10. 大佑山

很久以前，沙县大佑山麓有一个地方叫“坑源”。坑源住着一家姓邱的财主，家中金银财宝无数，方圆百里的田产和山地都属他名下，被人们称为“邱十万”。

邱十万有位千金，名叫邱银英，生得如花似玉，不但通晓琴棋书画，而且为人善良、贤惠，被父母视为掌上明珠。

一天，邱家来了一位地理先生。邱小姐对他关怀备至，日常起居都服侍得十分周到。一次，邱小姐用金脸盆端水给地理先生洗脸，正好被邱十万看到，邱十万就将女儿训斥了一顿。隔墙有耳，邱十万骂女儿的话被地理先生听了个一清二楚，过后，地理先生问银英：“邱小姐，前几天你阿爸为啥骂你啊?”

邱银英心知说实话会有损于父女感情，于是说道：“宠是害，严是爱，这是家父在对我进行教育，与先生没有什么关系。”

地理先生本对邱小姐热情好客已心存感激，如今见邱小姐如此知书达理，更是十分感动，决定报答她。于是对银英说：“你父母很疼爱你，你出嫁时，他们肯定要送你很多陪嫁品。当他们问你要什么时，你就对父母说，金银财宝可以不要，只要大佑山就可以了。”

原来，这位地理先生已在大佑山相好了一处叫“望天狮”的风水宝地，如将祖宗的“金坛”安葬此地要穴，必出文武状元。他叫银英向父亲索要此山，就是为了把这个“风水”送给邱小姐，以报答邱银英的一番盛情。他还告诉银英，一定要等父亲把山划给她后才可上轿。

有道是“男大当婚，女大当嫁”。转眼间，邱银英已到了出嫁的年龄。邱十万便将女儿许给了归化县龙寿村（今明溪县常溪岭头）一位姓饶的后生。后生是个生意人，其父是延平府知府，可谓门当户对。

出嫁这天，邱家彩灯高挂、鞭炮齐鸣，在欢快热烈的唢呐声中，新娘头披彩巾，在伴女的簇拥下，轻移莲步，款款走向轿子，可是接亲的鞭炮响了一阵又一阵，媒人催了一次又一次，新娘还是不肯上轿。眼看时辰已到，没有办法，媒婆只好把邱十万请了出来。

“女儿，为父给你的金银财宝、珍珠玛瑙不算少，你还有什么不满足的?”邱十万焦急地问道。

“阿爸，金银财宝、珍珠玛瑙是有价的，只有那千年的古山是无价的，女儿要的就是大佑山。”银英回答道。

邱十万一听，笑了：“我当什么呢，原来你要的是这座大佑山呀，为父答应你就是。”邱十万当即把大佑山划给了女儿。新娘收起契约，高高兴兴地登上了轿子。

邱氏出嫁不久，地理先生便借故离开邱家，来到饶家。与银英丈夫饶员外约定：“风水应验后，饶家要给地理先生一斗金、一斗银作酬金，以养家中老小；原本此处风水本不能送人，现在送给了饶家，泄露了天机，地理先生的双眼必定瞎掉。因此，饶家还要负责地理先生的下半辈子生活。”饶员外听说有这么好的风水，高兴得满口应承。

饶家风水墓做好后，地理先生口中念道：“左有红凉伞，右有黑凉伞，黄牛产马仔，母狸生小象。”说完就下山去了。

此后，饶员外天天去看风水有没有应验。却只看见墓地的左右两侧生出了一红一黑两朵大菇，没看到地理先生讲的红凉伞和黑凉伞。

饶员外一看好不败兴，认为地理先生骗了他，一怒之下，把红菇、黑菇拔掉。一斗金、一斗银也不给地理先生。此时地理先生的双眼已经瞎了，他断定墓边一定有两把伞，就叫主人带他到风水墓查看，结果发现了两个菇印子。不由哀叹：“可惜呀可惜，两朵菇就是两把伞，好风水被你自己破坏了。”饶员外不服，辩解说：“那黄牛产马仔，母狸生小象也没有应验呀?”地理先生反问道：“你家娘子可有生下一红一黑两个儿子?”“有哇!”“这不全都应验了?”

饶员外这才后悔不迭，忙问：“先生，可还有补救的办法吗?”地理先生说：“办法是有，可在山上建一座庙，山上有龙脉象朝天狮，在此建庙风水很好，如果朝天狮眼睛打开，九条龙上来，饶家就会出皇帝。”

饶员外喜出望外，连忙雇人在山上建庙。不料庙盖好后，因山上风大，瓦片始终盖不上去，盖多少，被风掀掉多少。没办法，饶员外改用每块重十五斤的铁瓦覆盖，瓦沟按“前十三后十四”排列。这就是后来的普照寺（又称“铁瓦寺”）。饶员外没有想到因铁瓦一盖，把朝天狮给压住了，钟鼓敲响，朝天狮眼睛却不敢打开。本来会飞来九条龙，也有一条却被小佑山用计留住了……如此，饶员外空喜一场，风水最终还是破了，后来虽出过当官的，却始终出不了皇帝。

11. 罗探花游大小佑山

罗英芴探花从朝廷告老还乡不久，便筹划到富口大佑山游览。出发的那天，由族中老人老罗带路。这位老罗在盖竹村有一位罗姓的老朋友，是该村的私塾先生。老罗带罗探花到罗先生家请他当导游，正好私塾先生与这位儒将话语投机，便满口答应，一同朝盖竹村西部的大佑山走去。

大佑山岩峰奇峭峻拔，一眼望去，满山都是绵延起伏、葱茏苍翠的茂密树林。三人艰难地攀爬在游丝般的林间小路上，半山腰有一处裸露的岩山，迎面有一石柱非常奇特。罗先生介绍道："这叫定海神针。"老罗指着地面道："你们看岩石形成的盘子。"罗先生道："这叫莲花盘"，并指着前面奇特的岩洞口道："那洞口叫玉扇风，是奇特的火山口。"三人再往前走，不远处有一条高耸的崖脊，两边是刀削般的石壁，视野豁然变得开阔起来，周围高低错落的峰峦扑面奔来。

三人来到山顶的饶家风水墓处，这是一座建筑考究的青砖结构古墓，墓前边上立有一块石碑。罗先生讲解道："此山原业主邱祖和，因其女银娘配与官家子饶锦传为妻，其女出嫁时，陪嫁的金银财宝可以不要，但一定要大佑山，父亲立即同意，于是大佑山成为饶家产业。大佑山于北宋宝元年间由饶氏三兄弟开发，墓里所葬的是曾在福州府任挂印刺史饶锦传的大哥饶锦开夫妇，是个合葬墓。"

往上走不远，一处树荫下有一块不太大的石头，平平的石头上凸起几粒扁圆的小石子，似摆着一局未走完的棋。罗先生讲解道："这就是大佑山有名的'忘忧石'，当地人则称它为'棋盘石'。"相传，从前有两位仙人在大佑山走棋，未等一局走完，两位仙人就运起神法，在大佑和小佑山顶之间架一座天桥，顷刻间天桥便架好了。这时正好一个牧童放牧经过此地，仙人就问这个牧童道："你看这桥能走吗？"那牧童一看桥体是用芦苇芒花秆架起来的，底下是云雾缥缈，深不可测，便信口说道："这种桥谁敢走呢？大佑架小佑，摔死没人救！"话音刚落，只听"轰隆隆"的一阵巨响，那些芒花秆全都变成巨石塌落下去。未等牧童回过神来，两位仙人已无影无踪。从此，两位仙人那局未走完的棋也永远留在了大佑山上。后来各地游人墨客登临此山，仙人架桥的故事传开了，给人增添了无穷的乐趣。有人因此忘掉了忧愁烦恼，就将棋盘石取了个好听的名字叫"忘忧石"。罗探花听后笑道："这个故事很有意思。但愿天下有忧愁的人都来大佑山忘忧石看看，听听仙人架桥的故事，消除一切烦恼。"

三人从大佑山回来，便到罗先生家吃午饭。饭后，三人便到盖竹村附近东南方的小佑山游览。他们从山脚景点往上边走边看，迎面一块长方体巨石，十几米长，五六米宽，平叠在石岩上，形似睡床，人称“仙人床”。罗探花好奇地躺下，一边说道：“哈哈，我也来享受享受神仙乐之陶陶的滋味。”罗先生道：“探花好奇心强，这很好哇，一个人保持好奇和真诚，就永远年轻。”

随后，三人就去观赏“将军帽”。将军帽是岩石群里突出的一块巨石，形似古时武将战帽。登上石帽顶点，飘飘然如入仙境，令人赏心悦目，流连忘返。罗探花道：“说句玩笑话，可惜我年老了，要是年轻时，我戴上这顶武将战帽去守卫边疆，说不定战无不胜呢。”罗先生道：“不算老，不算老。罗探花这把年纪还这么身强体壮，实属难得呢。”不知不觉又往上走了一小段路，到了“天鼓”景点，即一块圆形巨石叠在石岩上端，形如大鼓。用石击之，鼓声咚咚。鼓面有十几平方米。三人立在上面，放眼远眺，心旷神怡。又往上走了一段路，只见一块长方体巨石，在悬崖绝壁深处倾斜伸出，石下方是万丈深渊。石上等距离凿成七个梯级，近看远眺都形似阶梯，故称“天梯”。罗先生说：“只有胆壮的小伙子才敢登上第七层。”罗探花武举出身，胆大心细的他一口气登至第七层。从顶层往下看，山脚村庄、农田、水流尽收眼底，别有一番情趣。随后，他们还游览了仙人亭、百丈岩、山涧飞瀑、洞府串游、蛟龙吐水等景点。三人站在山巅远眺，小佑山与大佑山遥遥对峙，气势磅礴。罗探花惊叹道：“哎呀！大自然的神奇造化，山川如此多姿多彩，雄奇俊美，真是不可多得的游览胜地。”

三人回到罗先生家，罗探花请罗先生取出文房四宝，挥笔写下：

狂歌岩下肆英豪，马入崆峒按辔劳。
玉竹绿遮鳞石介，银釭青映锦鸡毛。
千峰挂日晴光蔼，十字悬街夜色骚。
几度春花时检点，满林风雨发夭桃。

罗探花写毕，随手将诗笺双手递给罗先生作为留念，这首诗流传至今，成为珍贵的历史诗篇。

12. 大小佑峰

古时候，大佑峰来了几位神仙。他们看见这里风景优美，是神仙居住的好地方，于是就经常在这里的石头上睡觉、玩要，不知不觉过了一段光阴。

这一天，他们想：“大佑山、小佑山若能相通，岂不更好？”于是找了一些木料搭成一座木桥，把两峰相连接了。就在当天晚上，对面架桥的一块石头上冒了一阵白烟，接着便跑出一个妖怪吐出一条火舌，把桥给烧光了，就这样，造桥失败了。

第二天，他们商量好对付妖怪的办法，叫来了一个名为“谷神”的神仙去对付那妖怪。

谷神接受了这个任务，拿起千斤锤，化成一个凡人登上大佑山。到了山顶，谷神往四周一望，只见树木苍天，怪石嶙峋，并没见到什么妖怪。他掐指一算，妖怪白天不会出来，所以在岩石上睡觉了。天暗时，他醒了过来，此时整座山已经沉浸在黑夜之中。就在这时，原先那石头上又冒出一阵白烟，接着打开一扇石门，里面走出一个妖怪，全身乌黑，两只獠牙从嘴中伸出来。他走上石头，用鼻子往四周一闻，好像知道谷神躲在石头那边，直直往谷神走来。而谷神早有准备，提起千斤锤，往妖怪身上打去。妖怪见势不妙，连忙躲开，变成一个凡人，提着两把刀，向谷神冲来。于是，神怪之间展开了一场惊心动魄的搏斗。这一仗就是三百回合的恶战。谷神心想，一直这样打下去不行，得赶紧把妖怪引向小佑山。他便虚晃一锤，跳出圈外，使出腾云驾雾的本领把妖怪引过来，妖怪以为对方被自己打败了，便奋起直追，追到小佑山时，被躲在小佑山上的神仙一起擒获了。

第二天，他们重新建桥，这一次他们用一根铁链直通，建好后就把妖怪杀了。正当他们敲锣打鼓庆祝之时，小路上走过一个小孩，口里唱着“大佑架小佑，摔死没人救。”一瞬间，人和桥都不见了，只剩下锣鼓和刀，它们变成了“石锣鼓”和“石刀”。

13. 湖源马头山

相传山中有条修行五百年的蜈蚣精，往日慑于五龙的雄威，只好捕食山中的野羊、山兔。现在五龙走了，不禁胆大妄为起来，这儿风景优美，它想长期霸为己有。只因为人烟密集，要是强行赶走百姓，又怕惹怒上天，怎么办？眉头一皱，一条毒计便上心头，转身潜入五龙开凿的隧道中。

这条蜈蚣精白大躲在洞里休息，晚上出洞作祟。今晚掠走一头猪，明夜掠走一头牛，故意把猪尾巴和牛角偷偷放在棉宅村或乌空厝里。湖源人发现每天都有牲口丢失，便四处寻找，每次都是在棉宅村或乌空厝发现可疑东西，可苦于没有确凿的证据，只能吵闹一番而已。蜈蚣精看到湖源人对棉宅人积怨已深，就到棉宅村掠走一个姑娘。天明了，棉宅人四处寻找姑娘，果然在湖源村发现尸体，便认为是湖源人奸杀了姑娘，举村冲到湖源，一场混战一触即发。

多亏棉宅村中有位法术精湛、威望很高的余姓道长，他察觉此事必有蹊跷，便对众人说："姑娘全身完好，未见奸迹，只是血被吸干。湖源牲畜莫名丢失，常在棉宅村或乌空厝能找到残骸。我可以断定是妖怪所为。"于是，道长叫人把湖源一端洞口封死，自己率众僧道在洞口施法。可是到了晚上，湖源村的牲口照样丢失，道长认为是湖源没有懂法术的人，就命儿子举家搬到湖源居住，负责镇守北洞口。余道长的儿子成了湖源余姓的入村始祖。

终究道长的法术不敌修行了五百年的蜈蚣精，两村照样闹得人心惶惶。无奈，道长只好向玉皇大帝禀奏此事，请求玉帝派天兵天将来降妖。玉帝当即派遣观世音菩萨领白龙马、千里眼、顺风耳等天兵天将来到湖源。顿时，电闪雷鸣、乌云翻滚、狂风暴雨、山崩地裂，狡猾的蜈蚣精东躲西藏，拼死往西逃窜。刚窜上西山顶，说时迟，那时快，眼明脚快的白龙马向前一跃，一脚踩死蜈蚣精。为防蜈蚣精复活，白龙马便头东尾西永镇此地。故湖源东有马头山、西有蜈蚣旗山。

14. 锣钹顶陈山寨

大洛镇位于沙县南部，距县城23.4千米，境内有座全县最高山峰——锣钹顶。明正统十三年（1448年），沙县爆发了"铲平王"邓茂七领导的农民起义，当时起义军的主要根据地陈山寨就位于今沙县大洛镇锣钹顶。

锣钹顶山峰，海拔1537米，极其雄伟险峻，终日雄风猎猎、云奔雾涌，放眼四望，群山如微波细浪。登上山峰，人人都会有胸襟开阔之感，想当年邓茂七正是在这里制定了"取延平、塞二关、据八闽"的雄伟战略宏图。也正是这个地方，成为义军无数次战斗、攻克20余座县城的大本营。

沙县乡间旧例，佃户除交田租，逢年过节还要以鸡鸭进献地主，名为"冬牲"，交纳田租要由佃户无偿送交。时任沙县二十四都总甲邓茂七主张废除"冬牲"，由地主"自备脚力担归"。明正统十三年（1448年），地主勾结县令逮捕邓茂七，邓率众拒捕，县令派巡司拘捕，官兵被杀，县令申报上司，组织了三百多人进行围捕。邓奋起抗击，将官兵诛杀殆尽。至此，高举义旗，在今大洛镇陈山村的锣钹顶山上建立陈山寨，广大劳苦人民纷纷响应，起义军达数十万人。御史丁瑄领兵前往陈山寨镇压，妄图诱降。邓茂七大笑说："我们难道是怕死的吗?"毁书斩使，将官军打得全军覆灭。从此起义军夺关斩将，所向披靡，声势浩大，使明王朝大为震动。正统十四年（1449 年），特委宁阳侯陈懋为总兵、动员数省官兵，组织强大阵营征伐。义军毫无惧色、英勇作战。后来因混进奸细罗汝先，诱骗义军复攻延平（南平），不幸于水路中伏，邓茂七身先士卒，壮烈牺牲，但各路义军依然浴血抵抗，直至战斗到一兵一卒。

现上山前往锣钹顶陈山寨，就可以看到一条用鹅卵石铺成的跑马道，顺山上一路盘旋。当时起义军因军事上的需要，备了不少马匹，但将士多为南方人，许多人不会骑马，这一跑道是供学骑马建造的。义军的山寨本部是白马庙（现为大洛镇高山云雾茶基地）。沿着山路再往上走，过了半山腰后，有一片三叉形的开阔地，名叫"三望坪"，这里是当时义军的练兵场。三望坪有一高耸起来的大岩石，是操练指挥台，凑近看时，岩石被一道裂缝一分为二。据说邓茂七当年就站在这里与参加起义的将士歃血为盟，慷慨誓师，其时他义愤激昂，手起刀落，竟将此巨石劈为两段。再沿着陡峭的山寨道路走，你会看到一块十分醒目的"插旗石"，当年插在这里的义军大旗，指引着义军将士前赴后继、勇往直前。

15. 烧酒窠

沙县夏茂街对门南面 5 华里有座山，名叫"烧酒窠"，实为出水坑，祖传在很早很早以前会出"白烧酒"。

夏茂往茶窠自然村这一带山里，有数千亩山和数百亩田，人们长年累月在此开山植树，育成大片绿林，耕田种粮，连年获得大丰收，这事感动了土地神。秋收时的一天中午，十几个农民挑着收割的稻谷回家时，在半路上忽然遇到一位白发苍苍、手执神杖的土地公公笑呵呵地说："我看你们上山植树成林，耕田五谷丰登，请你们在这半路上吃碗酒，以解除你们的劳累。"土地公说完两袖一拂，不见了，路边的一块大岩石裂开了嘴，哗啦啦地流出了"白烧酒"，挑担的农民喝了个半醉才回家。从此，这里变成了"烧酒窠"。这"白烧酒"酒度浓，质量好，大大有人来喝。

过了不久，夏茂有家酒馆的老板，带着一个家院，挑着一担桶，准备将这"白烧酒"挑去卖，不料桶刚放在出"酒"的石嘴边上，"白烧酒"哗啦一流却变成了水，石嘴也裂开分两边，变成两条出水坑，流出大水。从此“出酒窠”就变为出水坑了。

16. 天泉

在沙县富口镇荷山流传着这么一个传说。

相传很久以前，一座名叫“伟山”的山顶上有一破庙，因为离村庄有二三十里远，来回要花很长时间。先前一天还会来几个人，后来就没有一个人来了。尽管这样，庙里的和尚还是对菩萨很尊敬，没钱买香烛，他们就上山砍柴换钱买香烛，而他们自己却吞糠咽菜，过着艰苦的生活，接连几年都是这样。

一天，一位美丽善良的仙女路过这里，看到和尚们这种艰苦生活，十分感动，于是扔下一颗宝珠。宝珠落地的地方出现了一个小洞，从洞里喷出白花花的大米，还现出一条路来。从此，烧香拜佛的人也渐渐多了。过不多久，这里会出米的事被一个贪得无厌的老太婆知道了，她挑着箩筐来装米，并把米挑到集市上卖了换钱。仙女知道后，便把出米变成出水，以为这老太婆会死心。有一天，一和尚发高烧，庙里又没药，其他和尚实在没办法就把喷出来的水给他喝下去，奇怪，这水真灵，一喝烧就退了，和尚们才知道这是一种能治病的药水。这件事一传十、十传百，远近都知道了，治好许多人的病。不想这事又被老太婆知道，她就上山打水来卖，这下可触怒了仙女，她使法术把老太婆变成一条小虫，同时把水变成治不了病的普通水。

为了纪念这美丽善良的仙女，人们就把这里出水的地方叫“天泉”。

17. 蓬仙岩

沙县大洛镇白水漈，海拔1300米，是沙县也是三明市最高的村庄，距离集镇20多里。在白水漈村山上有块奇特的巨石，名曰“蓬仙岩”。岩上有个石洞，石洞宽敞明亮，冬暖夏凉；洞外山清水秀，四季花香，真是个好地方。

蓬仙岩上有座庙，庙的前殿供奉的神是三圣公，后殿是清水祖师。按照一般的规矩，这座庙的主神就是后殿的清水祖师，而前殿的三圣公就是清水祖师的护卫神了。实际上却不是这么一回事。

据说，蓬仙岩原来的神主是三圣公，清水祖师是外地来的，只因三圣公贪吃爱财，被清水祖师施了个“反客为主”的计谋，骗到前殿充当护卫神了。

很久以前，蓬仙岩的庙还没建起来，三圣公独自一人住在石洞里，倒也逍遥自在。

有一天，三圣公正在洞里打瞌睡，洞外来了个仙人。这仙人就是清水祖师。清水祖师云游四方，想找个落脚修身的地方。找来找去，他中意的地方早已有主了，没有主的地方他又不中意，因此，一直找不到合适的地方。这天，他来到蓬仙岩，看到这奇花异树，灵山美水，不由得脱口称赞："妙！妙！妙！"

清水祖师正在赞赏蓬仙岩的大好风光时，只听得背后一声大喝："何方妖仙，敢来窥探我的洞府！"原来，三圣公一觉醒来，听到清水祖师在洞外高声叫妙，便冲出洞来，开口就骂。

清水祖师见来者出口不逊，全没有一点方外之人的修养，不禁暗暗叹息："可惜这么好的一个去处，竟落到这么一个粗鲁汉子手中！"他眉头一皱，顿时心生一计。他从袖子里摸出一锭白花花的银子，送到三圣公面前，笑眯眯地说："贫道身有小病，想借你的洞府歇息一夜，大仙若是肯发慈悲，这一锭银子权当房租。"

三圣公法力功底都不错，可惜得了"一贪二馋"的毛病。他一看那白花花的银子，便眉开眼笑地答应了。当天晚上，清水祖师弄来好酒好菜，和三圣公对饮。三圣公开怀痛饮，一会儿便醉眼蒙眬了。清水祖师在石桌上摆出几十锭银子，对三圣公说："贫道十分喜爱这里的风景，想在此多住几年，你如果答应的话，这些银子都归你。"

三圣公一见银子就动心，问道："你打算住几年呢？"

清水祖师用手指蘸酒，在石桌上画了一画，说："你看这是什么字？"

三圣公斜眼一看，说："这是个'一'字。"

清水祖师又画了一画："这又是什么字？"

"是个'二'字。"

清水祖师说："我住的那个年数，只要画三画就够了。"

三圣公一想："一画就是一字，两画就是二字，三画只不过是个三字，让他住三年，白白得到这一大堆银子，有什么不好呢？"便一口答应了。

清水祖师等三圣公把银子收起来后，便在石桌上画了三画。

三圣公一看，清水祖师三画写出个"千"字。这一下，把个三圣公气得暴跳如雷。但是，一言既出，驷马难追，要改口已经来不及了。把石洞让清水祖师住上一千年，心中又不甘。三圣公左思右想，没有主意，不由得“怒从心头起，恶向胆边生”。他趁清水祖师不备，猛一击掌，想把清水祖师打倒在地。

清水祖师也是身手不凡，他闻风而动，闪身避开三圣公的拳掌，两人便你一拳、我一脚地打起来。

两人斗了半天，分不出个高低，三圣公气得七窍冒烟，心想：“干脆一不做二不休，把石洞毁了，谁也别想住！”他一个腾挪，蹿出石洞，腾身跳上洞顶，使劲一跺脚。好家伙，这一跺脚，震得地动山摇，巨石崩坍。

清水祖师一看洞顶的巨石就要压下来，不敢怠慢，一个箭步冲上去，伸掌运气，顶住巨石。

三圣公在洞顶连连跺脚，清水祖师在洞里死死撑住，两人就这么僵持住了。

清水祖师心想：这么长久对抗下去毕竟不是个办法，便想出个主意。他对三圣公说：“我情愿出钱在石洞前盖一座庙，我们两人共同来管理，你看怎么样?”

蓬仙岩以前没有庙，因此，来烧香上供的人少得可怜，三圣公难得吃一顿饱。他听说清水祖师愿意出钱盖庙，心想：“有了庙，烧香上供的人就多了，油水也就足了，还是同他和解吧。”

就这样，清水祖师在蓬仙岩站住脚了。没过多久，庙宇也盖起来了。

大庙分前殿、后殿。谁住前殿、谁住后殿呢？三圣公心想：“住前殿好。人们来烧香上供，总要先经过前殿，有什么好东西可以先享受。”于是，三圣公选了前殿，清水祖师便住到后殿去了。后殿也叫主殿，清水祖师便成为蓬仙岩的主神了。三圣公发现自己吃了亏，成了清水祖师的护卫神，刚开始还有点不甘心。后来想：“住在前殿名声虽然不好听，但总比以前蹲石洞要舒服得多了，再说，自从有了庙，供品也多的吃不完，当护卫神就当护卫神吧。”

现在，你要是到蓬仙岩来的话，一进殿就可以看到三圣公的神位，清水祖师却优哉游哉地端坐在主殿里。庙后的石洞顶上，还可以看到一个深深的巴掌印。据说，那就是清水祖师与三圣公打斗时留下的痕迹。

18. 铁钉岩

铁钉岩坐落在大洛镇华口村，海拔1100多米，处于沙县、尤溪、大田三县交界处。

相传，在很久以前，这里是一块平地。一天，一只猛虎路过此地，看见远处有一位沙县老农赶着一头黄牛拉着一车鸡粪路过此地。老虎咆哮着向黄牛冲击。这时，老农和老黄牛发现猛虎正向他们扑来，想逃已经来不及了。就在这千钧一发的危急时刻，一位白发老人突然出现在眼前。只见他飞快地抓住了老虎的尾巴。老虎猛回过头来，和白发老人搏斗起来。白发老人闪到右边，老虎连忙扑向右边，白发老人闪到左边，老虎连忙扑向左边……这样周旋了几十个回合，老虎被斗得精疲力竭了，而白发老人拿出一枚又粗又长的铁钉，跳到猛虎的后面，把老虎钉住了。

后来老农才知道，这只猛虎原来是虎精，而这位白发老人是位大仙。大仙把虎精用铁钉钉住后就不见了，这枚钉住老虎的铁钉变成了一座山峰，人们把它叫作“铁钉岩”。那猛虎就在铁钉岩脚下。从那以后，这一带再也没有猛虎伤人了。

19. 观音岩

沙县南霞乡有一座高山，山上有一座大石岩，名叫“观音岩”。

很久很久以前，这座山岩全是茂密的树林，郁郁葱葱。有一天，观音菩萨来到了这座山，看到这里的风景很美，就在这里变了一座小山洞住下来。洞里有许多的石椅石桌，观音菩萨就坐在石椅上，觉得很不舒服，就再变出一个莲花宝座，坐了上去，慢慢地观赏起外面美丽的风景。

有一天，何仙姑等八位仙人来到此地，看见有一个洞，就飞了进去，看见观音菩萨坐在莲花宝座上观看风景。李铁拐奇怪地问：“观音菩萨，你怎么会来到此地呢?”观音说：“我本是出来游玩，看到这里的风景很好看，就在这里变了这个洞，你们看还不错吧!”八位仙人都微笑地点了点头。观音接着问：“你们怎么也会来到此地的?”何仙姑笑着说；“我们是路过此地，看见这儿有个洞，觉得很奇怪，所以就飞下来看一看，原来是你变的。”观音菩萨笑着说：“原来是这样，各位仙人请坐吧!”何仙姑他们坐在石椅上，和观音一起聊天，讲故事。八仙在这里玩了几天，李铁拐说：“我们应该走了。”说完，他们向观音告了别，就飞走了。八仙走后不久，有一只老虎来到了这片森林，经常到村子里去咬人咬猪，扰得人心惶惶，人们不敢下地劳动。观音知道后，把老虎给收拾了。过了几年，观音要回去了，她怕这洞被毁了，就变了一条大蛇在这里守住，人们听说洞里有蛇，谁也不敢进去。

到现在那个洞还存在，人们为了纪念观音救了他们，就把这个山叫为“观音岩”，把洞称为“观音洞”。

20. 金鸡岩

沙县南阳乡木科（旧名“暮窠”）岭的东面，有一座金鸡山，金鸡山有一座金鸡岩。传说金鸡岩里有个金鸡洞，洞里有只金鸡，金鸡是无价之宝——喂白米生银蛋，喂赤米生金蛋。

在金鸡洞的石门上，刻着许多奇形怪状的字。据说，谁能把门上的字一字不错地念出来，石门就会自动打开，金鸡就会飞出来。谁不想得到那宝贝的金鸡啊！寒往暑来，年复一年，金鸡岩前的山坡踏出了一条小道，小道又踩成了大路。不知有多少人千里迢迢翻山越岭来到这里碰运气，可是，谁也不能把门上的字全部念出来。金鸡洞的石门一直紧紧地关着。

有一年，一个商人路过这里，知道了这件事，不由得动了心。他想：“我走南闯北，见到的人不知有多少，只要肯问，还怕那几个字学不会吗？”于是，他把金鸡岩上的字一笔一画地描下来，带在身边，又做他的生意去了。

商人每到一处，除了做生意以外，专门和那些有学问的人打交道，把描下来的字拿出来，一个字一个字地问。果然，功夫不负有心人。几年过去，那些字终于被他认完了。那商人别提有多高兴了，兴冲冲地赶到金鸡岩。

金鸡岩前与往常一样，挤满了人。有几个人想碰碰运气，认不了几个字便被难住了，在一片哄笑声中败下阵来。

那商人整整衣冠，得意扬扬地走上前去，开始认字。一个字，两个字，三个字……商人毕竟是下了苦功的，果然不同于那些平庸之辈。周围的人看到商人那十拿九稳的神情，一个个伸长脖子，屏住呼吸，把眼睛睁得圆圆的。那商人从来没出过这样的风头，一时好不得意，越念越来劲。

念着念着，突然，金鸡岩上钟鼓齐鸣，祥云缭绕。商人一看事情大有希望，不禁欢喜欲狂，一边念着最后的几个字，一边盘算起金鸡到手后该怎么安排了。他乐滋滋地想道：“住的，当然是高楼大厦；穿的，当然是绫罗绸缎；坐的，当然是轻车肥马；吃的，当然是山珍海味。这还不够，还要讨个小老婆。对，现在的老婆又老又难看，发起脾气简直像个母夜叉。逮住金鸡后一定讨个小老婆。”想到这里，他不由得飘飘然了，仿佛已经和新讨的小老婆在一起饮酒作乐似的，偏偏正在兴头上的时候，大老婆来了，披头散发，寻死寻活的，把商人的兴致赶到九霄云外去了。他不由得恨恨地骂了一声："浑蛋!"

这时商人已经念到最后两个字了。金鸡岩已经裂开了一道缝、缝里射出万道金光。据眼尖的人说，连金鸡的鸡冠都看到了。周围的人只等着看金鸡出洞，哪想到那商人突然念出："浑蛋"两字。一刹那，钟鼓停了，祥云消了，金光退了，石门又闭得紧紧的。

商人一边声嘶力竭地狂喊着金鸡岩上最后那两个字，一边发狂似的擂打着石壁，但是，已经无济于事了。

据说直到今天，那金鸡还藏在金鸡岩内的石洞里。老人们说，木科岭上，每天早晨第一阵鸡啼中最响的那一声，就是洞里的金鸡发出的。

21. 七仙洞

在富口镇有个七仙洞，相传天宫中有"红橙黄绿青蓝紫"七个姐妹，都是天上绝顶漂亮的仙女。不仅长得美丽，而且心灵手巧。她们每天用手编织天上的云彩，使天上与人间分隔开来。可是她们觉得天上并不好，冷冰冰的缺少温情，总是想找个机会逃出宫中，观赏人间的景物，看看人间是不是比天上还要苦。

有一天，王母娘娘喝多了酒，靠在宝座上打瞌睡。趁着这个机会，七位仙女从云彩稀薄的地方瞧见了人间，于是由每一位仙女各出一色云彩，化成七色彩虹桥，大家沿着这座七彩虹桥漫步下凡来到人间。

她们知道，天上一天，地上千年，王母娘娘最少也要睡一会儿，于是她们到处飘游。看到了人间的生活是如此的美好；男耕女织，相亲相爱，不由非常向往。这天，她们来到了沙县富口。被富口美丽的青山秀水所吸引，众仙女不由轻舒广袖，翩翩起舞。一时笙箫悠扬、彩虹闪烁，惊动了周围的农人。几名胆大的青年人好奇窥视，一个个立时神魂颠倒，不由自主地一拥而上。不想众仙女一见有人，忽地化为一道青烟钻进洞里，只有一个名叫张青的青年手疾眼快抓到老六青霞的一方仙帕，再找寻，却发现前面多了一座仙奶庙，洞口已然不见，更找不到仙女的一点踪影。

从此，张青害了相思病，天天到仙奶庙找青霞，可整座山都找遍了，也没有找到洞口。他却不管晴雨、不顾寒暑，仍然从春找到夏，从秋找到冬……

且说七位仙女躲进洞内，里面正好有七个大厅，于是一位仙女住一个大厅。善良的大姐红云见青霞有意失落仙罗帕，生怕已动凡心的青霞会做出越轨之事，触犯天条，遂长袖一扫，将洞景变成了一幅壁画，把洞口隐在壁画中，壁画外竖一仙奶庙，非仙人莫想入内。

三姐黄霓是个侠肝义胆之女，她见青霞因相思日渐憔悴，非常同情。便瞒着大姐来到洞外，发现张青每天都在寻找洞口，对青霞一片痴情，顿生恻隐之心。一天，她特意变成一位又老又丑的老太婆躺在路上。这天，张青果然又来了，一见老太婆，忙扶起她，问她怎么会躺在这荒无人烟的山路上。老太婆有气无力地指了指肚子，摇了摇头。

张青想，老太婆一定是又饥又渴，便掏出干粮，还接了一竹筒泉水，让老太婆吃。老太婆狼吞虎咽把干粮吃了个精光，才开口说她住在大佑山山顶，靠丈夫采药为生，只因丈夫五天前下山卖药不见回来，她急得下山来找，却不小心扭伤了脚，又饥又饿又伤心，只怕回不去了。话未说完，便号啕大哭。张青本性善良，忙安慰老太婆说："老婆婆，别伤心，我背你上山，说不定老爷爷在等你呢。"

谁知，张青背着老太婆好不容易爬到了大佑山山顶。老太婆却说："错了，错了，我说的是小佑山，你怎么这么笨，连大和小都听不清楚？"张青虽然浑身累得像散了架，仍二话不说，背起老太婆沿着原路下山。哎！奇了，下山才走完一半，突然浑身一轻，顿觉脚下生风，眨眼间便到了山下。更奇的是，身后的老太婆不见了，仙奶庙后出现了一个祥云缭绕、晶莹剔透的大洞。

张青喜出望外，跨进洞口。只见洞内分上中下三层，处处怪石林立，石幔、石笋、石帘、石钟乳……光怪陆离，万象丛生。其中一景"纺锤柱天"，如千万把纺锤直指苍天，莫非是众仙女编织的地方，景点背后五彩斑斓，有如织锦。从"月亮湾"曲径回栏上走过，但见湖水冰雕玉琢般晶莹剔透、清澈凝碧。在"猴子望月"景点，那猴子怎么看都像孙悟空。原来是孙大圣可怜七仙女好不容易来人间一趟，想让她们多玩一会儿，暗中拔了一根毫毛变成猴子"望月"，所谓"望月"就是盯住天上王母娘娘的寝宫，以便一发现王母娘娘醒来好立刻通知她们上天。谁知张青不懂，见到景点后面的"仙女沐浴池"，只顾察看青霞有没有在，却把猴子视线挡住了。正当此时，王母娘娘醒了，见七仙女不在，便大发雷霆，带着天兵天将下凡捉拿"七仙女"。也就在此时，青霞发现了张青，冲过来抱住了张青。有情人终于相认，却不知危险正向他们逼近。

因张青与青霞相见，猴子恢复了视线，立刻发现王母娘娘怒气冲冲往七仙洞奔袭而来，于是迫不及待地向孙悟空报告了消息。

却说有情人张青与青霞相见，王母娘娘发现后大怒。便从天上拔出玉簪往七仙洞一抛，玉簪立时变成一条恶龙冲向张青与青霞，青霞放手想与恶龙搏斗，不料恶龙从张青与青霞中间穿过，在月亮湾上一翻，月亮湾立时变成一方恶浪滔天的大湖，把张青与青霞隔在了湖两边。王母娘娘在天上恶狠狠地说："湖面接通，方可相会。"

咫尺天涯，不能相见，青霞和张青悲痛欲绝。

正巧爱管闲事的齐天大圣闻讯赶到，从天庭偷来金钟罩住恶龙，变成洞内一景"金钟降龙"；又从南海偷来"定海神针"接通月亮湾两岸，使月亮湾又恢复原样。张青从"定海神针"上顺利通过月亮湾，来到了青霞跟前。

不想王母娘娘已带着天兵天将赶到，下令把七位仙女捉回去，关进天牢，还恶狠狠地要把张青推入阴曹地府，永世不得翻身。孙大圣看不过去，拔出毫毛，变成无数个灵猴与天兵天将激战。自己截住王母娘娘斗法。趁着纷乱，三姐黄霓甩袖往洞内一指，洞内现出一条暗河，她叫青霞带着张青快逃。可青霞知道如果自己走了，其他姐妹就要受罪，顾念姐妹之情，她也从头上扯下耳环，变成一只小船，叫张青坐船赶紧逃生。张青舍不得青霞，想不走。情急之下，青霞把张青往船上一抛，说了声"来生再见"，小船便从暗河走了。王母娘娘盛怒之下，抛下翻天印，想把孙大圣定住，却只把孙大圣用毫毛变成的替身定住。孙大圣知道帮不了忙了，忙用障眼法，一个筋斗溜走了。王母娘娘连忙指挥天兵天将把七仙女绑回天庭。后来，翻天印就变成了"镇国玉玺"的景点。

再说，张青随小船从暗河逃出去后，走了十几里才回到七仙洞，可洞内已人去洞空。他睹物思人，终日以泪洗面，把这一洞取名为"七仙洞"，每天到仙奶庙祭拜。也许是得到天上青霞的保佑，他一直活到一百多岁才终老，于是七仙洞香火日盛。

22. 陈公岭恩仇洞

在沙县琅口、镇头村一带，流传着一个当地地名——陈公岭恩仇洞的故事。明末清初，有个年近四十岁的光棍叫陈平汉，他不务正业，到处浪荡，让年近八十岁的老母亲常年独守在家。

有一天，他来到秀峰山的秀峰峡打劫，碰上一个洗矿坑名叫寇礼辉的小商贩，陈平汉便要杀他。寇礼辉哭着哀求道："求你不要杀我，我家中有八十岁的老母亲，还有妻子带着幼小的孩子。我身上的钱可以全部给你，只求你放过我，让我回家养活老小。"

陈平汉听了一愣，顿时良心发现，想到："如果我被别人杀了，老母谁来供养，谁来送终？"

陈平汉正在犹豫间，忽然耳边传来一个声音："你应该杀了他，前世他可杀了你呢。"

寇礼辉大吃一惊道："你是什么人？有什么依据？"

"有你的凶刀在你身旁的石洞中。不信，你自己可进洞看看。"

两人同时吃惊地说道："这里没有其他人，怎么会有人说话呢？莫不是山神、土地？"

想到此，陈平汉不觉寒毛倒竖，忙叫寇礼辉起来，说："你不要怕，回去好好孝顺你母亲。我不杀你，也不要你的钱。"

陈平汉回过头叹口气说："生事事生何日了，害人人害几时休？"

转眼又是几十年。寇礼辉早已在镇头开了一家大商铺。这天，陈平汉来镇头赶圩，恰巧到寇礼辉商铺买东西。寇礼辉抬头一看，见是陈平汉，赶忙请他到屋里坐，吩咐家人杀鸡宰鸭，并殷勤留他住宿。

陈平汉心里却忐忑不安："他不会是玩什么心眼算计我吧？"

寇礼辉知道他的心思，转口叫他"陈恩公"，便感谢他当年的不杀之恩。陈平汉这才放下心来，当晚留宿在寇家。

从这以后，陈平汉一改过去所为，娶妻生子，也开了个商铺。两人互相来往，敬神礼佛，多行善事，双方都家业兴隆，财丁两旺。古话说得好："人在做，天在看。莫道世间无报应，抬头三尺有神灵。"

后人为了纪念陈平汉能够浪子回头重新做人一事，就把"秀峰山""秀峰峡"改名为"陈公山""陈公峡"，旁边石洞称为"恩仇洞"，洞前一段坡路就叫"陈公岭"（陈公岭一带民国时期成立联保，划给山峰保；土改时划给镇头乡管理，1953 年划归山峰村），石洞前建一凉亭，至今古迹犹存。

23. 目盲仔洞

沙溪河畔樟墩村玉口自然村住着一家姓卢的农家，家里有两个男孩，聪明伶俐，异常顽皮。有一次沙溪河玉口河段旋涡开法门，兄弟双双从旋涡处消失了。几年后兄弟俩却从黎山回来，道术都很高。

哥哥身材矮小，一脸黝黑，有一顶硕大神奇的“隐身帽”，戴上它来去无踪，法力无边。可是他好吃懒做，常弄旁门左道，人们畏惧他，于是无人找他驱邪避凶，日子难以为继。当地人给他取了个绰号——目盲仔。目盲仔没了营生，索性在玉口下坑子隐居，并挖凿一个无底洞，吸收日月山川的精华在此修行，并做起了山大王。抢掠过往行人的财物，掳走美貌女子，无聊时也抓小孩玩耍。下坑子是通往高砂上坪村、阳溪村的必经之路，道路狭小，阴森恐怖，黑洞众多，加上有目盲仔“剪径”，百姓单人夜间都不敢经过此地。

弟弟名叫卢拜崇，为人正直，声誉很好，营生如日中天，道法进步很快，是附近一带的神道。卢拜崇经过下坑子，常劝目盲仔从善，目盲仔不但不听，还变本加厉残害百姓，并在弟弟面前炫耀自己的法术，要与之斗法。一日深夜，卢拜崇在樟墩做完道事回玉口，知道目盲仔又要纠缠，果然，目盲仔又要求斗法，卢拜崇用计夺了“隐身帽”，拿起事先装好秕谷的吹角，默念咒语，吹响号角，顿时千百颗秕谷变成千百只黄蜂，向目盲仔头上身上蜇去。目盲仔法术全失，遁逃至无底洞。卢拜崇又向空中抛出两块豆干，粘住洞口。说来也奇，两块豆干立刻变成了两块石块堵住了洞口，形成了现在的“石夹”。

24. 山崖和山崖庙

高桥镇天台山崖紧贴张厝村的后门，看上去近在咫尺，实际上从张厝村到崖顶起码得走四五十分钟的路程。

山崖庙就紧挨崖的后面，庙的规模不大，但环境优美，清静宜人，庙内有砂王爷菩萨三兄弟的金身塑像和其他小菩萨。紧靠庙的右边还盖有居室和厨房，尚有三位道人常住，还可提供来往客人的食宿。

传说，从前有个农夫带着一个五六岁的孩子来到崖前烧香，孩子很好奇又很顽皮，在崖石上跳来跳去，玩得很起劲。农夫点燃了香烛，正要作揖时，孩子突然闪在身后，他一弯腰，屁股一翘，便把孩子撞落至万丈悬崖下。农夫以为孩子断然粉身碎骨，伤心得几乎想要跳崖自尽。但他虔诚至极，极力克制自己，坚持上完香。他边烧纸钱边哭诉：“山崖菩萨为何不长眼睛看着点……”烧完纸钱，他匆匆回家，一路放声大哭。其妻听到哭声，赶忙出门相问。农夫说：“孩子被我撞下山崖啦……”其妻却笑盈盈地说：“哪有此事，孩子比你早一步到家了。”农夫怎么也不敢相信，但好端端的孩子确实从大门内冲出来叫爸爸。农夫问孩子是怎么回来的，孩子说：“是一个老人把我背下山来的。”这时，农夫狂喜万分，一个劲地说：“是山崖菩萨显灵，菩萨显灵……”这件事一传十，十传百，于是，求神拜佛者纷至沓来。从此，山崖庙香火更加旺盛了。

25. 锣钹顶和神牛石

锣钹顶是沙县境内的第一座高山，位于大洛镇宝山村、陈山村、前村等村落周边，原名“青云峰”。你可知青云峰为什么改成锣钹顶吗？相传，盘古开天辟地后不久，一天，赤脚大仙应邀前往瑶池赴蟠桃盛宴。正走着，突然脚板被什么东西划了一下，痛得他眼冒金花，站立不稳。

低头一看，原来是青云峰作怪，他心想，这座山太奇险了，神仙都难行走，更不用说樵夫、猎户等凡人了。于是，从天宫借来一头神牛，打算犁平青云峰。

青云峰的山神得到这个消息后，大为惊慌。左思右想，想出了一条妙计。那天，他把瞌睡虫偷偷撒到赤脚大仙经过的路上，赤脚大仙牵着神牛刚降下云头，就忍不住打起哈欠来。不一会儿就枕着山头呼呼睡去。趁这时候，山神给他托梦说：“你家母亲得了重病，危在旦夕，如不马上赶回去，恐怕难以见到一面了。”赤脚大仙从梦中惊醒过来，把神牛拴在一棵高大的水杉树下，连忙驾云飞回天宫。

山神见赤脚大仙果然中计，乐得哈哈大笑，急忙请来雷公电母，谁知那牛有法术护身，任你电闪雷击，也动不了它一根毫毛。青云峰山神无奈，只好从西天大雷音寺借来锣钹，趁神牛不注意，往它头上狠命砸去。只听得“当啷”一声巨响，地动山摇，神牛头颅落地。赤脚大仙正好赶来，见神牛被杀，一时怒起，他拂尘一挥，那副锣钹便定在青云峰顶。

打那以后，青云峰便改名为锣钹顶。那头神牛呢，也化作一块巨石，至今还卧在大洛镇宝山村前往陈山村的路上。有趣的是，那块巨石的旁边，还有一块跟牛头一模一样的青石，据说那就是神牛的头。

26. 铁甲岭

在如今的沙县高砂镇员墩溪和沙县青州镇白云村交界处有一条山岭，叫“铁甲岭”。这条山岭为何叫“铁甲岭”呢？原来和古代的一位护宝将军有关。

相传在清朝年间，沙县郑湖高地村胡氏家族文运亨通，胡子贤、胡世炳、胡家和三代进士及第，孙子胡家和还在朝中当了大官。胡家和为官清正廉洁，处理了不少国家大事，很受皇帝的喜爱。

一年，胡家和的奶奶，也就是胡子贤的老婆七十大寿。皇帝知道后，亲笔御批，命胡家和回乡为老太太祝寿。胡家和说朝中政务繁忙，没有时间回老家，婉拒了皇帝的好意。皇帝很感动，就赏赐了许多金银珠宝作为贺礼，派一位禁军将领护送到胡子和的老家。

禁军将领姓甚名谁已无从查考，只知道将军身穿铁甲，魁梧神勇，当时人称“铁甲将军”。将军接到任务后，挑选了几名武艺高强的禁军士兵，和他一同前往福建沙县“送礼”。

从北京到福建迢迢数千里，将军和他的“送礼”队先走水路坐船沿京杭大运河南下杭州，再出杭州湾上东海，摇橹扬帆至福州，最后走官道从福州过南平，几个月后平安到达沙县。眼看快到胡家和的老家郑湖高地了，将军悬着的心终于放了下来。

将军让士兵们挑着“贺礼”，翻山越岭向高地村行进。来到元端溪附近的一条山岭下时，树林里突然跳出四五十个山贼。领头的是一个手持大刀的彪形大汉，他高声喊道：“此路是我开，此树是我栽。要从此路过，留下买路财！各位军爷，识相的就把财宝留下，大爷饶你们一条性命。不然，明年的今日就是你们的忌日！”

将军大怒：“小小毛贼，怎可如此放肆？知道我们是干什么的吗？我们是皇上派来给高地村胡家老太太送寿礼的，你们连皇上的东西也敢抢不成？”

彪形大汉哈哈大笑：“你说什么？皇帝给胡家老太婆送寿礼？真是天大的笑话，你扯谎也该扯个像样点儿的！就算你说的是真的，天高皇帝远，皇帝老儿又能拿我等咋样？弟兄们，给我上！”彪形大汉大手一挥，山贼们舞着刀枪棍棒一拥而上。一场恶战在山岭下展开了！

将军手握宝剑奋勇拼杀，一连砍翻十几个歹徒。怎奈山贼人多势众，而且个个武艺超群，护送宝物的禁军士兵接连不断地倒在血泊中。将军身负重伤，被山贼们团团围住。

彪形大汉手提滴血的大刀，狞笑着说："怎么样？还不肯将财宝乖乖送上？你就不怕死吗？"

将军面无惧色，厉声呵斥："大胆毛贼，你们竟敢劫杀禁军士兵，抢夺皇家财物，朝廷早晚要把你们千刀万剐！"接着，将军仰天长啸："皇上，末将无能，未能将寿礼送到胡家，末将以死谢罪了！"说完，将军举起宝剑，自刎而死。

几天后，将军护宝身亡的消息传到高地村。胡家大为震惊，火速派人到元端溪寻找将军和士兵们的遗体。元端溪发生过生死搏杀的那条山岭下，除了一副血迹斑斑的铁甲和散落在地的刀枪，别的什么都没有了。有人说，将军和士兵们的遗体都让虎狼叼走了。

胡家人感念将军的忠勇，就将元端溪的这条山岭取名为"铁甲岭"，将军护宝的故事也在郑湖一带流传开来。

27. 天子帽

沙县湖源乡锦街村有一连串与"天子"有关的地名："天子帽""天子墓""鼓山""金钟斋"，沿用至今不变。

很久以前，沙县湖源的一个小山村，住着一户人家，母子二人。母亲白天耕田，晚上织布，加上祖业殷实，生活得无忧无虑，称得上是小富人家。母慈子孝，一家子其乐融融。

母亲望子成龙，教子心切，特聘了一个学识渊博、德才兼备的先生作为私塾教师。先生夜以继日，孜孜不倦，认真执教。小孩聪明好学，过目不忘，练就一目十行的本领，一天能学会数十篇文章。不到一年的时间，四书五经全部铭记在心里，先生惊叹道："真乃神童也，日后必是栋梁之材。"

先生走后，神童的一举一动令人不可思议，不是舞枪弄棍，就是剪纸人、纸马、纸刀枪，而且口出狂言，说要当皇帝。

数年之后，纸人纸马、纸刀纸枪轮装满了一谷仓。逢人便说，这是他的百万雄师。

当然，村民半信半疑，认为只是儿童戏言，但也有人认为他是天子下凡，必成大器。

这消息一传十，十传百，竟然传到京城，当朝皇帝一听，吓出一身冷汗。马上召集大臣商议。一大臣说："耳听为虚，眼见为实。"建议皇帝下旨，指派三位大臣，化装商人模样，微服私访。

三位大臣领旨后，不敢怠慢，日夜兼程，快马加鞭。约一个月后便到达沙县县城。下马后走进县衙，向县令说明来意。

三人不日就赶到了湖源这个小山村。在村口见一小孩睡在路边，一根木棍当枕头，两手伸开一字形，两脚张开"八"字形，身旁一把弯刀插在刀梢上，组成"天子"两字。

当然，三位大臣没有看出门道，只看到一个小孩睡在路边，没有异样，没太在意。

经过暗访，三位大臣知道想当皇帝就是这个小屁孩，认为只不过是个山野顽童，貌不出众，不足为奇。况且他的老娘只是一个妇道人家，没有见过世面，更没当回事。三位大臣此刻才如释重负，舒了一口长气，原来只是虚惊一场。次日便返回京城，向皇帝复命。

再说神童备足纸人纸马、纸刀纸枪后，选择"良辰吉日"（三月初四五更）刺杀皇帝。当时没有计时用具，只能依据公鸡叫的遍数来定时间，所以叮咛母亲不敢入睡，要专心听鸡叫。

神童此刻心情既兴奋又紧张，迫不及待地希望"五更"马上到来，整晚问了其母亲十几遍是否到五更了。母亲被他一问再问，问蒙了，错把四更当成五更。此时神童即刻走向花台，用芦苇做成弓和箭向京城皇宫方向射去……有诗为证："眼明手快向京城，一箭射出惊鬼神。金銮宝座倒一边，皇帝早朝一身惊。忙找军师来询问，掐指一算脸色青。福建果然出天子，顽童戏言竟成真。"

皇帝惊魂未定，连忙调兵遣将，一路浩浩荡荡向湖源进发，大军夜以继日、马不停蹄，几十日后就到了湖源。

听到此信，母亲大惊失色，吓得魂不附体。然而神童却胸有成竹，镇定如神，认为我有百万雄师，何以惧之。忙叫母亲打开谷仓大门，门一打开，里面纸人纸马陆续变作真人真马冲出来。母亲被吓得六神无主，急忙把锅里滚烫的猪饲料用水瓢盛装泼向谷仓的纸人纸马，母亲此举坏了大事，因此变出来的兵马大多都成了残兵残将。

双方交战，天昏地暗，横尸遍野，叫喊连天，惨不忍睹，令人心碎。神童兵马全军覆没，京城官兵死伤无数。最后神童以失败告终，自己战死，母亲气死，他的尸首最后由一个远房亲戚（大田广平镇元沙人）把他安葬在天子帽山脚下，后人都称此墓地为“天子墓”。

京城大军获胜，班师回京。皇帝心里仍有余悸，为防死灰复燃，军师出谋献策，叫皇帝把地图打开，在湖源土名叫“天子帽”的山头用朱笔一挥，顷刻“天子帽”崩塌。此处千余年来，寸草不长。

28. 棋盘石

高桥镇天台山上的棋盘石又称“仙棋盘”。传说在很久以前，有个小孩去砍柴，看见两位老人在大石上面下棋，便好奇地停下来看他们对弈。没多久，一位老人对小孩说：“孩子啊，你怎么还不回家？你父母已找你两天了。”小孩说：“我刚在这里待一会儿，怎就两天了呢？我要看你俩下完这局棋才回家。”待两位老人分出胜负，小孩正要起身时，一转眼老人不见了。小孩到了家里，父母说他们已经找他三天了。小孩对父母说：“我只在天台山的大石上看两位老人下一会儿棋，怎么回到家就三天呢？”小孩把看老人下棋的经过说了一番。父亲说：“哦，他们是仙人，你见到仙人了，仙人是天上的人，天上和地下不一样，听人家说：‘天上一日，地下三年’原来真有这回事。”后来，人们就称棋盘石为“仙棋盘”。

29. 七峰叠翠

在沙溪城关河段南岸，有七座挨得紧紧的山峰，这是沙县有名的“沙阳八景”之一——七峰叠翠。关于七峰叠翠的来历，有一个美丽的故事。

据说天上的王母娘娘有七个女儿，大的叫“碧云”，老二叫“桂花”，老三、老四是双胞胎，住在东殿的叫“东凝翠”，住在西殿的叫“西凝翠”。老五叫“真隐”，老六叫“妙高”，小的叫“朝阳”。

七姐妹一年到头老待在天上，日子长了就觉得不顺心。琼楼玉宇住厌了，瑶池、蟠桃园也玩腻了，天宫里的日子实在难熬呀！

有一年，王母娘娘出外巡游去了，七姐妹趁这个百年一遇的好机会，偷偷地溜出天宫，来到人间。

七姐妹觉得天宫里虽然富贵，连瑶池的水渠都是用最好的玉砌的，可是，却没有一点生气，到处是冷冰冰、死沉沉的。人间的景物虽然不像天宫那样金碧辉煌，可到处是青山绿水、气象万千，到处是莺歌燕舞、生机勃勃的景象，七姐妹玩得可开心哩。

一天，她们来到蜿蜒在群山之中的沙溪两岸，只见凤凰山下水流平缓，河水清澈见底，河滩上铺着一层金黄色的又松又软的细沙，不由得被吸引住了。

七姐妹停在沙溪畔，尽情地嬉笑游玩，戏水沐浴。一时间，风传笑语，水播仙音，细浪粼粼，欢波阵阵，连凤凰山的凤凰都来跳舞助兴。

天渐渐黑下来了，眼看到了回去的时候。七姐妹多么舍不得离开这个美好的地方呀！可是，不回去又怎么行呢？七妹“朝阳”对姐姐们说：“各位姐姐，我们就要离开这个美好的地方了，以后想再来恐怕是很难的了，让我们把玉簪留下，作为永久的纪念吧！”于是，七姐妹拔出头上的玉簪插在溪边，才依依不舍地飞向天宫。以后，这七支玉簪就化成了七座山峰。

宋朝有个丞相叫李纲，因为得罪了皇帝被贬到沙县来。那时七座山峰还没有名字，李纲就把七姐妹的名字取来作山名。

从此，沙溪河边的七峰就有了名字：碧云峰、桂花峰、东凝翠峰、西凝翠峰、真隐峰、妙高峰、朝阳峰，七峰叠翠的名气越传越远。

30. 仙舟岛

沙县东门的仙舟岛三面临水，一面依山，这个长不足二华里，宽才半里的小岛，说起它的由来有个古老的神话故事。

很久以前，沙县东门外东溪与虬江汇合的地方，原来是一个很大的旋水潭。有一年，来了个县官，这县官不但贪得无厌，还会一点妖术。他看这个旋水潭地势很好，只要做个聚宝盆沉下去，夏茂的金银财宝都会流进盆里。于是，他便施展妖术，做了个很大的聚宝盆，放在旋水潭里，盆口对准夏茂。

从此，夏茂一带的金银财宝、珍珠玛瑙都顺着东溪水流进聚宝盆里。富庶的夏茂一天天贫困了，丰裕的百姓一天天穷苦了，而县官的腰包却一天天鼓起来了。

又过了几年，夏茂的百姓穷得连饭也吃不上，个个怨声载道，怒气冲天。这事惊动了仁慈善良的南极仙翁。他先到旋水潭查看清楚，然后到夏茂向饥民们说：“你们贫穷的原因就在那个县官身上，他在旋水潭安了个聚宝盆，把你们的财富全吸引到他的腰包里去了。”老百姓一听，火冒三丈。南极仙翁叫乡民砍来4根大杉木，造了一艘龙舟。他把饥民们叫到舟上，用自己手中的拐杖撑舟，从夏茂顺流而下。龙舟来到旋水潭后，仙翁摆好方位，把那根拐棍插在龙舟东北头的洞孔中，龙舟稳当当地停住啦。然后，仙翁又从脖子上取下一串项链，念了几声咒语，向空中一抛。片刻工夫，只见那个专吸民脂民膏的县官，瑟瑟缩缩地被套了出来，丢到旋水潭里去了。饥民们一见，高兴得雀跃鼓掌。

事情办好后，仙翁就驾鹤飞去了。人们千恩万谢，依依不舍。低头一看，脚下的龙舟已变成一个小岛，插在舟头的拐杖亦变成一棵顶天立地的大杉木。人们为纪念仙翁的恩德，就把这个小岛取名为“仙舟岛”，把那棵大杉木称为“拐杖杉”。

31. 双凤衔书

虬江北岸沙县城关，过去是一座凤岗山，与水南的凤凰山隔河相对。宋代凤岗山种有大片的梧桐树，春暖花开时节，满山遍野梧桐铺绿，引来成群凤凰栖息，风景优美独特。李纲给它取名为“凤岗春树”，名列沙阳八景之首。

现今的索桥处古时有一座桥，如果站在二十八曲山上远眺，沙溪南北两座山和桥连在一起，就像两只凤凰衔着一本书。于是李纲把它叫作“双凤衔书”。县城的河段时常出没一条无角的小龙“虬”，所以沙县城关又叫“虬城”。相传沙县学子进京考试，必先到东门的孔庙净手上香，再到桥边上香，然后登二十八曲性天寺进香，并远眺沙溪。如果看到双凤衔着书展翅起飞，就能中进士，仕途亨通；如果还能看到沙溪里虬龙跃动，就会高中头榜，前途无量。反之，看到双凤衔着书沉沉不动，那就考试无望。

宋元丰二年（1079年），陈瓘进京赶考前，来到孔庙和桥边上完香后，登二十八曲顶峰进香眺望。那天艳阳高照，天空澄明。他站在性天峰顶，喜见双凤衔着书向北腾空起飞，再看又见沙溪里一条龙不时从水中跃出。陈瓘心头涌起阵阵欢悦，他听说过南唐时期张确进京考试前，登二十八曲远眺时看到腾龙起凤的奇异景象，后来张确中了状元。下山后，陈瓘再次来到孔庙和桥边上香许愿，然后进京赶考。发榜时，陈瓘果然中了头榜一甲第三名，也就是探花。

后来，沙溪发大水，桥被冲毁了，现在建了两座并联的悬索桥代替之，气势雄伟，堪称闽中一胜景。

32. 葫芦门

现在大多数人知道动画片《葫芦兄弟》里的葫芦娃，却不一定知道沙县有个地方叫葫芦门，在当地老百姓中有一个葫芦门的传说，极具传奇色彩。

沙县后底村附近205国道北侧的深山密林处有一座东西走向的小山脉，面向国道的一侧耸立着一块几十米高的大岩石，形似葫芦门，当地人将这一带称为“葫芦门山”和“迷人山”。山后面是高砂池仓村，村民在山脚下的田地里种植水稻、甘蔗、地瓜等农作物。上山的道路很陡峭，山顶全是岩石和密林，它的神秘之处是，葫芦门山顶几十平方米的岩石上，留下古人的岩刻，形似刀剑、锣鼓、号角、酒杯等器物，至今犹存。

据说葫芦门山一带是个阴森恐怖的地方，会使人迷失方向。有一天附近村民上山砍柴时，看上去明明晴朗的天空，突然间迷雾重重，笼罩着整座山，他急忙收拾柴担准备下山，却怎么找也找不到回家的路，转了一两个时辰，最终还是回到原来的地方。他定了定神，心想：是不是有妖魔鬼怪在作祟？于是，他索性坐下来念叨着祈求神灵保佑的咒语。村民念完咒语后，天空一片晴朗，云消雾散，出现了回家的路。

又一天下午，有一村民在葫芦门山脚下薅田时，趁着太阳还没有下山，上山去砍了几根竹子，也迷了路，到了晚上八九点钟还没有回家吃饭。家人着急了，马上联系左邻右舍，大家举着火把，拿着脸盆上山敲打，高喊着驱鬼救人。最后，失踪者从密林中走了出来。

相传葫芦门山上经常有一种被称为“目畲（hà）”的鬼怪在活动，此怪穿着红绿色的衣物，眼睛长在头顶上，嘴大面宽，喜欢下山捞田螺吃，面目狰狞。人们与此怪相遇后会被吓昏，特别是小孩到此地玩耍时，会被目畲带入石洞中，关上葫芦门，以青蛙当猪肉、蛔蛔当鸡鸭腿、红泥巴做成喜粿等食物，给小孩吃。附近村庄一旦有小孩子失踪，八成是目畲所为，家人马上会组织人员敲锣打鼓前去解救孩子，甚至还会请上法力高深的法师去施法。孩子解救出来后，看上去污头垢面，满嘴都是泥巴，说是有一位老太太拿很多东西给他吃，令人毛骨悚然。如果是独自一人根本没人敢去那里干农活，即使是胆子特别大的人去了那里，也必须赶在太阳还未下山之前回家，否则的话，就会被迷住。据说附近村子里如果有淘气的孩子在哭闹，无论你采取哪种方式都无法劝停的情况下，但只要你大喊一声：“有目畲来了”，小孩子一听这话，马上就会停止哭闹。

后来，有位名叫杨鲁公的法师途经此地，得知此事后，在葫芦门前施法，将其收入石洞中。此时已是傍晚时分，还有一个目畲在外面没有回来，杨鲁公迅速关住葫芦门，在门上刻下号角、酒杯等器物，又在葫芦门山顶以西几十米处刻下锣鼓、刀剑等器物，刀剑直指太阳下山的地方，镇住妖魔。从此，这一带再也没有妖魔鬼怪出现了。反而，人们时常还能听到从这里发出的锣鼓声和号角声。

33. 翔凤桥

古时候，在沙县城南虬溪上，有一座翔凤桥。因城南凤凰山和城北凤岗山而得名，古时有“双凤衔书”之誉。巨石砌就的桥墩，木结构的廊桥，是沙县百姓南来北往的交通要道，也是小商小贩摆摊叫卖、市民休憩纳凉的好去处。

宋绍圣四年（1097 年），谢令濬初建浮桥，叫平津桥。后历代均有重建。明正德三年（1509 年），同知计宗道接邑，募富氏复建之。有一次，翔凤桥又被大火焚毁，溪中的十几个石墩慢慢地坍塌了，顶上长了芦苇和野草，显得有点凄凉。有一年洪水漫过之后，溪正中的桥墩石罅中的荆棘丛中，长了一株奇异的花。花分五色，互相交映，非常耀眼。美丽的奇花引起了人们的注意，大家都说：“这种花从未见过，只有天上仙境才有，可能是一种吉祥的征兆，翔凤桥又要重修了。”这种说法一传十、十传百地传着，传遍了全县。

又过了几年，本县来了一位新“同知”，名叫计宗道。他到任后，听到了人们有关翔凤桥的传说，深感翔凤桥毁后，给人们带来交通的不便，于是决定要重修翔凤桥。计公的决定，受到全县人民的支持，有钱的出钱、有力的出力，都想为重修翔凤桥做点事。人们到高山上开采石料，到森林里砍伐树木，运到工地。人们清理了石墩上的杂树和泥土，搭起架子，将一块块千斤重的巨石慢慢地搬上桥墩。经过一个秋冬的紧张地施工，十几个原来残缺不全的桥墩，又齐齐地耸立在溪流中。这时，工地上来了一位白发苍苍的老人，他穿着普普通通劳动者的衣服，但精神矍铄。他走到河边，看一看奔流的溪水，又抬头望一望高耸的石墩。最后，他走到一个年轻工匠的身边，指着工地上剩余的石料对工匠说："这桥墩看起来，虽然显得很高了，但还差一尺。必须再往上砌一尺，以后桥才可以经受住洪水。"工匠抬眼看了一下这个不显眼的老人，鄙视地说："你懂什么，这是按县衙的要求砌的。你嘴上挺能说，能不能将这块石头搬动一下?"老人看到这个年轻工匠竟这样无礼，气得"哼!"一声，飞脚向石头踢去。只见千斤重的巨石，腾空飞起，落入溪中，把在场的工匠们都惊呆了。当大家把眼光从溪中央收回、寻找那位老人时，白发老人早已不见踪影了。工匠们立即害怕起来，刚才那位白发老人一定是一位神仙，工头立即把这一情况报告县衙，计公知道后，采纳了老人的建议，把十几个石墩再往上砌一尺。新春到来的时候，重修后的翔凤桥竣工了。新桥比旧桥更加高大，更加雄伟。到了雨季，虬溪上洪水咆哮，水势一尺一尺地往上涨，人们又担心翔凤桥的安全了。幸好新的翔凤桥比旧桥高，终于安全地度过了汛期。人们更加相信：那位指点修桥的白发老人就是神仙!

翔凤桥的故事传了一代又一代人。不知过了多少年，翔凤桥又遭洪水，石墩又一个个坍塌了，只剩下溪正中的那个半截的石墩，孤零零地立在溪流中。石墩中又长满了芦苇和野棘，但却再也没有开出奇异的花。城南古城墙上伸出的，与原桥面衔接的巨头，标示着翔凤桥的高度，溪南岸边那一级级石阶，记录着翔凤桥的几度兴衰。

如今，河正中的石墩也没有了。

人们在翔凤桥的上游修起现代化西大桥，又在翔凤桥的下游修起东大桥。但翔凤桥传奇的故事，永远在沙县人民当中流传。

34. 龙会桥

龙会桥，建筑风格独特，双檐歇山顶木质结构，像亭阁，故人们又称之为"桥亭"，是湖源乡标志性建筑之一。桥亭共十槅九植，占地面积400多平方米。远看屋顶红色琉璃瓦在阳光下艳红夺目，山墙上"龙会桥"三个大字遒劲有力，字的两旁镶有龙、花鸟，高浮彩绘图案圆活豪放，栩栩如生；近看，亭楼翘角飞檐，斗拱、叠梁、穿斗，古韵十足。宽枋和大柱，高大宽敞；梁柱雕龙画凤，漆上朱红，更显得庄严古朴。桥亭两边各有一排被椅，桥的两侧檐下为博风挡板，专供人坐的，又大又圆的石珠默默地扛着整个桥亭的重量。边角的青砖已长满了青苔，它在静静地暗示年代的悠久，顿时使你肃然起敬；侧耳倾听，桥下流水淙淙，虫鸟唧唧，阵阵的轻风迎面拂来，使你心旷神怡，由衷感叹，这座美轮美奂的桥亭是哪辈先贤的杰作？

相传大明光宗年间，乡民请来一位高明的堪舆先生来湖源。先生爬高又爬低，仔细观察了周围山脉与水势，自言自语地说：“一条洋面长又窄，小河流水直冲来。岸边村民勤苦作，丁来不易财去快。”乡民问他是什么意思？先生曰：“山主丁，水主财，水口严，财自来。”于是全体乡民遵照先生的示意，集资兴建一座风水桥，祈求风调雨顺，五谷丰登。新桥竣工那天，正好黄秀栋进城乡试回家路过，因黄秀才在乡里才识出众，名望很高，乡民将他比作“三国”之“卧龙先生”。于是，乡亲们请他给新桥取个名，秀才思索片刻，提笔写下“龙会桥”三个字。

龙会桥建有桥亭，在漫长的历史长河中，几经沧桑，几经修葺。它像一串璀璨的明珠，始终闪烁着光辉。古时它是乡民集市贸易的场所。桥上两旁布满摊点，有卖布的、卖肉的、卖酒的、卖杂货的……琳琅满目，各种风味小吃云集这里，热闹非凡。

每逢过年过节，桥亭又成了文化娱乐中心点。乡民演社戏、舞龙、舞狮、迎铁枝、迎菩萨……外来武术队或马戏团都在此处表演，乡民扶老携幼，纷纷赶到桥亭观看。鞭炮声、锣鼓声、掌声和笑声汇聚一片，其乐融融。

中华人民共和国成立后，圩场迁到别处，桥亭成了名副其实的“凉亭”。在炎热的夏天，劳动之余的人们都会到这儿来避暑乘凉。凭栏眺望，面对千亩良田，稻花的芳香扑鼻而来，一辆辆满载矿石的卡车疾驰而去，一辆辆小车奔驰前来，一阵阵琅琅书声耳边飘过，令人心旷神怡，流连忘返。

历史事件

在大一统的中国，沙县不因地偏而文陋，不因人少而落后，却是南迁移民的客家历史文化之乡，众多历史风云人物，留下许多足迹。

一、沙县建县与迁址

沙县是闽西北最早建县的县份之一。但沙县建县究竟始于何时，史籍上的记载却略有出入。传统的说法是：东晋太元四年（379 年）改南平县为延平县（清康熙、道光及民国版《沙县志·沿革》均误作“查平县”），析其南乡地设沙戍。刘宋元嘉年间（424—453 年）废延平县，设沙村县；隋改沙村县为沙县，寻废。唐武德初（一说武德四年）复置。上述说法互见于明嘉靖二十四年（1545 年）、清康熙四十年（1701 年）、道光十四年（1834 年）及民国 17 年（1928 年）编修的《沙县志》。

查《宋书·州郡志》，关于沙村县的记载如下：“沙村长，《永初郡国》、何、徐并有。何、徐不注置立。”长，汉制，万户以下的县设长；永初，刘宋武帝刘裕年号（420—422 年），《永初郡国》为记载永初年间郡县设置情况的地理书；何、徐，即何、徐所编的两部《州郡》，亦为地理书，作者及成书年代均不详（参阅《宋书·州郡志》）。既然《永初郡国》一书中已有沙村县，可见沙村县之设立不在元嘉年间（424—453 年），而在永初年间或永初之前。

关于沙县建县时间的另一种说法见于明嘉靖十五年（1536 年）版《沙县志·序》（原志已佚）。该文开篇称道：“沙启域于晋寝……”晋寝，即晋末。同序又言：此届修志时有关沙县的“文献之微，宜有足观者。胜国一变于兵，正统再变于寇，灰于毒焰。袭闻私识，仅存线脉而已。”故“启局（修志局）于兴国寺”之后，经“采摭”“广搜”资料，“又考诸往牒而不谬”，然后“载笔于书”。同书的“后序”又云：“沙志旷百余年矣。”从上述二序可以考证：一是明嘉靖十五年之前已修过《沙县志》，故有“沙志旷百余年”之称；二是虽经历代战争，但仍有“线脉”残存，仍有“往牒”可考。因此，可以推论：沙县“启域于晋寝”的结论绝非妄断。

民国 20 年（1931 年）出版的《中国古今地名大辞典》亦认为沙县建县

始于晋。该辞典关于沙村县的词条是这样写的："沙村县晋置。隋废。故治在今福建沙县东十里。"该辞典的"例言"称："凡史志所载之州郡县邑，必详其建置，释以今地。""史志之外言舆诸书……均分别采取，以补史志之所不及。"据此看来，辞典中关于沙县的条文出处虽未见其详，亦当援引有据。

在《中国古今地名大辞典》所参考的众多史籍中，有清顾祖禹所撰《读史方舆纪要》一书。该书卷九十七中关于沙县的沿革云："晋延平县地。太元四年置戍于此，谓之沙戍。义熙中升为沙村县，属建安郡。宋、齐因之。隋废。唐武德四年（621 年）复置沙县，隶建州。"义熙为东晋安帝司马德宗第三个年号，跨 405—418 年，义熙末年距宋刘裕称帝、东晋灭亡仅有两年。顾氏称沙戍于"义熙中升为沙村县"，与明嘉靖十五年《沙县志·序》所说的"沙启域于晋寝"是相符的。顾氏撰《读史方舆纪要》，历时 20 年，参阅了二十一史和百余种地方志。书中关于沙县沿革的记载虽未注明出处，但其可靠性当在"刘宋元嘉中设沙村县"之上。因为后者的说法明显有悖于《宋书·州郡志》中关于刘宋永初年间已有沙村县的记载。又据《读史方舆纪要》，隋朝沙村县为废县；复查《隋书·地理志》，其中并无"沙村县"或"沙县"的记载，"沙县"之称呼始见于唐武德四年，故沙村县改名沙县当在唐武德四年。

综上所述，传统的"沙村县始建于刘宋元嘉中"的说法是不确的。沙县设置应是：东晋太元四年（379 年）在延平县南乡沙源地置沙戍（即今沙县城东古县村）。东晋义熙中（405—418 年）沙戍升格为沙村县，属建安郡。县治所设于沙源地（今凤岗街道古县村），距今 1500 多年。宋、齐建置，隶属不变。隋废。唐武德四年（621 年）复置，改名为沙县，隶属建州，后并入建安县（今建瓯市）。唐永徽六年（655 年）复置。元、明、清三朝，沙县隶属不变。

唐乾符年间（874—879 年），时局动荡，因县治所无城池，前琅口地盘宽阔，后高山远离，难以固守。为有效治理县政，使百姓免遭屠戮，驻沙县仙舟的崇安镇将邓光布首倡将沙县治所从沙源地迁往杨篢坂，以其地局阻溪。唐乾符五年（878 年）黄巢起义军攻入福建，邓光布率众抵御，中流矢而死。唐中和四年（884 年）汀州府司录兼沙县岐事、光州固始（今河南固始县）人曹朋在邓光布战死后完成县治迁移。此后，杨篢坂成为历代县治所在地。

清道光《沙县志》载："灵卫侯邓公祠，祀南唐崇安镇将邓公光布也。旧

灵卫侯邓公祠

祀于县治内东畔。后以士民祈祷不便，迁之水南凤冈书院之侧。宋宣和年间，累著灵迹，五年赐封号曰：灵卫侯。遂额曰：灵卫。绍兴乙丑又进封曰：显应。元季，庙圮。明永乐年间，幸僧性海募众重建。正统寇乱，复毁。正德年间，翔凤桥成，邑人因桥余料命木匠程佑重建。因以居祐使守桥焉，即今庙也。”

宋元以来，邓将军不仅拥有灵卫侯、武显八闽、威震闽邦等称号，还被沙县人奉为“开县始祖”，受到全县人民的崇拜和祭奠。

二、仙舟“千家街市”

唐乾符年间（874—879 年），沙县境内已设有渡口。在北宋年间，沙县已成为闽县（今福州）经剑浦（今南平）、宁化入江西的要道，县东的仙舟为县内最大的居民聚居点，已形成“千家街市”的规模。明嘉靖四年（1525 年）县内已形成有固定圩期的圩市 13 个。清中叶，沙县的木材、笋干、茶叶、毛边纸、烟丝等土特产品远销天津、上海、江苏、浙江和省内各地，笋干和茶叶还转口销往东南亚一带。民国 27 年（1938 年），沿海一批军、政、文教机构内迁沙县，商业更加繁荣。民国 29 年（1940 年）十一月，全县登记的商号有 594 家。

三、修筑古城墙

沙县古城墙始建于明弘治四年（1491 年），由延平郡守苏章勘察地形，圈定范围，沙县令陈光泰督办，翌年陈调京供职，则由顺昌县令兼沙县事费诚监建。弘治七年（1494 年）建成。城墙以花岗石砌基，墙体用特制城墙砖砌成。墙高 7 米，厚近 4 米，总长度为 4695. 3 米，有雉堞 2800 多个。东、南、西、北建四大门，东为迎恩、南为延福、西为永安（后改名为兴聚）、北为昌乐。为便利群众取水、洗涤，临溪另建四小门，从东向西名为文昌、庙门、师古、小水。靠山增设一小北门则为便利居民打柴、耕田的通道。共九个城门。城门上均筑有城楼。临河城墙边，修有人行道，称马路，供行船伙计纤夫拉纤行走。每年端午节划龙舟，居民可在马路观赏，雨天则在沿河居民靠墙房屋内雉堞观看。

四、李纲谪居沙县

宋宰相李纲于宣和元年（1119 年）六月，因上书议论政事触犯皇帝和当朝权臣，被贬到沙县监管税务。李纲选择兴国寺（在今沙县实验小学内）西边的客房为住所，取“人生无非大观世界一寓客，不妨随寓而安”的意思，命名为“寓轩”。

李纲在沙县期间，表面上或参订佛语，或宾客游从、歌咏谈笑，实际上却心怀愤懑，忧国忧民。他与沙县名士陈瓘、邓肃等结为知己，诗文唱酬，以抒情怀。在答谢陈瓘赠“岩上石芝”一诗中，他由石芝之味“初淡中苦，已而发甘”联想到忠谏之言，写道：“自古至言多逆耳，愿于苦处辨忠良。”愤慨之情洋溢诗中。

李纲谪居沙县期间足迹遍及沙县各名山胜水。他亲自为县城溪南傍溪的七座小山命名为：朝阳峰、碧云峰、妙高峰、真隐峰、桂花峰、凝翠东峰、凝翠西峰，并在境内选出八处名胜作为“沙阳八景”，即：凤岗春树、豸角秋烟、七峰叠翠、十里平流、洞大瀑布、瑶池夜月、瀛洲夕照、吕峰晴雪。

宣和二年（1120 年）六月，李纲复官承事郎，离开沙县。

五、邓茂七起义

明正统十二年（1447 年）冬，邓茂七在沙县二十四都黄竹坑（今属三明市三元区）发动佃户拒纳“冬牲”，号召佃农交租时不要送粮入仓，改为田主“自备脚力担归”。田主上诉，县衙派人拘捕邓茂七未遂，复派巡检司率弓兵前往追捕，邓茂七杀死弓兵数人。翌年二月，县衙报请延平府派兵三百前往镇压，邓茂七率众反抗，击退官兵，遂收人马开至陈山寨，举旗起义，十余天内聚众数千人。尤溪炉主蒋福成等起兵响应。数月之间，起义军人数发展到数万之众。邓茂七自号“铲平王”，封将署官，与浙江起义军叶宗留遥相呼应，先后攻下沙县、杉关、光泽、邵武、顺昌、浦城、建阳、长泰、永春等二十多个县城。正统十四年（1449 年）正月，明朝调集京城、浙江兵马及驻南京的骁骑，分兵合剿。二月，邓茂七受内奸罗汝先的诱骗，再次攻打延平，不幸中箭身亡。起义失败后，邓茂七余部仍在各地坚持斗争直至景泰年间。邓茂七起义是明朝中叶一次著名的农民起义。

六、罗南生秘密建立反清复明武装

明末清初，沙县夏茂出了一位反清复明志士，名为罗南生，明末县学廪生。与残明隆武帝（原唐王朱聿键）的御史、桐城钱澄之在夏茂秘密建立武装，拥戴明皇室后裔德化王，建号新建，共图反清复明。其时清兵入闽不久，占民房，索供需，为所欲为，百姓不堪其苦，闻风响应，不日队伍便发展到数千人。清顺治四年（1647 年）七月间，起义军围攻县城，在内应的配合下，将县城攻克，鸣锣集众，车炮入衙，县令董璘被处死。顺治五年（1648 年）三月，清廷派总兵马士秀率兵镇压，罗南生率众退守将军寨，据险固守，清兵几次攻打，均被起义军杀退。十一月，清廷增派陈总督率部增援马士秀，把将军寨团团围住。其时将军寨中早已断粮，人心惶惶。德化王跳崖自杀，钱澄之化装潜逃。罗南生见大势已去，遂率残部下山投降。起义失败后，罗南生拒绝参加乡试，拒绝出任官职。隐居泉石之间，晨夕高诵《离骚》，年仅 54 岁便抑郁而死。

七、中共沙县特别支部建立

民国 17 年（1928 年）十一月，沙县境内已有中共党组织的活动。沙县籍学生官锦铨、黄可英、姜源舜（化名姜敢）、张炳生、罗起佑等人到省城福州求学，初步接受了马克思主义思想，先后加入党组织。1928 年暑期，他们回到家乡发展党员，并于民国 18 年（1929 年）1 月成立了中共沙县特别支部，隶属中共福建省委，活动地点设在夏茂镇的文昌宫。随后，沙县党组织与省委失去联系。民国 20 年（1931 年）7 月，中共福州中心市委派姜敢回沙县恢复党组织，他们一边传播革命思想，一边发动农民群众，建立联系点，打通由沙县到建宁、泰宁苏区的地下交通线，建立由福州到闽北的交通站。同时，秘密争取地方势力武装，酝酿组织农民暴动，为此后扩大红色区域做了思想和组织准备。

沙县特别支部从 1928 年成立到 1934 年，前后长达 7 年时间，夏茂共有 300 余名工农青年加入红军队伍。在后来的反“围剿”斗争中，有数以千计的红军战士、苏维埃干部和赤卫队员光荣牺牲在夏茂这块红色土地上，仅夏茂籍的红军战士就牺牲了 107 名。中国工农红军撤离沙县后，党组织活动暂告停止。

八、东方军创建沙县苏区

1933 年 8 月至 1934 年 1 月，红军主力东方军两次攻占沙县，创建沙县苏区。

1933 年 8 月，东方军在司令员彭德怀、政委滕代远的率领下，首次进击沙县。至 1933 年 9 月，东方军相继解放了沙溪北岸的夏茂、梨树、高桥和沙溪南岸青州、管前、高砂等乡村，先后建立了夏茂区和洋元、梨树、涌溪、坂山、洽湖、青州、管前、高砂等 13 个区、乡苏维埃政权。同时成立了农会、工会、儿童团及妇女会等群众组织。

1934 年 1 月初，东方军在司令员彭德怀、政委杨尚昆的率领下再度进驻沙县。同年 1 月 25 日，东方军攻克沙县县城，建立了沙县苏维埃政府，组建了县工会和农会。至 1934 年 2 月底，沙县先后建立县、区、乡苏维埃政府 31 个，全县 75% 以上地区成为红色区域，红色区域人口占当时全县总人口的 78% 以上，成为中央苏区的重要组成部分。1934 年，中国工农红军东方军红三军团驻扎荷山期间，红军战士因伤病故，安葬红军战士的红军墓位于富口荷山村村尾枫树峡和后登山。2008 年，沙县被确认为中央苏区县。

九、潘伊铭创办电力工业

民国 13 年（1924 年），沙县商人潘伊铭集股创建沙县商办有限电灯公司，从国外购进 45 匹煤气机、23 千瓦的德国西门子发电机，在县城南门设厂发电，成为沙县也是闽西北地区最早的电力工业。随后，潘又办起锯木厂、碾米厂，奠定了沙县最早的工业基础。

潘伊铭小名“阿奴”，1873 年 5 月出生于沙县城关和仁坊，15 岁撑船往返于城关与琅口之间运送茶叶，茶叶生意获得成功后，步入商界，进而创办实业，筹建了沙县商办有限电灯公司。

潘伊铭所办电厂使用的发电机拆自德国轮船，以烧木炭为动力。木炭从夏茂、高桥等地采购，用形似棺材的梭子船经水路运来。电力工人把挑拣合格的木炭挑上近两层楼高的高炉，在直径 4 米的飞轮带动下，木炭机曲轴滚动，在熊熊的炉火、轰鸣的马达声中，开始发电。

电厂从晚上 6 点到 12 点发电。当时，县内几乎没有电网，供电线路仅有 4 千米，发出的电只供县城部分高官富商和重要机关照明用。1927 年 12 月，因办电厂赚不到钱，几个股东让出股份，由潘伊铭独自经营。

1938 年，抗日战争爆发，潘伊铭已经装船就绪准备运往上海的 4000 多担笋干，被驻守福州的国民党军队用于填塞王虎口航道，以防日军入侵，数十万银圆的资本毁于一旦，潘伊铭从此一蹶不振。同年 11 月，潘伊铭将沙县商办电灯有限公司以国币 13000 元估价卖给福建省公用事业管理局。次年 11 月，电厂增添了一套 75 马力 60 千瓦机组。

1948 年，局势动荡不安，电厂因木炭机曲轴断裂而停产。1949 年 6 月 16 日沙县解放时，电厂仅存两台损坏的发电设备。

十、解放沙县建立人民政府

1949 年 6 月 13 日，闽西北游击纵队大部分支队奉命会集沙县涌溪，与从南平上来的解放军胜利会师。同年 6 月 14 日，解放军二野五兵团一五一团政委骈引丁、副团长黄幼衡率领一营 3 个连队（内有一机炮连），与南平军分区司令员林志群率领的警卫连一同进军沙县。部队乘船到达西芹后，又步行 50 多里，渡过沙溪，于当晚到达涌溪村，并与奉命会集在此等候配合攻城的闽西北游击纵队约 800 人会师，研究制订攻打沙县城的作战方案。6 月 15 日下午，解放军和游击纵队从涌溪兵分两路出发：一路沿延永公路西进占领沙县水南；主力抄小道经际口包围沙县县城。6 月 16 日拂晓，解放军和游击纵队完成对沙县城的包围。守敌关闭城门，仗着又高又厚的城墙负隅顽抗。下午 2 时，解放军和游击纵队发动总攻击，六〇炮、迫击炮，摧毁了北门敌碉堡，战士扶云梯准备登城。守敌见状，慌忙插白旗投降。林志群率警卫连同解放军小分队先入城接收。下午 3 时，大部队由西门列队入城，全城百姓挥舞彩旗，燃放鞭炮，夹道欢迎。沙县遂告解放。

1949 年 6 月 16 日沙县解放当天，中共沙县县委和沙县人民民主政府宣告成立。县委书记唐仙有，县委委员王德标、林华、李万珍、陈宗芽、蔡文明、马书贵、张子谦、胡盛鸿、翁崇周等，县委候补委员兼秘书长曾德聪。经中共福建省委决定由闽西北游击纵队作战处主任、中共沙县一区区委书记王德标出任县长。建立县政府各职能机构：秘书长林华，秘书室秘书郑开族；民政科长李万珍；财政科长陈宗芽，副科长王荣兴；建设科长杨国琳；文教科长朱荣华；县大队长王德标（兼），副大队长童启华，政委唐仙有（兼）；公安局长蔡文明，公安分队长何文成。县人民政府暂时沿用旧的行政区机构，任命 14 名游击队干部为各乡镇公所的乡镇长，分别接管了旧政权的乡镇公所。

8 月 18 日，南下干部长江支队三大队二中队共 37 人到达沙县，根据同年 7 月新建立的福建省委的部署，建立健全党、政、军、民领导班子及组织机构，迅速开展巩固政权和各项建设工作。

沙县人民政府的成立，揭开了沙县历史新的一页，标志着在中国共产党领导下，英勇顽强地坚持了 22 年革命斗争的沙县人民，经过长期奋战，前仆后继，流血牺牲，红旗不倒，终于推翻了帝国主义、封建主义和官僚资本主义的统治，取得了新民主主义革命的伟大胜利，为建设社会主义的新沙县奠定了坚实的基础。

十一、美国 CNN 有线电视采访村委会换届选举

1997 年 4 月 19—27 日，民政部在沙县西霞乡际口村和高桥镇官庄村设点，美国 CNN 有线电视北京记者站首席记者陈梦兰、CNN 总部特派节目制片人阿莫斯葛乐伯等一行 5 人到际口村和官庄村采访拍摄了村委会换届选举全过程。新华社、《人民日报》《瞭望》周刊等十几家海内外知名媒体，纷纷派

出记者来到际口村采访。这次选举结果，已连续两届担任村委会主任的林圣椿又一次当选。7 月 6 日，美国 CNN 把采访拍摄的情况制成专题为《在竹林里的投票箱》的录像向全球播放，一条长达 17 分钟的中国报道中，详细介绍沙县际口、官庄两个村的村委会换届从预选大会到村民投票选举的全过程，在国际上产生良好的影响。

际口村在这次选举中，进行了十几项改革，包括给外出选民邮寄选票，候选人资格审查、预选，候选人发表竞选演说，取消委托投票、实行一人一票，实行秘密划票，全部差额选举等。

事后，采访的 CNN 记者陈梦兰说："以前，只看过一些有关中国村委会选举的报道，没见过实际选举的情况。在美国，很多人想象不到，中国农村有投票选举的事情。这次来沙县亲眼看到了村民民主选举村委会成员，非常真实可信，绝对假不了。"又说："中国有这样的一种民主是许多西方人根本想象不到的。这次看到的村委会换届选举工作做得很民主、真实、公正，是无可挑剔的，给我们留下很深的印象。"

《瞭望》周刊发表评论说："际口村选举的民主程序、规范程度，引起美国等西方国家有关机构的极大关注。在国内，际口村的做法对各地如何组织好选举工作极有参考价值。"

十二、第一届"中国·沙县小吃文化节"

1997 年 12 月 8 日，首届"中国·沙县小吃文化节"在新建成的沙县府前广场隆重举行。中央、省、市有关部门领导和代表，县政府高级经济顾问，在沙县工作过的处级领导和专家学者，来自美国、日本、澳大利亚和中国香港、澳门、台湾等地的商业、企业、文化界人士，以及友好县（市、区）党政主要领导、工商、民营企业代表共 1539 人参加开幕式。中共中央政治局原委员、空军原司令员张廷发将军以及省人大常委会主任袁启彤等国家和省、市领导莅临现场。张廷发将军还为同日开业的沙县小吃街剪彩。开幕式上，县内外 5 万群众观看由市文体局编排的"沙县小吃"大型文体方阵团体操表演，由 3000 多名学生排练的沙县小吃扁肉、芋包、板鸭、冬酒、花椒饼、喜果等方阵表演，以生动活泼的形式宣传和弘扬悠久的沙县小吃文化。当天晚上还举行了隆重的焰火晚会。

1997 年 1 月，在开展新一轮创业中，根据市委、市政府提出县（市）视经济实力情况举办一些具有地方特色的文化节活动的要求。县四套班子领导围绕沙县地方特色优势，经反复研究论证，并向各部门、各乡（镇）征求意见，决定举办“中国·沙县小吃文化节”。融小吃文化展示、投资贸易洽谈、恳亲恳谈为一体，实现“文化搭台，经贸唱戏”。县成立“中国·沙县小吃文化节筹备委员会”，下设秘书组、联络组、宣传文艺组、贸易展销组、风味小吃组、招商洽谈组、市容管理组、交通安全保卫组、接待后勤组、资金筹集组10个专门工作小组，负责具体筹划和协调等筹备工作。成立“沙县小吃业同业公会”，设计注册沙县小吃行业“商标”，制定出台沙县小吃行业管理规则，颁发沙县小吃名优店牌照，确立沙县小吃品牌。

“中国·沙县小吃文化节”期间，中央电视台、福建电视台、东南电视台、三明电视台等新闻媒体派出记者30多名到沙县采访，撰写播出20余篇有关沙县小吃节的新闻；新华社福建分社、《人民日报》《福建日报》《三明日报》《青春潮》等多家新闻媒体和省、市作家协会也派出较大阵容的记者、作家到沙县采访、采风。截至1997年12月15日统计，有关沙县小吃文化节的报道在各种媒体已发稿50余篇20余万字。《沙县小吃》《沙县是一块投资宝地》两部电视专题片分别在福建东南电视台、三明电视台黄金时段播出。

小吃节期间，位于府前广场西侧新落成的“沙县小吃一条街”和位于沙县水南汽车站旁的“城南专业市场”门口小吃展示点隆重开业，荟萃沙县小吃精华，组织推出100个经营小吃个体户进行营业，展示100个小吃品种，发放沙县小吃品尝票15万份（每份价值人民币2元），每天造访平均人流量达2万人次；2天共回收小吃票143896份，回收率达95.9%。滨河路“地方产品展销一条街”30个参展乡（镇）及部门共设置56个展馆，展示1300多种沙县地方特色产品，销售商品340种，销售金额达78.29万元，订货金额达1403.81万元。

小吃节期间，与会客商和对口企业、部门、乡（镇）进行经贸洽谈，并以地方产品展销一条街为中心，开展地方产品展销活动；举办回乡知识青年联谊恳谈活动。同时，以小吃文化推动经济建设，全县共有14个基础设施和重点工程项目举行开工剪彩仪式、竣工典礼。通过系列展销、洽谈活动，共签约引进外资项目12项，总投资2071.37万美元，实际利用外资1188.57万美元。其中签订合同项目9项，总投资1865万美元，实际利用外资1022.2万美元；协议项目1项，总投资108万美元，实际利用外资68万美元；签订合作意向2项，总投资98.37万美元，实际利用外资98.37万美元。达成内联项目46项，总投资29921万元，实际利用区外资金21659万元；其中合同项目26项，总投资15781万元，实际利用区外资金10719万元；协议项目8项，总投资3520万元，实际利用区外资金1610万元；意向项目12项，总投资10620万元，实际利用区外资金9330万元。

十三、首届全国竹藤产品交易会在沙县举办

2001年6月8—10日，中国（三明）首届竹藤产品交易会在沙县隆重举办。主题是“发展竹藤产业，繁荣区域经济”。集产品展览、商品交易、经贸洽谈、技术转让、信息交流、中介服务为一体，是规模最大的全国性并具有国际性影响的国家级竹藤产品交易盛会。

此次交易会经福建省人民政府批准，由国际竹藤组织、福建省林业厅、三明市政府联合主办，福建省竹业协会、福建省木材产品交易中心、三明市林委、沙县人民政府承办，青山纸业股份有限公司、永安林业（集团）股份有限公司、沙县青竹集团协办，浙江省林业局、湖南林业厅、江西省林业厅、海南省林业局、福建省乡镇企业局、广西壮族自治区林业局、湖北省林业局、贵州省林业厅、云南省林业厅、山东省林业局、安徽省林业厅、广东省林业局等作为支持单位。

参加本届交易会的有联合国工业发展组织和国际竹藤组织官员，孟加拉、肯尼亚、贝宁三国驻华大使，美国、日本、捷克、泰国、印尼、韩国、葡萄牙7个国家竹藤协会代表、公司商务代表30多人。以及我国20个省（自治区、直辖市）和香港、澳门、台湾的生产商、经销商、投资商和技术开发商等共610多家，计3000多人。

交易会期间，组织召开由国内外竹藤专家、学者、企业家代表参加的“全国竹藤产业发展理论研讨会”，由国际竹藤组织、有关省（自治区、直辖市）林业厅（局）、中南林业大学、福建农林大学、福建林业科学研究院等国内高等院所的有关领导、专家、教授组成的金奖产品评选委员会，从参展的产品中评选出28家企业的30种产品为金奖产品，同时评出组织奖单位16个。中国特产之乡推荐暨宣传活动组委会、中国农学会特产经济专业委员会、《中国特产报》社向沙县人民政府授予“中国竹席之乡”牌匾和证书。

本届交易会邀请安排全国各地企业的竹胶合板、竹浆纸、竹炭、笋制品、

竹藤日用品、竹藤工艺品、竹藤保健品、竹藤花卉、竹藤加工机械设备 9 大类 700 多个品种参展，共设展位 183 个，有国际标准展位 158 个。其中，港台 3 家参展，设展位 3 个；省外有 231 家参展，设展位 68 个；省内有 376 家参展，设展位 112 个。共推介招商引资项目 243 个，投资金额 37. 28 亿元（其中推出招商引资项目 140 个，投资金额 28. 6 亿元）。交易会期间共达成投资合作签约项目 103 项，投资金额 8. 69 亿元，销售竹藤产品 8. 34 亿元。其中，沙县在本届竹交会上签约项目 14 项，投资金额达 2. 44 亿元；贸易洽谈项目 91 个，贸易成交额达 2. 51 亿元。

著名人物

沙县在漫长的历史岁月中，底蕴深厚的中原文化与闽越文化互相渗透交融，孕育出崇文重教、诗礼传家的良好风尚。唐武德七年（624 年）沙县创办县学，宋代沙县曾经“五步一塾，十步一庠，士以诗书相劝……乘朱轮，曳金紫者不知其凡几也”。在宋代沙县进士就有 129 人。当我们翻开历史长卷，就会发现沙县这片热土上文人名士、英雄豪杰、贤人逸士层出不穷。

一、修行悟道惭愧祖师——潘了拳

潘了拳（812—861 年）生于唐元和七年，沙县夏茂镇洋元村人。他出生不久，父母不幸双亡，由其叔父代为抚养。12 岁前往洋元村崇圣庵出家，16 岁到沙县淘金山佛光洞苦修悟道。17 岁出游，离开福建，在广东省大埔县黄沙乡车上村认一游姓老妇为义母，悉心奉养。不久义母去世，了拳再度出游拜师，来到大埔县茶阳镇坪沙楠树村，住在一位袁姓的家中，一面修行，一面为楠树村群众办好事，在袁家住了三年。他看到梅县阴那山五指峰是个风水宝地，决心在山下结茅修行。不久便在那里开设道场，起名“圣寿寺”。明洪武十八年圣寿寺扩建，易名“灵光寺”。

潘了拳在该寺修行 20 多年，为当地人民祈福禳灾，功德无量。但他感到自己不能弘扬佛法，自度度人，心中实为内疚，自号“惭愧”。他 49 岁坐化之时，遗下一偈云：“四十九年，无系无牵。今朝撒手归空去，万里云开月在天。”他圆寂后，人们尊称其为“惭愧祖师”，其善缘、功德被人们千古传颂。

潘了拳一生灵迹昭著，饮誉南粤和东南亚，在这一带拥有众多信徒。随着明末清初大批客家人渡台垦拓，惭愧祖师的香火也在台湾传播开来。全台主祀惭愧祖师的庙宇有85座，配祀惭愧祖师的庙宇则难以计数。

二、三明境域第一位状元——张确

张确（942—993年），字汝诚，号坚介，沙县崇信乡德星里（今沙县高桥镇高桥村）人。自小才学出众，颖敏能文，词学蜚声乡里。宋开宝八年（975年）科考进士，张确以第一名登科，高中状元，即授文林郎、秘书省校书郎。

《续资治通鉴》第八卷载：“南唐自保大十年（952年）开始开办贡举，共取过十七榜，钦点过张确在内的十位状元。”宋开宝八年（975年），风雨飘摇中的南唐王朝，已处于宋军攻打首都金陵城的险境，但仍坚持开科取士。这年二月，李煜举行了南唐最后一次科考，取张确等三十人为进士，张确名列榜首。在《沙县志》卷之二《疆里》记载：“高桥，宋开宝八年建。里人张确，举南唐状元及第，而桥适成，因名高桥。盖取高科之义。”清康熙《沙县志》说：“翔鸾乡，其村数十，高桥最大，按旧志，桥始建，里人张确举状元及第，故名，取高第之义。”南唐与确诰私录词云：“进士张确，丘山挺秀，词学驰名；较艺文闱，首登科第；扬芳艺苑，特出时流；俾摛藻于禁林，宜升华于芸阁；斯为清擢，或表优恩，可授文林郎守秘书省校书郎。”又陈招捕牒文云：“进士张确，擢秀士林，驰声上国。文场较艺，既首擢于高科；世泽下流，果飞腾于翰苑。曜光乡里，超冠古今。设无激扬，何奖劝其？所居崇信乡，可改为翔鸾；德星里，可改为化龙。本户徭差，并与蠲免。故牒。”

据明嘉靖《延平府志》《福建通志》《八闽通志》和《福建省志·人物志（上）》等史志文献所记载，张确是沙县的第一位进士，还是闽西北的第一位状元，可谓“异峰突起”。沙县建县虽早在东晋，但长期以来皆处于未开化的南蛮之地。唐末诗人韩偓是有史料可考的到过沙县的文化名人，他避难居于城西的天王寺，并创作了许多诗歌。其后两宋时代，沙县进入文化大发展的鼎盛时期，出现了康熙版《沙县志》所称道的“五步一塾，十步一庠，士以诗书相劝……乘朱轮，曳金紫者不知其凡几也”的繁荣局面，涌现出了数以百计的举人、进士，而张确是骄傲的领头羊。

张确在史志典籍多有记载，但生平资料几乎阙如。明嘉靖重修《沙县志》

卷之六《选举》所载最详，也只是一鳞半爪。“张确，开宝八年乙亥，江南后主保大三年。”《剑志》书，确为开宝八年榜首。及考是年榜首，乃王嗣宗，非确也。询诸耆长，皆谓确为江南榜首也。按开宝八年十一月，宋下江南，确登第时或在春欤？马鄱阳曰：江南将亡，犹命张佖典举贡。是亦其征也。故以确系江南，大统则系于宋也。开宝八年是公元 975 年，而江南中主保大三年，则是公元 945 年，上下句时间相矛盾。根据《沙县茂溪张氏族谱》等资料佐证，张确中状元之年应公元 975 年。陈招捕是宋绍定年间知南剑州提举兼招捕使陈韡，由他签发的官府文牒，说明沙县的崇信乡德星里，因状元张确，更名为翔鸾乡化龙里，并免除张确家族徭差之役。

民间至今流传有关张确的传说。其一说是沙县张氏始祖孺公的五代孙令资公住在吴早山下，一天夜里，其妻梦见一只玉燕飞投入怀。夫妇俩觉得这个梦很奇异，找人圆梦。圆梦的人说：“玉燕投怀，将生贵子。”果不其然，不久张家生了个男孩，取名确。张确少年时聪颖好学，文章蜚声乡里。后来，以第一名登第，高中状元。消息传到家乡，正逢村里建桥，乡亲因张确高第而取“高”为桥名。相传新坡村附近的吴早山下，有一个小山村叫吴早村，山上有一座庙，叫西金庙，张确幼时曾在庙里读过书。其后村民迁徙到新坡村等地居住，庙久无人烟，已然荒芜，据说仍可寻到庙址。说宋绍定年间，知南剑州提举兼招捕使陈韡发布文告，将张确家乡沙县崇信乡改为翔鸾乡，德星里改为化龙里，并蠲免本户徭差。又相传张确在朝做官多年，告老致世时，皇帝赐他一把湘妃竹金扇，扇面画有金鱼嬉水图。后来，翔鸾乡一带及至今高桥镇上，凡有婚嫁喜庆的人家，常张贴这样的对联：

清河水静金鱼现，吴早山春玉燕投。
扇赐金鱼文仕第，梦占玉燕相臣家。
皇帝殿上金鱼赐，吴早山下玉燕投。

三、乡贤尚书——陈世卿

陈世卿（953—1016 年），字光远，号豸山，沙县人。宋雍熙二年（985 年）登进士第，先任衡州推官。再调东川节度推官。后又出任四川梓州从事。淳化四年（993 年）父病逝，他回乡守孝，适逢四川爆发王小波、李顺领导的农民起义。淳化五年正月，起义军攻下成都，梓州告急，陈世卿奉命赶回梓州。

梓州被起义军包围，知州张雍命陈世卿守城。一日北风大作，起义军纵火急攻北门，陈世卿登城射箭，射死百余人，北门未被攻破。该州被困80多天，后来由于朝廷援军入川，起义军撤围，张雍将陈世卿的事迹报告朝廷，并让他执掌书记。张鉴出任广州时，荐陈世卿为通判。临行时，皇帝召见陈世卿，赐给绯袍，加封为太常博士。

景德元年（1004年），陈世卿任建州知州。不久，升为福建转运使。因开发南剑州、安仁等地银矿有功，朝廷曾予以奖励。后又调任两浙路转运使。大中祥符四年（1011年）调任荆湖北路转运使。因慈利县发生民族纠纷，朝廷命陈世卿征讨。他在当地两年，团结感化少数民族，“兵不血刃”而使得民族纠纷顺利解决。宋真宗下诏封他为秘书少监，加赐金印紫绶，并出任广州知府。他在任上曾上奏革除计口买盐的旧制，以及外国来华从事商业贸易活动应照章纳税，朝廷准奏。从此，广州财政税收大增，经济开始繁荣。

陈世卿于大中祥符九年（1016年）在广州去世，享年64岁，朝廷特赐陈世卿为吏部尚书衔。陈世卿的灵柩运回家乡安葬。王安石为陈世卿撰写墓志铭。

四、施行德政——罗畸

罗畸（1056—1124年），字畴老，沙县城关人，罗从彦同祖父堂兄。少年时代便蜚声太学。宋熙宁九年（1076年），罗畸高中进士，先后任福州司理、滁州司法、华州教授、太常博士、兵部郎官、秘书少监等职。崇宁年间（1102—1106年），京都郊外的“辟雍”（太学的校舍）落成，朝官奉命作词庆典，罗畸所作居第一，进官一等，以右文殿修撰的身份出任处州、福州、虔州（今江西赣州）等地知州。

熙宁九年（1076年），罗畸登科进士。他任福州司理参军期间，因看不惯上级压制下级而得罪上司使者，萌发退隐还乡之意。随后以侍奉年老父母之名回乡，遍访名医为父母治病，并闭门谢客，专心读书满十年，著《史海》百余卷。

罗畸父母相继去世后，居丧期间，他在父母的墓旁，搭草棚守孝。3年守孝期满，脱下孝服时，罗畸感慨地说：“我对父母亲的侍养还很不够啊，不及父母对我的养育之恩啊，我应当把对父母的孝心化为报国之心。”罗畸便重新入仕，被任命为滁州司法参军。罗畸审理案件十分认真，对以前被判死刑的案件，只要他认为有怀疑的都逐一重新审查，纠错冤案好多起，平反十几个人。滁州的一些同僚很妒忌他，就想诬陷、弹劾他。他以兰花的高洁来勉励自己。据说，他在官署堂前种了很多兰花，并且为之写了一篇文章："予之于兰，如贤朋友，朝袭其馨，暮撷其英，携书就观，饮酒对酌。"好在罗畸的同科的状元、宰相徐铎对罗畸十分了解，他极力向朝廷推荐罗畸。

绍圣二年（1095年），罗畸在滁州任期满后，回京等任命。正好这年北宋朝廷为了考察官员的多种文体的写作水平，特设立词科。据《容斋随笔》载："绍圣二年，始立宏词科，除诏、诰、制、敕不试外，其章表、露布、檄书、颂、箴、铭、序、记、诫谕凡九种，以四题作两场引试，唯进士得预，而专用国朝及时事为题，每取不得过五人。"罗畸在词科应试中取得优异成绩。朝廷原想把他留在京城馆阁任职。但是，罗畸再三要求外放，于是被授予华州教授。罗畸在华州任学官期间定下规矩，讨论孔子学说当以"王者十二旒"为准则。他根据史实对孔庙中"十哲像"的座次排列加以订正。朝廷根据他订正的座次颁行于天下。学生就学要举行"释采礼"（尊孔的一种礼仪）。在他的努力下，华州教育有很大的发展，民风得到敦化。罗畸先后任过太学录、博士、太常博士等职。这期间，罗畸作《蓬山志》五卷，凡是掌管图书的内阁机构即秘书省的历史兴废始末，书中记载清楚，整理得井然有序。

崇宁年间（1102—1106年），太学的"辟雍"校舍落成，数百朝官奉命作词庆典，罗畸所作居第一，进官一等。大观年间（1107—1110年），罗畸奏章三次，请求外调，以右文殿修撰出任庐州知州。不久，又调任福州知州。所到之处，先必问民间疾苦，力革陋习、弊端，秉公办事。

宣和二年（1120年），在家赋闲数年后，已64岁高龄的罗畸出任虔州（今江西赣州）知州。在虔州任期内，他善待百姓，施行德政，"居数月，囹圄亦空"。罗畸几次请辞告老还乡，均未获结果。突然有一天，罗畸在住所溘然长逝，享年68岁。虔州百姓深切怀念罗畸，以至出现"州人为之罢市而巷哭，贫者鬻衣到奠下焉"的现象。宣和六年（1124年）三月初一日己酉，罗畸归葬于沙县傺村先祖坟之侧，留有"宋故殿撰罗公墓志铭"一座。2004年2月22日，在金沙工业园发掘出罗畸墓志铭石碑，共有1332字介绍其生平。

罗畸文采出众，一生著作颇丰，遗著有《讲义》五卷、《芸阁秘录》四十卷、《蓬山志》五卷、《洞霄录》十卷、《文海》百余卷、《道山集》三十卷，可惜著作多已佚失。

五、凿渠疏泉——陈偁

陈偁（1015—1086 年），字居举，沙县城西劝忠坊人。父陈世卿官至秘书少监。陈偁三岁时亡父。后袭父荫补太庙斋郎。任罗源县令时，兴办学校，教平民子弟识字，凿渠疏泉，灌溉农田上千亩，颇有政绩。任惠州知州期间，了解到境内有一湖泊干涸已久，但百姓仍要交纳鱼税，便主持开凿丰湖，恢复渔业生产，使百姓从中得到利益。后改任宿州知州。宿州民风强悍，人喜盗斗。陈偁到任后，严惩坏人，不久，境内便诉讼平息，牢狱无人。奉令又改任开封知府。推行新法时，改任泉州知州。按旧例，泉州港入境的外国商人只能到广东进行交易，否则货物将被没收。陈偁上疏，首倡在泉州设立市舶司。不久因开封陷失青苗钱一案被罢官。泉州士民听到了消息，三日内捐资五十万银两为陈偁赎罪。第二年释放后陈偁出任尉州知州。任内，修筑长堤十里，以防范皖溪水患。第二年洪水暴涨，水位高至堤顶，但没有造成祸害，受到百姓称颂。后改任惠州知州。遇久旱无雨，陈偁教农民用牛车水灌入东湖，使四万顷农田得到灌溉，晚年以朝议大夫告老辞官。

六、“循良”清官——张若谷

张若谷（生卒年不详），字德繇，沙县城关兴义坊人。宋淳化三年（992 年）进士，任巴州、全州军事推官和大理寺丞兼蒙阳知县等职。当时朝廷有专管铸钱的广宁监，每年铸钱四十万贯。张若谷被荐为主监官，一年余所铸钱币超额三十万贯。提升为处州知州。转任江湖、淮南、益州路转运使，江淮制置发运使。调进京城任三司度支、盐铁副使，升至右谏议大夫，后外放为并州知州。过去朝廷每年用丝织品换取少数民族的马匹，前任知州中断了这项贸易，若谷以互通贸易有利于少数民族，有利于朝廷了解边远地区的情况，国家还可以得到战马为由，上疏朝廷，恢复了边境贸易。

张若谷为官清正，不为博取虚名做违背情理、民心的事，所到之处，均留下“循良”的美名。官至尚书左丞。

七、闽沙罗氏始祖——罗周文

罗周文（785—873 年），又名吉，字源达，原籍江西省南昌县柏林里，生于唐德宗贞元元年（785 年）。唐元和六年（811 年）出任邵武县尉（县尉，始置于秦，掌一县的治安。历代均有建置，唐代县尉通常为进士出身的初任之官，并非必须亲自执行捕盗之事，明始废）；元和八年（813 年）改任沙县县尉，初居沙县沙村罗胥垄（今沙县古县村太保庙附近），后随沙县县治的搬迁，举家迁徙至沙县凤林岗（今沙县城关凤岗街道）城西坊，因子孙繁衍众多，居住地后称“罗家巷”（今沙县凤岗街道社区卫生服务中心东边巷道）。罗周文任沙县县尉的唐元和八年（813 年），沙县县治还在沙源地（今古县），早于沙县县治迁凤林岗杨篢坂（今沙县人民政府所在地）的唐中和四年（884 年）足足有 71 年，当时沙县隶属汀州，两地遥遥数百里，鞭长莫及，时局动荡，百废待兴。罗周文到任后，廉以立身，勤以励政，教民尚诗书礼义，抑浮公款侈靡，兴利除弊，以至“一邑之民咸乐其仰事俯育矣”。罗周文卒于唐咸通十四年（873 年），享年 89 岁。死后葬于今梅列区洋溪乡半路洋（土名鸟亭坑）。

罗氏一直是沙县这个古老县城的名门望族，誉满邑里。罗周文后裔人才辈出，历代进士有罗吏伯、罗肆、罗潜、罗觉、罗仲元、罗安中、罗从彦、罗畸、罗荐可、罗革、罗彦温、罗觥、罗博文、罗时用、罗万一、罗明祖、罗英笏等，其中第十二世孙从祀孔庙的罗从彦，著名宋代理学家，在道学史上享有崇高地位，被许多罗氏支系奉为“始祖”或“先祖”。

八、上疏切谏——曹辅

曹辅（？—1127 年），字载德，沙县五都高砂人。宋元符二年（1099 年）登进士，任宁德尉、安丰主簿。政和二年（1112 年），又以通仕郎中词学兼茂科任秘书省正字。政和元年（1111 年）后，徽宗常着便服乘小轿，由几个内臣引导，到宫外去逛妓院，妓院则把皇帝出游之日称为“有排当”，第二天如果来不及返宫，就传旨称有病，不坐朝。开始时，朝中还不知这种事，后蔡京有上表谢徽宗七次临幸之举，此事才被大臣们知道，一味附顺的臣僚们都不敢言语，只有曹辅上疏切谏。徽宗见疏大怒，令宰臣将曹辅押赴都堂审问，随之将曹辅贬为郴州编管。曹辅在郴州六年，安然自若，毫不介意。靖康元年（1126 年）钦宗即位，召曹辅为监察御史守殿中侍御史，以后，又改任谏议大夫、给事中、御史中丞、廷康殿学士、签书枢密院事等职。任职期间，曹辅先后上疏百余道，弹劾因循误国的宰相王黼，反对厚赂金兵，主张“以和为名，以战为实”。靖康元年十二月，在再三反对无效的情况下，曹辅陪徽宗、钦宗赴金营，被扣为人质。伪楚国成立后，张邦昌向金兵要回曹辅。曹辅请求去职返乡，张邦昌不答应。高宗到南京后，曹辅即前往投奔。建炎元年（1127 年）高宗即位，曹辅担任旧职，不久即逝世。归葬于东门外仙舟，后追赠太师、福国公，谥忠达。著有《籁鸣集》十卷，《奏议》十卷。

九、承前启后的闽学大儒——罗从彦

罗从彦（1072—1135 年），字仲素，宋朝南剑州沙县人，著名的理学家、思想家、哲学家、经学家、教育家。他为“闽学四贤”之一，是闽学重要的奠基人之一、朱熹老师（李侗）的老师。他在闽学中的地位是“承杨龟山、传李延平、启朱晦庵”，起到承上启下的作用。罗从彦郡望豫章，后世学人称之“豫章先生”。

罗从彦自幼刻苦好学，先就学于沙县罗氏族学义恩祠，后师从于延平名师吴仪，宋建中靖国元年（1101 年）与陈渊（杨时长女婿）从师于程颢和程颐的嫡传弟子、闽学奠基人杨时。初见杨时，三日后即“惊汗浃背”，惊叹“不至是，几虚过一生矣！”杨时也认为门下众多弟子中，“唯从彦可与言道”。

当杨时在讲解《周易·乾卦·九四爻》时，不由感叹地说：“这个问题伊川先生说得比我更好呀！”罗从彦为了求证，从镛城（将乐）返回家，变卖家中田产充作盘缠，并自带干粮，前往洛阳向程颐当面请教。罗从彦发现程颐所说的与从杨时处听到的相差无几，从洛阳回来之后，从师杨时更为虔诚。自元祐六年（1091 年）至政和七年（1117 年），罗从彦 6 次长途跋涉，登门求教，拜学杨时。经过他 20 余年的潜心钻研，“终得杨时不传之秘”。

政和六年（1116 年），朱熹的老师李侗投书罗从彦，成为罗从彦的门下弟子。宣和五年（1124 年）初，朱熹的父亲朱松也拜罗从彦为师。这样，二程理学经历了杨时、罗从彦、李侗、朱熹四代师承，形成了以朱熹为代表的闽学。

靖康元年（1126 年）罗从彦写成《圣宋遵尧录》八卷。《遵尧录》全名《圣宋遵尧录》，共八卷，四万余言，主要记录大宋开国至宣和末年（960—1125 年）一些“圣君”和“贤臣”的活动和言论，按体例可分为两部分，前四卷主要写宋太祖、太宗、真宗、仁宗四朝皇帝的良言美行，以作为当今皇

帝借鉴和示范作用。后四卷从李沆、寇准、王旦、王曾、杜衍、韩琦、范仲淹、富弼、司马光、程颢等“名辅巨儒”十人的言行，诠释为人臣者如何忠心报国。中间掺杂了作者阐明道义，或讽或议的各种“释言”，主要目的是强调“祖宗法度不可废，德泽不可恃”的主张。最后一部分为“别录”，仅有“司马光论王安石”和“陈瓘论蔡京”两篇。别录采取人物评论的方式，表达对王安石和蔡京的不满。《遵尧录》编排形式较为统一，采取的是先介绍人物的言行，然后罗从彦发表“释言”的方式。“释言”为议论体，分两种类型：一是“臣从彦释”，计三十二条，主要是罗从彦对人物言行的解释；另一种是“臣从彦辩微曰”，计二十四条，是罗从彦对人物的言行发表见解，见解多持批评态度。《圣宋遵尧录》充分表达了罗从彦对政事的看法——治国之道，也充分表现了罗从彦身为底层学子，心忧家国君臣的忧患意识。

南宋绍兴二年（1132 年），罗从彦年逾花甲，以特科进士出任广东惠州博罗县主簿。绍兴五年（1135 年），64 岁的罗从彦博罗县主簿任满，欲起程返乡，突然得病，三日后于病榻中亡故。南宋淳祐七年（1247 年），奉圣旨诏赐谥罗从彦“文质”；明万历四十一年（1613 年），罗从彦牌位从祀孔庙；清康熙四十五年（1706 年），皇帝御赐豫章祠堂“奥学清节”匾额；罗从彦著作丰硕。主要有《遵尧录》《语孟师说》《台衡录》《中庸说》《春秋解》《诗解》《春秋指归》《春秋释例》《议论要语》《诸儒议论》《龟山先生语录》《二程先生语录》《问答》以及诗、记、文和柬牍等，可惜大多已佚失。这些著述结合当时的社会现实去接受和消化洛学，并针对当时吏治腐败的严重状况，强调上位者（君王）进行道德修养的重要性。其中涵盖了罗从彦的政治主张、治国之道、道德教化、修养论上的各种观点。

现存著作有《罗豫章先生集》和《豫章文集》两种，以《豫章文集》十七卷本存世最多。其中，清乾隆十六年（1751 年）重刻出版的《宋儒罗豫章先生全集》十七卷（其中《遵尧录》八卷）收录纪昀主编的《钦定四库全书》。

十、铁面谏议——陈瓘

陈瓘（1057—1124 年），字莹中，号了翁，沙县城西劝忠坊人。22 岁时考取进士，官至二品左谏议。因反对宰相蔡京，而屡遭迫害，与任伯雨等十二三人同时被贬到通州，后与司理吴表臣结为儿女亲家，并留有后人在此地。

陈瓘满腹经纶，一生刚正不阿。他与陈师锡同斥奸臣蔡京、蔡卞，时号“二陈”。晚年辞官为民，著书讲学，因而终，逝后谥号“忠肃”。

宋元丰二年（1079 年）中进士甲科第三名，授湖州掌书记。八年任礼部贡院检点，后相继任越州、明州通判。绍圣初因章惇推荐入朝任太学博士，后迁秘书省校书郎。因与章惇政见不合，被外调任沧州通判，后任卫州知州。徽宗赵佶登位时召为右正言，升左司谏。陈瓘以直谏闻名，但议论持平，多从大处着眼，不触及个人阴私。多次上书进言，力主蔡京不可用。因此被贬到扬州监粮料院。翌年回京任著作郎，再升右司员外郎兼给事中。因与宰相曾布议事多不合，又被外调，任泰州知州。崇宁年间（1102—1106 年）被除名，流放袁州、廉州、郴州等地。后又因其子陈正汇告发蔡京有动摇东宫迹象的事，受连坐下狱。在审问中，京党酷吏李孝寿逼供，陈瓘答语令人生敬。瓘说：“正汇听说蔡京不利国家，我何以知道，既然不知妄证其罪，情所不忍；如果挟私情而迎合其说，又义所不为，不欺不贰故事君教子，岂能在利害之时，有所贪畏耶；对于蔡京的奸邪，必为国家祸害，我早已论之于谏省，岂待延至今日始言。”因此，陈瓘再次被流放通州、明州、台州、江州、南康、楚州等地，他四处奔波，备受摧残。宣和六年（1124 年）逝世。靖康初（1126 年）诏赠谏议大夫。绍兴二十六年（1156 年）赐谥忠肃。著有《了斋集》行世。城西立有“忠肃陈公祠”，即“了斋祠”。

《宋史》“人物列传”中有北宋名臣陈瓘的事迹。在《中国历史名人大词典》中有陈瓘的条目。南宋大儒朱熹在《三朝名臣录》中曾亲自为陈瓘撰写传记，南宋理学家杨时为陈瓘原籍的祠堂撰写《沙县陈谏议堂记》，以示纪念，垂范后人。另据《福建通志》记载，当年蔡京欲将司马光所著《资治通鉴》焚毁，陈瓘据理力争，奋起维护。

元末明初作家施耐庵在《水浒传》中以陈瓘为原型，在第九十七回“陈瓘谏官升安抚，琼英处女做先锋”，第一百回“张清琼英双建功，陈瓘宋江同奏捷”，一直到一百十四回，都对北宋名臣陈瓘的活动情节做了叙述。明代著名作家冯梦龙编写的汇集历史上许多智者的故事《智囊》一书，其中也有《陈瓘料事如神》《陈瓘攻蔡京之恶》等两则故事，其内容均属历史事实。施耐庵在

《水浒传》中写的陈瓘故事虽是艺术虚构，但也说明了人们对他的崇敬和怀念。

陈瓘的诸多著名奏章、诗词、祭文等人选《永乐大典》《四库全书》《南宋文录》《乐府雅词》《宋文纪事》等历史文献及历代各地方志中，体现了他在儒学、理学、易学、佛学、道学诸方面的造诣，决定了其身后的学术地位。

在江苏省南通城里文庙（现文化馆）、狼山准提庵及如皋定慧寺内都曾有“名宦祠”“乡贤祠”“三宗祠”等古迹，供奉陈瓘、岳飞、文天祥等名人。

十一、不畏强权——陈渊

陈渊（1075—1145 年），字知默，初名渐，字几叟，沙县城关人。陈瓘侄儿。从小就被忠肃公陈瓘所器重，经常侍候左右，受陈瓘影响颇深。18 岁时获乡试第一，26 岁时投书从师杨龟山，深得赏识，后成为杨龟山的女婿。与乡人罗从彦为同窗好友，至交 40 余年。李纲谪居沙县时，相与唱和，交好至深。

南宋绍兴五年（1135 年）陈渊因给事中廖刚，中书舍人胡寅、朱震权，户部侍郎张致远等人的推荐，被任命为枢密院编修官。不久，被李纲推荐为制置，主持机宜文字。高宗下诏推举直言极谏之士时，又得到胡安国推荐，绍兴八年（1138 年）赐进士出身，翌年任监察御史，再升右正言。

陈渊学识渊博，敢于直言极谏，有陈瓘遗风。宰相秦桧为了培植党羽，巩固自己的地位，想拉拢谏官来排除异己，曾推荐过陈渊。陈渊对秦桧派来的人说：有责任说话的人不说话，却凭私人的情面废除公正之言，这种事我不能做。当时，秦桧极力主张同金兵议和，陈渊上疏道：“敌方的心意在于作战，在不得已的情况下才跟我们讲和，我方的心意在于和议，在不得已的情况下才与他们作战。我希望能以和作为息战的筹码，以战作为守和的准备。”奏章连上五道，一道比一道恳切。秦桧对陈渊的不顺从十分恼怒，叫监察使陈确转告陈渊说：“陈右省如果稍微缄默就可以提升他。”陈确慨然说道：“陈右省是天下的正人君子，不可以用利害祸福来使他害怕！”秦桧的亲信郑亿年恢复为资正殿学士，陈渊对此表示异议：“亿年虽然是朝廷命官，但是有降贼的丑闻，应该罢免他的职务。”于是秦桧更加厌恶陈渊。左丞相赵公鼎极力排斥和议，但朝中许多官员都顺从秦桧的意见。陈渊力排众议说：“派使者出疆，奉送优厚钱币，更加助长仇敌之势，赵丞相的上奏是对的。”赵公鼎被罢官时，陈渊又极力谏言，上奏道：“赵公鼎可以担起天下重任，望留下他以利于中兴大业。”秦桧听到这件事，说：“这把我放在什么地位？”当时朝中谏官大都是秦桧的鹰犬，唯有陈渊敢于仗义执言，终于被贬为秘书少监兼崇政殿说书。陈渊以回乡省亲为名辞职，后改为宗正少卿。不久，因何铸一事，被罢官，后主管台州崇道观，绍兴十五年（1145 年）逝世，享年 71 岁。

陈渊受到义理的熏陶，为人循规蹈矩，有理有节，有始有终。有的人曾劝他迁就些，以随世立名。他感叹地说：“我只知道对上不辜负天子，对下不辜负所学而已。至于子子孙孙的盛衰，我无暇顾及了。”他的著作有《默堂集》三十卷。

十二、勤政清廉——邓肃

邓肃（1091—1132 年），字志宏，号栟榈，沙县八都邓墩人。自幼聪明。15 岁替人写信给县令，文辞通畅，立论公允，人皆惊奇。26 岁入太学。宋政和七年（1117 年）徽宗赵佶营造“艮岳”，各地官员遍搜奇花异石进贡，称为花石纲，百姓不堪其苦。邓肃上《花石诗》十一章，诤言直谏，被当权者逐出太学。邓肃回到家乡，与被谪监沙县税务的李纲结为忘年之交。靖康元年（1126 年），钦宗赵桓嗣位，在便殿召见邓肃补承务郎，授予鸿胪寺主簿之职。靖康之乱时，邓肃被扣留金营 50 天。他沉着自若，趁机侦察金营的情况。脱离金营后，张邦昌政权要留他做官，邓肃义不屈从，万死一生，奔赴南京，被升为左正言。邓肃上书高宗赵构称“金人不足畏”，建议设立“功赏司”，对有功的人，立即升赏，对贪污误国的官吏，严加法办。邓肃在职三个月内，上疏 20 多道，都切中要害，广被采择。耿南仲曾推荐邓肃，但邓肃不为私情所动，对耿南仲阻南渡之战，抑勤王之兵等误国罪状严加弹劾。不久李纲被罢相，太学生陈东等上书力争，被斩首。邓肃置个人生死于度外，冒死力谏，被送吏部议罪，罢官回归故里。绍兴二年（1132 年）避乱福唐（今福清）时，因病去世，终年 42 岁。归葬于八都（今琅口乡曹元村）后门山。著作有《栟榈集》二十五卷。

十三、孤风凛一生——罗博文

罗博文（1116—1168 年），字宗约，又字宗礼，沙县人，生于北宋政和六年（1116 年，罗氏族谱载生于政和七年八月初三午时），是北宋太常博士罗畸的嫡孙。

罗博文从小拜李侗为师，研读理学，乐而不倦。罗博文治学严谨，谦逊好学，不耻下问。他“尝从李愿中生先游，闻河洛所传之要，多所发明，喟然叹曰：儒佛之异，亡他，公与私之间耳。”罗博文一生服膺“敬说”，并且身心力行，30 岁之前不近声色。

南宋绍兴年间（1131—1162 年）因罗畸奏请，罗博文补将仕郎，授予右迪功郎福建司户参军［注：旧《沙县志》载罗博文为嘉泰二年（1202 年，应为误记）进士］。罗博文负责管理仓库，严格出纳制度，尽除过去弊病，不久升擢为广西静江府观察支使。静江幕府办事无能，罗博文到任后，从容裁决。罗博文处事从不疾言厉色，但却处理得十分得体。罗博文性情平和，听到人家的长处，就乐于称道，仿佛自己不可企及；听到人家的过错，则有所回避，不忍谈论；看到人家患难，犹如自己受苦，必尽全力帮助。当时，正值秦桧当权，时有被排挤的官吏南下途经静江府，罗博文都十分热情厚待他们，以至用尽薪水，变卖衣物。同僚们都十分信服他的为人。因此，罗博文被推荐为右宣义郎，任赣州瑞金县知县。

罗博文在任瑞金知县时，正值当地发生灾荒，盗贼蜂起，社会治安十分混乱。罗博文一方面打开官仓赈济饥民，一方面加强巡查严惩首犯的盗贼，很快稳定社会秩序。县中诸事不管大小，罗博文都亲自处理，不辞辛劳，惠政于民，官威远播。

隆兴元年（1163 年）赵构去世后，孝宗赵昚继位。孝宗用张浚为江淮都督。张浚是著名的主战派，早在建炎年间（1127—1130 年）就提出抗金的策略，主张在川陕地区发展军事力量，牵制金军南侵，借此稳保东南，徐图恢复中原。张浚十分赏识罗博文的才干，召他为属僚。理学大师李侗得知后十分高兴，说：“张公宽宏大量，宗礼清明干练，以宗礼辅助张公，大概政事不会有过失了。”同年，罗博文擢升为通直郎，赏赐五品官服。绍兴五年（1135 年），张浚出任宰相。他推荐罗博文任安徽和州知府。但未上任，正巧另一位南宋力主抗金将军，并且有神童之称的原吏部侍郎汪应辰自请调外，出任四川制置使、知成都府。他也十分敬慕罗博文的才能，上书朝廷召罗博文为他的参议官。汪应辰十分信任和尊重罗博文，军府大事都征求他的意见。罗博文也尽心尽力协助汪应辰处理政务。有一次，罗博文奉命到陕西汉中慰问将士，宣抚使赠送给他礼钱三百万。他实在推辞不了，路过漾州途中时，得知漾州修建贡院缺少资金，便相赠五十万礼钱给漾州修建贡院，其余礼钱全数交付成都府库充公，自己分文不取。罗博文一贯乐善好施，外地的读书人游蜀没有路费回去或死了无人埋葬，罗博文用自己的薪水给予救济。成都在汪应辰和罗博文的同心协力治理下，成为全国治理最好的州府。不久，罗博文被任为承议郎。任满后迁任台州主管崇道观；但不久又被汪应辰召回为属僚。

南宋乾道四年（1168 年）罗博文在四川嘉州与同僚们相聚时，忽然说：我将要死了，好在应办的大事都已经办妥，没有什么可遗憾的了。说完就安详地离世了。罗博文去世时，一贫如洗，身边仅有十几套书。罗博文死后葬于沙县水南河边龙岗山罗家祖茔。理学大师朱熹对罗博文的去世十分伤心，他为罗博文撰写行状（文载《朱子全集》），其中写道："熹既痛公之幸，不及大为时用，又伤吾道之不幸，而失此人也。"并写诗赞曰：

江阁论心地，重来感慨多；故人今已矣，吾道竟如何？
但使穷新得，终当订旧讹；话言虽永隔，吾欲问沧波。
行义逼前辈，孤风凛一生；子平婚嫁了，元亮去留轻。
涪万无归棹，严杨有旧盟；空令同社客，生死痛交情。

十四、鲠亮而有学识——张致远

张致远（1090—1147 年），字子猷，号吴早山人，沙县高桥人。北宋宣和三年（1121 年），张致远中进士，在宰相范宗尹的推荐下，出任枢密院计议官。

南宋建炎四年（1130 年）七月，福建建瓯人范汝为在回源洞聚众起义，福建饥民纷纷响应，不到一月起义军达十余万之众，大败官军。同年十二月，朝廷又派人招安。范汝为接受招安，任民兵统领，统率原农民起义军，驻扎建阳屯田。绍兴元年（1131 年），张致远向朝廷奏报说：范汝为虽然接受了招安，但"犹怀反侧，而招安官谢响、陆棠受贼赂阴与之通"。希望朝廷严加防范。同年十月，范汝为再次率民军起义，并击退辛企宗的进攻，占据建州（今建瓯）；继而进军光泽、南平，攻陷建阳、崇安，转战松溪、浙江龙泉一带。范汝为的起义军声势浩大，震惊朝野。南宋朝廷命参知政事孟庾为福州宣抚使，韩世忠为副使领兵讨伐。张致远作为随军机宜文字，同共前往。因“剿贼”有功，升迁任两浙转运判官。绍兴四年，朝廷任命张致远为监察御史。张致远没有到任，后又改任广东转运判官。

张致远在广东任职时，惠州军贼曾衮作乱。朝廷命韩京率军剿伐。张致远协助韩京做曾衮的招抚工作。惠州的平乱，张致远功绩不小，因为张致远“改为广东转运判官，招抚剧盗曾衮等，贼众悉必降”。

绍兴四年九月，宋高宗起用主张抗金的赵鼎出任尚书右仆射、同中书门下平章事兼知枢密院事。赵鼎不仅重用岳飞、韩世忠等一批爱国将领，有效地组织了军事力量以抵御金兵；还大胆推荐任用张致远、胡寅、魏矼、晏敦复、潘良贵、吕本中等一大批主张抗金，“皆有士望，他日所守当不渝”的官员共同管理朝政。张致远被封为殿中侍御史。当时，江西主帅胡世将请求朝廷让他多征买绢折纳钱，企图以此敛财。张致远上疏反对说：“折纳绢钱应该越少越好，才能宽民力。而现在却要征收的比以往多一半，这不是乘老百姓的危急，来敛财吗?”朝廷采纳了张致远的意见，制止了胡世将的无理要求。

当时的南宋朝廷财力薄弱，国库空虚。张致远认为：国家的财经管理应该“首省节，次及经营”。“聚财养兵皆出民力，善理财者，宜固邦本”。所以，他建议朝廷废除福建食盐专卖制度，把茶叶和盐二官合并；朝廷从三司中选派官员，前往监督，辅佐管理。

绍兴五年，张致远任户部侍郎，后又调任吏部侍郎，不久又复任户部侍郎。张致远针对当时朝廷的奢侈之风，向高宗提出：“陛下想要富国强兵，大有为于天下，就应该诏告大臣。力行省节，明令禁止奢侈；而且要从宫廷做起，从朝廷大臣们做起。”他提议朝廷裁减官员和精简机构，“额员可减者减之，司属可并者并之”。使州县一级不可滥用钱财，结余的钱上交监察部门。监察部门也不能乱用，结余的钱上交国库。只要朝廷不铺张浪费，日积月累，多考虑军备费用。那么，“中兴之业可致也”。

不久，张致远调任给事中。他请求外放任地方官，以显谟阁待制的身份到沿海的浙江台州任知州。当时沿海爆发郑广起义，台州一带由义军控制。因而，朝廷改派张致远任福建福州知事。绍兴六年八月，郑广向朝廷投降。张致远留郑广的部下 400 多人驻守城外，其余的人马命由郑广带领去征剿其他地方的起义军，几个月便剿平了各地起义军。绍兴八年正月，张致远以给事中出任广州知事，不久又授予显谟阁待制。绍兴十七年，张致远病逝。

《宋史》对张致远的评价很高，认为其“鲠亮有学识，历台省侍从，言论风旨皆卓然可观”。

十五、参修《永乐大典》——陈山

陈山（1362—1434 年），字汝静，又字伯高，沙县溪南九都溪口人，洪武二十七年（1394 年）进士。永乐初年（1403 年），任浙江奉化教谕。明成祖朱棣命翰林学士解缙据文渊阁《中秘藏书》编为《文献大成》；又命姚广孝、解缙、王景、胡俨等率国子监、外郡学生员二千余人暨广召天下文人志士，采掇搜罗天文、地理、人伦、国统、道德、政制、名物及日月星雨、风云霜露、山海江河等重要图书文献七八千种，编纂一本集具字书、韵书、类书等综合功用的典籍——《永乐大典》。当时，全国的文人都以能参与编纂此书为荣。陈山也被明成祖征召入京参与编修《永乐大典》。后擢升为吏部给事中。这期间，因父母去世，他按祖制守孝三年。守孝期满后，原拟任广东布政使。正当陈山准备赴任时，明成祖又下诏要陈山留任旧职，主管六科事。不久，明成祖要陈山给皇太孙教授经书。洪熙元年（1425 年）仁宗朱高炽继位时，陈山改任左春坊左庶子，十月任户部左侍郎。宣德元年（1426 年）八月，高熙叛乱，宣宗亲自征讨，陈山和襄、郑二王一同留守京都。宣德二年（1427 年），陈山任户部尚书，兼谨身殿大学士、文渊阁直阁事、领文学士，供职文华殿，任《两朝实录》总裁官。宣宗要为陈山建造住宅，陈山谢绝说：“我有先人旧房，足以遮蔽风雨，一兴土木，就难免劳民伤财。”宣德四年（1429 年），因年老申请辞官告退，没有获准。宣宗下令免于朝拜，又令中官扶陈山进出朝廷。宣德九年（1434 年），先后 4 次上书申请告退，才获准返。返乡途中，于邵武去世。陈山的坟墓在洛溪桥旁，后曾迁至淘金山；陈山夫人的墓在豸角山下，墓前均有石人、石马、石羊等。

十六、宫廷画家——边景昭

边景昭（生卒年不详），字文进，明代宫廷花鸟画师。沙县兴义坊人。明永乐年间（1403—1424 年）被召至京师，任武英殿待诏，至宣德时（1426—1435 年）仍供奉内廷。后为翰林待诏，常陪宣宗朱瞻基作画。他为人旷达洒

三友百禽图

落，且博学能诗。他继承南宋“院体”工笔重彩的传统，其作品工整清丽，笔法细谨，赋色浓艳，高雅富贵。有“花之妖笑，鸟之飞鸣，叶之反正，苞之蕴藉，不但勾勒有力，其用墨无不合宜”之说。边景昭的墨线气力十足，变化丰富，精谨细微，柔韧相宜。边景昭精画禽鸟、花果。他深入生活，体察细微，注重物象的形神特征，边景昭笔下的花鸟，花有姿态，鸟有神采。他画的翎毛与蒋子成的人物、赵廉的虎，在当时曾被称为“禁中三绝”，是明代宫院体画家中影响较大的工笔花鸟名家。传世作品有《三友百禽图》《双鹤图》《竹鹤图》《春禽花木图》。

十七、威震倭寇的“黑虎将军”——邓城

邓城（约1507—1564年），字藩国，号寒松，祖籍福建沙县，先祖在洪武初授安徽滁州（治所在今滁县）百户，历传二世，调福建泉州卫，入籍晋江县（治所今泉州市鲤城区）。

邓城状貌雄伟魁俊，青年时期曾参加明经考试，因言辞质直，针砭时弊，不受考官赏识，转习弓马韬略，常奉檄捕捉贼寇。嘉靖十三年（1534年），邓城中武闱解元，袭受百户世职。因多次击溃海寇、山贼，授中军指挥，升广东省佥书游击把总。

嘉靖三十一年（1552年），倭寇大举入侵浙江、直隶等省，朝廷诏命俞大猷任分守浙江宁波、绍兴、温州、台州等地方左参将、署都指挥佥事，参赞浙江、福建军门戎机，礼聘邓城到军中任职。邓城与倭寇在徐公山、普陀、曾洋、莲花洋、羊山、阳戈桥之间大战，斩首3000余级，威名大震。

不久，倭寇大股入侵江苏松江县、柘林镇等地，俞大猷奉命任直隶、金山卫（今属上海市）副总兵官，领兵讨贼。邓城身冒矢石，士卒无不奋勇向前，克敌制胜。

嘉靖三十四年（1555年），倭寇又大量集结在浙江嘉兴府北部的王江泾，西犯太湖，北扰苏州，俞大猷与敌人在平望、王江泾交战，邓城奉命协力鏖战终日，大破倭寇，倭寇退屯六金坝。邓城又率军攻击，倭寇仓皇渡河遁逃，邓城待敌人渡至河中，挥兵冲杀，又连获大胜。邓城因功擢升通泰（江苏南

通、泰兴两县）参将。

邓城认为倭寇踪迹不定，经过缜密筹划，在沿海伏兵等待。倭寇果然从海上猝然突袭，中邓城之计，伤亡惨重，相诫不敢再犯“邓黑虎将军”。有司列举邓城功绩，表奏朝廷，朝廷诏命通泰参将邓城总帅狼山。

嘉靖三十八年（1559 年），倭寇百船齐至，邓城舟师虽不满 40 艘，仍奋勇击沉敌船无数。倭寇弃船登岸，邓城在白蒲镇、如皋县之间歼灭敌人，人称东南奇功。但当时权奸严嵩把持朝政，凡升总帅的人，必须用重金谢他，邓城认为“恩出自廷命”，不肯行贿，竟被严嵩借故捕送京师，关在诏狱。俞大猷也被诬“金山失律”，与当时因“滦河失警”的蓟辽总督王忬同被关押在诏狱。后来王忬被处死，邓城落职，与俞大猷同被发往边关，在山西云中（治所在今大同市）总督李文进麾下效命。邓城领兵卒千人，大破入侵的俺答（鞑靼首领）军队万余众，再立战功。

嘉靖四十一年（1562 年），倭寇又大举进犯福建，攻陷兴化府（治所在今福建省莆田市）。邓城任福建游击将军，设立水师舰艇，加强沿海防务，扼住倭寇去路。嘉靖四十二年四月，邓城配合俞大猷、戚继光等分道并进，一鼓歼敌，又立赫赫战功。嘉靖四十三年（1564 年），邓城因戎马劳瘁，患病不起而逝，享年约 58 岁，葬泉州东郊桃花山（今属东海镇）。

十八、廉明儒将——罗英笏

罗英笏（1709—1778 年），字槢抡，号茂溪，沙县夏茂人。18 岁时，入武学堂学习。精通用兵谋略。清雍正十三年（1735 年）中武举人。乾隆四年（1739 年）殿试赐武探花，点授御前二等侍卫。乾隆九年（1744 年）授云南维西营参将。乾隆十三年（1748 年）金川动乱，调任抚标参将，承办军务，筹谋划策，曾几夜没有入睡。金川平定之后，皇帝赐御书“福”字给罗英笏，并提升其为贵州定广协副将。乾隆二十年（1755 年）又升任陕西兴安汉羌镇挂印总兵。兴安汉羌一带，处在万山之中，治安十分混乱。罗英笏到任后，整治武备，训练士兵，清理粮饷，德威兼用，军民心悦诚服。三年后，迁往浙江时，当地军民勒碑以示怀念。乾隆二十二年（1757 年）任全浙提督，任期内地方安定。乾隆二十四年（1759 年）任武科会试主考官。乾隆二十六年（1761 年），皇帝召见后，又赐其御书“福”字，加授武显大夫。

罗英笏一生，虽官名显赫，但生活朴素，廉洁持重，举止文雅，颇有儒将风度。晚年被乾隆皇帝戏称为“罗聋子”。乾隆三十年（1765 年），罗英笏告老还乡。回乡后以耕读勤俭勉励后人，不讲用武之事，与族中乡亲和睦相处，享年 70 岁而终。

十九、学科博士——陈绍源

陈绍源（1888—1955 年），字养清，号石泉居士。沙县城关兴义坊人（今李纲中路）。民国 11 年（1922 年）经沙县教育会和沙县县长推荐，被派往法国留学，获得法学博士学位，在医学、教育学、医药化学等方面也颇有造诣。回国后任滇黔绥靖公署陆军医院特种训练班教官和川滇公路管理处军事委员会运输统制局、川滇公路运输局秘书科长、专员等职。陈绍源熟悉多门学科，主要著述有《中国教育史研究》《化学讲义录》《制药化学》等。他在民国 28 年（1939 年）针对日本侵略军使用毒气写成的《毒气学大纲》一书，是国内这一方面较早的军事著作。1986 年，该书被中国军事博物馆收藏。

二十、教书育人三十载——茅乐灿

茅乐灿（1888—1959 年），字景辉，号又杨，又号介眉，沙县富口乡白溪口村人。生于清光绪十三年十二月二十三日（1888 年 2 月 4 日）。8 岁启蒙，15 岁进乡塾。18 岁时，由族中长辈出资，受业于城关岁贡林希唐。19 岁时入延平书院。宣统二年（1910 年）考入福建省立甲种蚕业学校。毕业后任沙县第一高等小学教员。

民国 5 年（1916 年），茅乐灿在沙县首倡职业教育，与同事林又坚各捐献薪金银元 100 元筹办县立第一高小附设蚕业补习学校，并任专科教员。

民国 6 年（1917 年），茅乐灿任沙县第一高等小学校长。后第一高等小学改称县立凤岗小学，仍任校长。民国 11 年在沙县首创女子教育，招收第一批女生。后历任三元中心小学、洋溪小学、夏茂中心小学、和仁镇中心小学和凤岗镇中心小学校长。

民国 35 年（1946 年）春，茅乐灿积劳成疾，因两袖清风，治疗乏资。经沙县旅榕同学会募款救济和沙县卫理医院免费治疗，方转危为安。

茅乐灿大半辈子生活在清末和民国时期，在列强侵凌、军阀混战、内政不兴的环境中孜孜不倦，为发展沙县的教育事业培养了不少人才。他受陶行知的教育理论启发颇深，一生致力于“生活即教育”“社会即学校”“教学合一”和“手脑并用”等学说的实践，曾自撰一联“生活必须平民化，工作莫存利己心”作为座右铭。民国7年（1918年），因教育方面成绩显著，获民国福建省政府嘉禾金质奖章。民国33年（1944年），获国民政府教育部颁发的“服务教育三十年以上的教师”奖状。翌年，任沙县教育会理事长。

茅乐灿淡泊处世，却又热心公益。在洋溪任职期间，洋溪、宝山二乡发生纠纷，双方持刀弄棒，互不相让。他挺身而出，前往调解，平息了一场即将爆发的械斗。民国35年（1946年），沙县政府提名茅乐灿为“国大代表”候选人，他不为所动，宣布自动退出竞选。

中华人民共和国成立初，茅乐灿先后在柳坑、建国等村任冬学义务教员，连任沙县第一、第二、第三届各界人民代表会议代表和第二、第三届县人委会委员。1958年参加《沙县志（未成稿）》编写工作。1959年6月因脑出血逝世，终年71岁。

茅乐灿在教书之余从事著述，遗作有《养蚕常识》《沙县乡土教材》《扫盲三字经》《农民夜校课本》《介眉诗集》《编汇沙县志补充提纲》等。

二十一、“国民党总统府”战略顾问——刘牧群

刘牧群（1905—1979年），原名芳秀，小名挺生，凤岗镇龙池坊人。1941年9月1日任国民党空军第一路司令。1946年任国民党空军训练司令。1948年9月22日，晋升国民党空军少将。1962年退役，转任“中华民国侨资事业协进会”理事，中华航空公司董事。1979年4月19日在台北逝世。

二十二、红土地走出飞将军——张廷发

张廷发（1918—2010年），沙县夏茂镇人，1918年4月9日出生于一个手工业者家庭。1933年9月参加中国工农红军，同年12月加入中国共产主义青年团，1936年11月转为中国共产党党员。

土地革命战争时期，张廷发历任中国工农红军红一方面军第五军团十三师三十七团三连战士、班长、排长、团通信主任，红三十一军九十一师司令部参谋、股长，参加二万五千里长征。抗日战争时期，先后任八路军第一二六师三八六旅司令部参谋，一二九师东进纵队司令部通信科科长、作战科科长，一二九

师三八五旅轮训队队长、司令部作战股股长，一二九师司令部作战科科长、太行军区司令部参谋处处长，其间参加著名的百团大战和多次反“扫荡”战斗。1944 年任太行军区第七军分区司令员，率部参加道清战役、安阳战役、邯郸战役，有力地打击日本侵略者，发展壮大抗日武装力量，为抗日战争的胜利做出积极贡献。

解放战争时期，张廷发先后任晋冀鲁豫军区第六纵队参谋长，晋冀鲁豫野战军司令部参谋处处长、南下大别山支队司令员、桐柏军区第三军分区司令员、中共汉南工委书记、桐柏军区汉南指挥部司令员兼政治委员。在刘伯承、邓小平同志的直接领导下，他参加了邓县、宛西、宛东、襄樊等战役，领导汉南工委成功收编众多民兵武装，表现出优秀的军事指挥才能和组织领导才能。1949 年 5 月，张廷发任中共襄樊地委书记、襄樊军分区司令员兼政治委员，领导进行当地的剿匪、土地改革和巩固解放区工作。

中华人民共和国成立后，张廷发在抗美援朝战争期间任中国人民志愿军第三兵团十一军副军长。1953 年 2 月，张廷发调空军工作，先后任空军第一副参谋长、参谋长、副司令员兼参谋长。1956 年 5 月，参与指挥并成功开辟北京至拉萨空中航线，创造中国航空史上的奇迹。

“文化大革命”期间，张廷发受到残酷迫害，被停职反省。1969 年 10 月和 1970 年 8 月，先后被送往山东鱼台和陕西大荔农场监督劳动，身心受到严重摧残。1973 年恢复工作后，张廷发任空军副司令员、空军党委第三书记，1975 年 10 月任空军政治委员、空军党委第一书记。他与空军党委绝大多数常委一起，同“四人帮”进行坚决斗争，经受住严峻的政治考验。

粉碎“四人帮”后，1977 年 4 月，张廷发任空军司令员、空军党委第一书记。在他任司令员期间，空军圆满完成首次战备训练汇报表演、边境自卫还击作战、华北地区实兵演习和中华人民共和国成立 35 周年阅兵等重大任务。

张廷发是中国共产党第十次、十一次、十二次全国代表大会代表，第十一届、十二届中央委员会委员，第十一届、十二届中央政治局委员，第五届全国人民代表大会代表，1977 年至 1982 年任中央军委委员、常委，在 1985 年 9 月中国共产党全国代表会议和第十三次全国代表大会上被选为中央顾问委员会委员。1955 年被授予少将军衔，荣获三级八一勋章、二级独立自由勋章、一级解放勋章，1988 年被授予中国人民解放军一级红星功勋荣誉奖章。

张廷发是中国共产党的优秀党员，久经考验的忠诚的共产主义战士，无产阶级革命家，杰出的军事领导人。

张廷发离休后，于1990年11月、1993年9月、1997年12月和2003年四次偕夫人回家乡沙县视察，始终关心家乡的经济和社会建设。

2010年3月25日3时58分，张廷发因病医治无效在北京逝世，享年92岁。

二十三、沙县第一位女大学生、女省参议员——邓超岑

邓超岑（1910—1994年），女，字逸之，沙县夏茂人。是沙县最早的女大学生、女校长、女省参议员。

清宣统二年（1910年），邓超岑出生于广西容县（其父邓德潜任广西容县知县）。6岁开始从师问字，民国8年（1919年）入福州陶淑女校读书，随后到北京就读慕贞中学。民国16年（1927年）考入上海东南医学院，为沙县第一个女大学生。毕业后先在杭州南海医院实习，后出任泉州中山医院医师。一年后因病回福州疗养，病愈后在福州挂牌行医，蜚声榕垣。民国24年（1935年），聘为省产育院小儿科医师，后出任福建省民政厅卫生处技士。民国25年（1936年）入南京卫生署专修妇幼卫生，结业后受命创办顺昌县卫生院，任院长，兼任顺昌简易师范学校卫生课教员及校医。其间，与严格结成终身伴侣。民国29年（1940年）春，顺昌简师迁沙县琅口，改名福建省立沙县国民师范学校。邓超岑辞去顺昌县卫生院院长之职，随迁沙县师范任校医兼教学。民国30年（1941年）当选为福建省临时参议会参议员，民国33年（1944年）出任省参议会驻会委员，民国34年（1945年）任国民党沙县党部书记长并膺选为省参议会沙县籍参议员，并同时在沙县西门外、永安开诊所。民国35年（1946年）辞去参议员之职，出任福建省助产学校校长，兼任附属产院院长。

中华人民共和国成立后，邓超岑改任福州高级医士学校副校长、福州市妇幼保健所医师。1959年被错划为右派。1966年被遣送回夏茂洋邦落户。1970年迁居长阜。1979年恢复原职，随即退休，定居福州。1994年2月1日病逝于福州，享年85岁。

二十四、重教典范——严格

严格（1910—2003年），男，字道常，沙县夏茂洋邦村人。生于清宣统

二年（1910年），10岁入私塾，民国20年（1931年）毕业于福州第一高级中学，旋任沙县教育局指导员兼师资养成所教员。民国21年（1932年）就读于上海暨南大学，民国25年（1936年）毕业。民国32年（1943年）4—9月受沙县县长罗树生商请，以省立沙县师范校长之职兼任沙县县立初级中学校长，主持复办县中事宜。民国36年（1947年）2月经县长汤永年聘请，回沙县任县中校长，至6月底完成扩办学校工作，返回福州扬光中学工作。

严格从教长达40多年，先后担任四川内江乡村师范和桂林中山纪念学校教师、省立顺昌简易师范学校校长兼顺昌县立中学校长、省立沙县师范校长兼沙县县立初级中学校长、省教育厅督学、福州扬光中学校长、福州师范和福州幼师数学教师，编有师范学校课本《算术》，函授师范学校课本《算术》《代数》《几何》，供全省师范学校及函授部使用。

1950年，严格被选为福州市临时代表会代表。1980年被选为沙县第八届人民代表大会代表。晚年爱好诗词，曾任福州三山诗社副理事长，编有《严邓古稀集》《沙县历代前人诗词掇拾》《释严白诗选》《严邓杖朝唱和集》《散墨集》《严格九十诞庆诗集》等。

2003年8月24日，严格病逝于福州，享年94岁。

地方风物

一、风景名胜

全县共有6大景类29个景型，占全县旅游资源景点总种类的45%，数量达100多个，山、水、石、林、洞一应俱全，自然地理文化丰富。

1. 淘金山景区

淘金山景区是省级风景名胜区，位于沙县城西约3千米处，紧邻福银高速沙县出口处，海拔501米，山体由浅层酸性侵入岩类的花岗斑岩所组成，总面积约11平方千米。由淘金山、大罗山、大灵峰、马岩山、洞天岩等组成，辟有“琼台浴月”“禅林钟鼓”“三叠岩”“憩崖远眺”“军寨雄风”“卧佛慈光”“木石情缘”“百金图”“十八罗汉”“舍利塔”等景观。山上林木葱郁，奇花斗艳，环境清幽。

淘金山，相传有人在山下溪流淘金而得其名；又云，昔曾屯军，故又名“屯军山”。昔人以山南有莲花峰、西南为洞天岩、西北与燕子岩相望，东北与马岩对峙，顶部有天池诸景，貌似西岳华山，亦有“华山”之称。进入山体，即见华山殿旧址，巨石横卧，形若金龟戏水，妙趣横生。攀登三叠岩顶巅观瞻远眺，沙县城区风光尽收眼底。洞天岩有飞瀑直泻，有“沙阳第一景”之称，历代名流雅士留下多处摩崖石刻仍清晰可辨，旁有一石悬空外逸，形

如蹲蛙，一株虬松横斜在侧，宛如黄山的“迎客松”。景区东边是千古名刹“定光禅院”，“佛光洞”则是著名的惭愧祖师潘了拳悟道之地。

淘金山景点始建于宋，元、明两代形成规模，宋朝抗金宰相李纲曾在此踏青作诗；闽学大儒罗从彦在这里静心修学；明朝中叶，农民起义军领袖“铲平王”邓茂七曾在山顶扎寨安营。宋朝吏部尚书陈世卿、明朝户部尚书陈山、当代张廷发将军等古今名人在淘金山留下众多诗文墨宝。

淘金山上的铁树群，是国内迄今发现的最大的苏铁树群，被称为“八闽一绝”。经有关专家考证，淘金山铁树均为“苏铁”，树龄最长的800—1000年，其中最大的一棵高达5米，宽幅达8米以上，每年都会开花。现代著名篆刻家李苦禅留有“倔强犹昔”的镌刻，赞美淘金山铁树顽强的生命力。1990年，中央电视台播放了《沙县淘金山：千年铁树开花》的新闻。

在淘金山东麓进口50米处有一景点叫“邀月台”，是宋代著名的闽学四贤之一罗从彦的隐居藏修之地，后来著名中国画大师张大千在阴处题刻“邀月台”，这三个大字，遒劲厚重。邀月台高约5米，正面悬崖峭壁，但沿着旁边的石径可从背面登上顶部。从淘金山华严殿（俗名华山殿）西侧沿宋代石阶拾级而上百余步，有一处“桂花坪”，坪上一株径围约2米、高20余米的桂花树，枝干笔直粗壮，树冠墨绿葱茏，根部裸露在地面，盘根错节，造型巧夺天工。据林业专家测定，这株桂花树的树龄在700—900年，是名副其实的“宋桂”，每年中秋节前后开花，馨香如雾，笼罩半座山，长达一个月之久。华严殿东侧有一块巨石，岩石顶部呈长方形，约10米见方，中间有一椭圆形小坑，深约1米，面积约有2平方米，坑中积水，长年不竭，传说当年玉女就用这个石盆洗头，故称“玉女洗头盆”。

淘金山岩石景观中，堪称鬼斧神工的是三叠岩景观。因其岩体上有两道裂缝，把岩石裁为三截，恰似三块巨石叠合而成，故得此名。三块巨大的岩石如屏风兀然挺立，气势逼人，乃淘金山最险峻之处。三叠岩呈东西走向，南傍山坡，北临深谷。谷底林木蓊郁，深不可测。顺着南面紧贴岩体的阶梯，可达岩石顶端。站在岩顶极目眺望，沙溪两岸风光尽收眼底。

淘金山摩崖石刻荟萃，正、行、草、篆等各种字体兼备，多为名家手迹，艺术风格各异，内容有景点题名，山水描写，以及行旅、游宦、隐逸、求仙、咏怀、吊古的诗歌，还有人物画像和佛教经文。石刻周围铁树成群，林木扶疏，古藤缭绕，环境幽雅。

1991年，县政府决定重新开发淘金山，佛教界重建淘金山庵，更名为定光寺，后又改为华严殿。1993年完成石雕卧佛造像。卧佛长38米、宽10米、高11米，目前是全国最大的精雕卧佛，有“华夏第一卧佛”之称，与卧佛后面4千米长的山体绿色大卧佛浑然一体，构成“佛中佛”奇观。至2003年，已经建成华严殿、大雄宝殿、功德堂、斋堂、僧人宿舍、山门等建筑群，占地面积1589.60平方米，建筑面积1717.8平方米。2005年，聘请厦门诚华旅游规划设计研究所编制《沙县淘金山旅游区总体规划》，对山门、服务区、停车场、游步道等功能区进一步完善改造。2010年景区投资5000万元，动工建设9层高70米的佛陀真身舍利塔，在塔内放置1000多尊释迦牟尼佛像，成为福建省最大的释迦牟尼舍利塔，是市民朝圣、观光的好去处。

淘金山卧佛

佛陀真身舍利塔

大灵峰在淘金山东北侧，它集儒、释、道文化一体，也是拜谒孔圣人，欣赏自然风光的好去处。清代各版的县志记载有“大灵山庵在半溪，明大学士陈山读书处”。陈山，字汝静，号伯高，明代洪武二十七年（1394年）进士，任过户部尚书、大学士、太傅，四朝元老，是《永乐大典》五大总裁（编）之一。峰上有龙鼻岩，峰顶有豸角塔，俗名背后塔，宋代名臣李纲把它命名为“豸角秋烟”，是沙阳八景之一。1990年大灵峰寺重建，现还保留有清知州范元扬撰写的墓志铭和数座和尚塔。

2. 大佑山景区

大佑山为火山地质遗迹，位于沙县北部富口镇，距县城 17 千米，面积 12 平方千米，主峰大佑山海拔 1276. 3 米，高耸入云、傲视群峰。地貌呈巨大石柱状，周边发育有一系环形山和环形沟谷。火山岩浆喷发雕塑出无数的幽峡峭壁、象形灵石、天然溶洞。大佑山景区为北宋宝元年间平阳饶氏锦开、锦传、锦辟三兄弟开发，有“寻梅首步”“云封岭半”“孤亭话月”“鹫峰在迩”“曲径禅关”“烟飞汉表”“巍楼滴翠”“玉岩仙拜”“日光天籁”“金鸡唱日”“雪巘漂奇”“慈光普照”12 个景点。山巅普照寺常年香火旺盛，历代文人骚客更将此视为通往天门的福泽之地而吟诗作赋。咫尺相对的小佑山，海拔 811 米，属陆相火山碎屑沉积——火山喷发构造，为典型的火山岩地貌。植被多为原生状态，

大佑山

是集科考、旅游为一体的天然胜景。2004 年，富口镇与沙县志闽（福建）旅游开发有限公司签订《沙县大佑山旅游风景区开发协议书》，完成《大佑山森林公园可行性研究》《大佑山森林公园总体规划》。2005 年 11 月 30 日，《大佑山森林公园总体规划》通过了福建省林业厅评审。建成的大佑山避暑山庄将集观光旅游、休闲度假、户外运动、拓展训练、养生娱乐、会议接待、科普展示、灵山朝拜为一体的综合性生态旅游区。

3. 七仙洞景区

七仙洞位于富口镇佑山山麓、郭墩村佑溪河畔，离县城约 20 千米。溶洞的形成可追溯到 250 万年前，是福建省唯一一个洞内河道与外界河道相连的迷宫式溶洞。因洞内千姿百态的喀斯特景观和七仙女的传说，故被称为“七仙洞”。溶洞系统发育较完善，大致可分为上、中、下三层。上洞发育于薄层灰岩中，沿层面伸延，洞宽 3 ~ 4 米、高 4 ~ 5 米、长 10 多米，洞口一旁建有仙奶庙，周围古木参天。1986 年开采石灰岩时洞庙均遭炸毁，仅留半截洞室。中洞洞口处溶斗底部，洞口顶部悬垂着大型的石钟乳，入洞后直落洞底，流水急泻，沿溪流而行，溶洞展宽，有支洞发育，而后通过一条狭窄的通道，又见一条宽敞的廊道，向上有厅堂两座，崩落的石块较多，并被泥砾阻塞，若沿水流下行，洞身逐渐变窄，无法前进，水流则继续下流，通往下洞。下洞位于佑溪河边，洞内化学淀积物保存完好，石笋、石钟乳、石帘、石幔等琳琅满目，色彩缤纷，千姿百态，神奇古怪，犹如地下博物馆。更为奇妙的是，有一条大型暗河，水深莫测，宽段成池，伸延长达 100 多米，两侧支洞颇多，相互连通，为典型的迷宫，可望与中洞相接，构成地下洞天世界，若能开通地下河道，洞内泛舟，堪称“闽越一绝”。1993 年，七仙洞被确定为省级风景名胜区。

七仙洞

4. 罗岩山风景区

位于南阳乡华村的罗岩山，距离县城26千米，海拔872米。华峰巉岩险峭，山中古木参天，林中鸟语频频，可谓“鸟啼猿不见，花落树犹秀”。罗岩古道是旧时沙县通往尤溪的必经之路，山崖陡峭、怪石嶙峋，千余级石阶盘旋而上，沿途松涛阵阵，古树参天，浓翠逼人，涧流回响，至山腰处有一凉亭，谓曰“落马亭”，昔日文官至此桥下轿，武官下马，今为进山信士、香客歇脚纳凉的地方。

穿过凉亭百米，只见一座悬于悬崖峭壁之上，呈倒刺蛇鳞状的石墙，此为蛇神祠遗址，是珍贵的历史孑遗，更是考证东晋年间闽中盛行蛇神崇拜的有力证据。气势恢宏的罗岩庙在“倒蛇壁”前30米。罗岩庙是道家修行之地，始建年代无史可稽，据现存庙内的一口古钟的铸文落款时间为南宋嘉定六年（1213年），由此可见罗岩庙已有至少800以上年历史，若以罗岩庙为祖庭的福州湖前太保庙始建年——宋建隆三年（962年）计，罗岩太保庙应早于北宋建隆三年（962年），距今至少1055年以上。罗岩庙祖殿坐南朝北，三开间，进深6米余，单檐歇山顶抬架式木结构，小巧玲珑，其屋顶为斗拱木镂塔形花格，异常精致，出自清代工匠之手。跨过祖殿前的古道，就是前殿。前殿昔为凌空架起的二层木建筑，单檐歇山顶，每层面积约80平方米，因年久失修早已破烂不堪，2004年拆除并采用钢筋混凝土框架，从崖底直刀古道路面，高30多米。祖殿的左侧是观音殿，约20平方米，悬山木结构。与观音殿相邻的是二层木楼房，上为客房，下为斋堂，可供30多人食宿。厨房内施工的土垒炉灶，据说该灶源于太保爷神火，因此再湿的柴块进了炉膛也能烧出熊熊大火，所以人们也一直舍不得拆，沿用至今。

罗岩庙供奉三位玉封太保侯王。传说玉皇大帝感动于太保爷生前为保乡邦，吞服毒药，勇斗五鬼的忠烈精神，封其为“英烈太保侯王”，并赐予三昧真火，受香于罗岩，所以民间又尊罗岩庙为太保祖庙。长时间来，罗岩太保以灵验著称，故罗岩庙一直香火鼎盛，朝拜者犹如潮水。每年农历十二月至翌年三月为香火旺季，罗岩古道上人来人往，外地信徒们还敲锣打鼓抬着香炉到祖庙“炒火”，并将“真火”迎回当地太保庙，以庇佑当地五谷丰登、人畜平安，此习俗延续至今。另外，罗岩山风景区还有“祖殿听钟”“古道撑石”“马头夕照”“龙潭清流”“罗岩春雨”“朝阳秋烟”“华峰云海”“雪亭枫叶”等风景区，已经成为观光旅游和善男信女朝圣的好去处。

罗岩山风景区

5. 松柏岩景区

松柏岩原是一座小型火山岩。各处形成大小岩石，有独立奇石，也有三五成景，抑或岩石间垒叠成洞，“洞奇且石异”，堪称一绝。景区因自然生态保持良好，奇石叠立，古木参天，松柏成荫，故名“松柏岩”。

松柏岩怪石嶙峋，不一而足，蔚为壮观处在山巅。山巅巨石硕大平整，称“神龟探海”，亦曰“神龟入海”。近看，乳白石龟脖秘探绿密林间，形象贴切；远眺则石龟出茂林，形似厦门鹭岛鼓浪屿。旁边是官帽岩，外形恰如明代文官的石帽冠顶，令人称奇。官帽岩下侧是村民祀奉仙奶殿，门前左右大石两方，一正一反，极像菩萨“甩”出的“圣珓”，浑然天成，冥冥之中契合神仙之灵验。山石形态各异，皆毕肖，“脸谱”似头像速写；“磨刀石”“试剑崖”蕴含一段传奇；“石仙聚会”则是个个“神仙”欢娱自乐……

立岩石上，凭栏远眺，便是观景的极致。山下梯田次第，农舍错落有致，美若天然几何图案。远处，群山竞势，峰峦起伏，近则微风拂面，衣袂飘飘，令人心旷神怡。

松柏岩景区最高峰海拔约900米，坐落的南霞乡茶坪村，依山面田，绿林屏障，自然风光优美，农林作物四季不同，民俗风情多彩，乡土文化浓郁，是个典型的传统村落。加上松柏岩景区内数座始建于元代或清代的庙宇，并有诸多美丽的民间故事流传，给景区留下丰富的人文底蕴。

6. 罗卜岩自然保护区

罗卜岩坐落于富口镇堆积坑村与山余村交接处，海拔约600米，总面积334公顷。保护区设于1981年。1983年3月，经省人民政府批准，划为福建省省级五大自然保护区（五个保护区分别是武夷山自然保护区、建瓯万木林保护区、三明莘口格氏栲保护区、南靖乐土自然保护区、罗卜岩自然保护区）之一，也是国内唯一以楠木（闽楠）为主要保护对象的自然保护区。其中楠木分布67公顷，楠木占优势的林分面积约23公顷，最大的一棵“楠木王”，胸径80厘米，围径239厘米，高达30米，足有10层楼高度，要几个人才能合抱过来，鹤立鸡群，直插云霄。罗卜岩植物资源丰富。目前已知有维管束植物162科433属807种，包括蕨类植物29科55属91种，裸子植物5科7属7种，被子植物128科371属709种。其中国家Ⅰ级保护植物有南方红豆杉1种，国家Ⅱ级保护植物有粗齿桫椤、金毛狗、榉树、香樟、闽楠、浙江楠、花榈木、红豆树、喜树、伞花木10种，省级重点保护植物有穗花杉、乐东拟单性木兰、沉水樟、黄樟、刨花楠5种。保护区内野生动物资源也相当丰富，已知有兽类17科25属29种，鸟类34科78属102种，两栖类6科22种，爬行类9科23种。其中在保护区内尚有栖息活动的国家Ⅰ级保护种有白颈长尾雉、黄腹角雉2种，国家Ⅱ级保护种有穿山甲、黑熊、小灵猫、金猫、苏门羚、猕猴、鸢、赤腹鹰、松雀鹰、蛇雕、林雕、白腹山雕、白鹇、褐翅鸦鹃、小鸦鹃、草鸮、红角鸮、褐林鸮、领鸺鹠、斑头鸺鹠、鸳鸯20余种。

7. 沙县如意湖湿地公园

湿地公园处在三明生态新城核心区，位于沙县城南虬江街道办3千米处，规划总用地面积400公顷，其中一期湿地景区用地面积约100公顷（水面约

3.33万平方米)，二期森林景区用地面积约300公顷。总投资1.5亿元。始建于2015年1月，由海西三明生态工贸区管委会按照“机制活、产业优、百姓富、生态美”和“山水林田湖草是一个生命共同体”理念建设，以“景观再造、文化融入、品位提升”为原则，以低碳生态为主打品牌，以自然手法整合现有水系、农田、菜园、植被、民居等资源，构建山地式的竹林水乡和海绵城市，建设中最大限度保留原有地形地貌，利用周边原生态山林拓展公园空间，形成十里生态文化景观道和闽学园、农耕园、陶艺园、揽月园等“一道八园十六景”的文化休闲区。

“一道”：

即通过水系脉络将整个湿地景区串联起来，通过合理布置植物景观，融入文化，突显自然生态和文化底蕴，打造“十里生态文化景观道”，形成湿地景区的游览线路。

“八园”：

即在景区中依形就势，规划建园，让园中有景。

揽月园——在揽月山和如意湖范围内，形成主入口园，在主入口建设一座门楼，在揽月山上建一座揽月阁，利用山上现有条件，造些必要的景观，展现名人逸事，主要是三明市域的名人，通过对他们的展示，让游客进一步感受到这方水土的厚重和富含底蕴的文化。

闽学园——通过建园和简要的手法，展示“闽学四贤”杨时、罗从彦、李侗、朱熹的生平简况和闽学文化的相关内容，让游客简要了解闽学的内容，此园与市区建的“沙溪十里闽学文化长廊”相呼应。

游乐园——在现有的湿地景区中进行布局，主要有摩天轮、水上乐园等游乐项目，让游客在这里参加温馨、快乐的项目活动，找到开心快乐的感觉。

民宿园——在园内规划建设民宿，一是征收现有民房进行改造形成民宿，二是在不同区域布建传统风格的民房形成民宿。在民宿中展示民俗文化，体验民宿生活，形成农家乐。民宿风格和风情上，可以是本土的，可以是台湾的，也可以是多民族的，更可以展示世界的。

百花园——在现有的花海区内进行布局，在现有的规划农地上安排分区种上不同季节的各种花卉，可供游客常年在此欣赏四季不同的花卉品种和生态景观，找到赏心悦目的感觉。

陶艺园——此园利用现有空间建有陶艺馆，展示陶艺文化，设有陶艺流程，可让游客在此进行互动，感受传统陶瓷艺术。

百荷园——此园利用现有水系、亲水岸边、自然环境和农田水潭，种植乔冠、种植荷花、养殖鱼虾，融入文化，展示湿地自然景观和生态文化，让游客悠闲赏景，各得其乐，流连忘返。

农耕园——此园中通过现场的互动方式，让游客感受体验农耕生活，如水稻耕种流程、笋竹生产、造纸工艺、农家酿酒工艺等。

“十六景”：

即在湿地景区的八园布局中，根据山水的条件，融入文化，造成生态景观、文化景观，让游客融入自然，感受底蕴。按“十里生态文化景观道”的总体游线进行景点布局。

平湖泛舟——位于主入口处，设有水上游乐的小船和各类水上游乐项目，静中有动，动中有静，泛舟如意湖上去感受湖边的美好景色。看看鲜花、看看绿树，看看白鹭飞翔，看看游人漫步。

幽情小岛——在湖边经过鹊桥或情人桥，进入幽情小岛，情人幽会，相遇、相识、相阅、相悦，留下人生美好回忆。

理道溯源——在如意山上，建一理道亭，在亭内立一大石碑，由龙王六子赑屃驮负，将儒学、理学文化相关内容和代表人物铭刻其上，让游客在此小憩并予品读，从而融入理学、儒学之源，进而感受闽学乃理学、儒学之一脉单传，是其传承和发展。

艺圃新园——通过对原有民宿建筑进行改造，融入当地古建筑元素，选择几幢有特色的建筑作为本地文化、艺术创作爱好者的工作室，静心创作，感受自然山水花鸟的空灵之美。

茶花小镇——在山上种植各个品种的茶花，打造山花烂漫的独特景观。并对附近民宿进行改造提升，陈列茶花等内容图片介绍，让游客了解茶花、看懂茶花、品味茶花、感受茶花之美。

太保圣境——以独具当地特色的太保庙为主体，对庙宇进行修缮维护，让游客体验本土乡村祈福文化内涵，感受中国古典民俗的意境。

开心农场——对具有当地建筑风格的古民居进行提升改造，选择合适的几幢建筑用来给游客提供住宿、餐饮，并在附近规划几处农耕体验园，让游客体验农耕、品味本地饮食文化。

百蝶花海——以花搭台，通过种植不同季节的花卉，让四季都有鲜花开

放。游客可以在不同季节观赏不同的花，尽情游弋于百花丛中，赏心悦目、心旷神怡。

金钩垂钓——临水垂钓，怡然自得，给游客提供静心的休闲场所，同时享受垂钓的乐趣。

净化潜流——位于湿地景区和森林景区的交接处，设立净化系统，净化污水，让涧水更加洁净，进入湿地景区育花草树木，造就生态、激活生命、带来希望。

木栈观荷——在曲曲折折的荷塘上面，感受荷花荷叶的婀娜多姿，体会朱自清的《荷塘月色》中描写的荷花的意境：有袅娜地开着的，有羞涩地打着朵儿的；正如一粒粒的明珠，又如碧天里的星星，又如刚出浴的美人。

花溪叠韵——溪水层层叠叠，水声潺潺；落花随着溪水漂流，跌宕起伏，引人入胜。

竹径通幽——翠竹成荫，漫步在竹林间的步道，夏日微风习习，凉爽畅快；冬日暖阳透射，金丝缕缕，别有一番风味。

云间瀑响——利用如意湖与小溪的落差，打造飞瀑景观，两边怪石突兀，中间飞瀑拾级而下，水花四溅，让人心旷神怡。

崇尚贤心——作为景区游线的“收官阶段”，以三明市域本土文化内容为主题，积淀内涵，感受底蕴。

素月登阁——在揽月山上建设揽月阁，展示文化内容，配上夜景工程，作为整个景区的地标建筑，让游客登高望远，激情山水；中秋赏月，抒发情怀。

8. 马岩生态园

马岩生态园位于沙县凤岗街道西郊马岩，距城区 7 千米。生态园四周群山环抱，绿树成荫，叠泉流水，风光秀丽，地理位置环境优越。生态园规划占地面积 430 公顷，综合开发利用 5.33 万平方米，开辟农业科技体验、科普示范区，教育培训多功能会议区，原生态湿地自然林地生态区，水资源养生、健身区，休闲会所区，健康游憩区等功能区域，是游客休闲度假、会务培训、商务洽谈的好去处。马岩生态园先后被评为省级“乡村旅游”示范点、省级“水乡渔村”、省级“森林人家”、省级“休闲农业”示范点等称号。马岩生态园景区2012年荣获“全国休闲农业与乡村旅游示范点”“全国休闲农业与乡村旅游四星级示范创建企业”和福建省“四星级乡村旅游经营单位”称号，2013年12月被福建省水利厅评为省级水利风景区，成为福建省乡村旅游的龙头单位。

生态园建设实行“总体规划、分期建设、不断完善”的建设思路，分三期进行建设，至目前已投资近2亿元。马岩生态园现已初具规模，功能日臻完善，具备了会议接待、休闲旅游、养生养老、教育培训等功能。在周边乃至长三角地区都有一定的知名度和影响力，先后获得国家级“乡村旅游”及省级“水乡渔村”“森林人家”“休闲农业”和“乡村旅游”等资质认证，并已签约成为北京幸福城康养连锁基地、上海长三角老年专业旅游委员会百家精品旅居养生基地和福州老年学会战略合作伙伴。

9. 沙阳乐园

沙阳乐园——沙县凤凰主题公园

沙县凤凰主题公园是集健身、娱乐、休闲、体育为一体的综合性游乐园。建于1995年，是利用205国道改造资金和部分县财政自有资金在沙县水南凤凰山以南的小丘陵山坡地建成的，规划面积81公顷。1997年12月8日中国沙县小吃文化节开幕之际，沙阳乐园正式向游人开放。2001年通过国家旅游局AA景区检查验收。2005年为迎接沙县建县1600周年，沙县国安（晋江）投资发展有限公司以4A级城市公园标准对沙阳乐园的提升改造方案获得沙阳乐园经营权，建设期3年，建设面积80万平方米。除凤凰主题公园景观、设施的规划建设外，改造方案还包括沙县历史博物馆（民俗馆）、历史文化长廊、水幕等高档次文化设施，以及五星级假日酒店、购物街、登山步道等大型工程建设。其中，凤凰主题公园以半环绕于中心广场的16根高大方形立柱上的16只造型各异的凤凰雕塑为主要标志，每根方柱代表100年，寓意沙县开县已有1600年历史。主雕塑高度38米，宽度11米，是一只立在五朵祥云上引颈高鸣的凤凰，名为“走向辉煌”。

二、文物古迹

依据第三次全国文物普查资料显示，沙县共登录不可移动文物点314处，其中东山、黄山垄、茅坪山尾等新石器时代至青铜时代聚落遗址和古铜场、五官遗址多达70处，还有大量的陶片、石斧、石锛、石镞等生产工具的发现。截至2016年底，沙县先后公布四批文物保护单位22处（其中省级文物保护单位5处），分别是：兴国寺（虬溪试院，始建于唐中和二年，清代重建）、邓光布墓（唐代）、陈了斋祠堂（始建于宋，清代重建）、罗岩庙（始建于宋，清代重建）、洞天岩摩崖石刻（宋1处、清2处）、沙县古城墙（明代）、豫章贤祠（明代）、陈山寨（明代）、陈山墓（明代）、陈山夫人墓（明代）、王敬父母墓（明代）、前村僧人墓（明代）、进谷桥（明代）、沙县城隍庙（始建于明，清代重建）、将军祠（邓光布祠堂，清代）、罗邦塔（清代）、文昌宫（清代）、石镇桥（清代）、桃源洞（清代）、陈氏大厝（清代）、水美土堡群（清代）。历史文化名村有凤岗街道水美村、虬江街道茶丰峡村、夏茂镇罗坑村、西街村、李窠村；红色文化村有夏茂镇东街村、富口镇荷山村、湖源乡城前村。沙县博物馆现有馆藏文物800余件（其中二级文物4件，三级文物420余件），此外，还有尚未公布的文物点292处。

1. 聚落遗址

东山遗址：位于郑湖乡高地村，属新石器时代。采集有石锛、陶纺轮等实物。

黄山垄遗址：位于夏茂镇罗坑村，属青铜时代。采集有陶豆、陶罐等实物。

茅坪山尾遗址：位于夏茂镇李窠村，属青铜时代。采集有砺石、石锛、石镞、陶纺轮等实物。

2. 古铜场遗址

位于沙县高山岩（瑞云塔遗址）西侧山脚下的山坳里。据《福建冶金工业志》记载："福建省铜矿采冶历史悠久。春秋战国时期，闽越族人已开始使用青铜器。唐朝建安、尤溪、沙县、长汀、邵武等地有铜矿采治场。”康熙版《沙县志》记载：“唐时，在九都古县有铜场，此为沙县最早的冶金业。”在20世纪五六十年代，福建省地矿部门在此进行矿藏调查时发现，在古铜场遗址废弃土层中，含有大量的铜、铁元素，由此可以证实古县古铜场的存在。

古铜场遗址

3. 五官遗址

五代时期，闽越王驻军洛阳里（今沙县镇头至南阳一带），建越王寨，开设了军路、军坪、军坝、军亭、军桥，俗称“五军”，并在镇头文昌宫门前左侧立一块石碑记载“五军”名称。后来闽越王感到“五军”杀气太重，遂改名为“五官”，即“官路、官坪、官坝、官亭、官桥”，并将石碑上的五个“军”字删除，添上五个“官”字，该石碑在中华人民共和国成立初期遗失。除官路因水泥硬化被覆盖外，官坪、官坝、官亭、官桥遗址尚存。

洛阳里“五官”之一：五代时期官路遗址（即镇头街，原路面用鹅卵石铺砌而成，2002年已改为水泥路面）

洛阳里“五官”之二：五代时期官坪遗址。位于今镇头村吉祥寺下。当年闽越王驻军洛阳里，为了操练兵马，把上百亩山坡开辟成梯田状的层层大坪，称为“官坪”；坪中设有演武台，供将军训话

洛阳里“五官”之三：五代时期官坝遗址。位干都督桥南约 **200** 米处

洛阳里“五官”之四：五代时期官亭遗址。位于今镇头村西水漈坑边

洛阳里“五官”之五：五代时期官桥遗址。位于今镇头村西虎坑山脚

4. 文保单位

（1）古县城隍庙

古县为沙县开县时“沙村县”县治驻地。古县城隍庙由前殿、正殿、后殿和广场组成，总建筑面积1600多平方米。东晋太元四年（379年），朝廷在延平县南乡“沙源地”（即今凤岗街道古县村）始设沙戍，是一个军事重镇。当时的镇守官员将中原一带城池及百姓的保护神城隍爷（纪信）的神像和香火供奉在军营之中，这便是古县城隍庙的雏形。刘宋元嘉年间（424—453年），沙戍升格为沙村县，在军营西侧建了县治所（办公地点）。不久，军营原址即被改建为城隍庙。古县城隍庙正殿中堂案座上端坐城隍爷纪信的神像，案座前左右两边的龙帐后分别供奉谢必安、范无救二将军（俗称“黑白无常”）。当地一直保留着“先有古县、后有沙县，先有城隍爷、后有县太爷”的说法。

（2）沙县城隍庙

沙县城隍庙位于沙县城东段前街靠河边路北，隶属道教，系一座祭祀地方神城隍的庙宇，为迄今全省乃至东南诸省保存最完整的一座城隍庙。始建于明洪武二年（1369 年），清乾隆九年（1744 年）重建，嘉庆、光绪年间均有修葺，1992 年对大殿、厅廊落架大修，至今已有 640 多年的历史。

古县城隍庙 1600 年树龄的小叶榕“榕包朴”

沙县城隍庙

城隍庙建筑布局宏阔大方，设有一个仪门、二厅事、两廊庑和一座小巧玲珑的演戏台，并构筑若干辅助性设施，面阔 40. 3 米，进深 97. 7 米，建筑面积 2890 平方米，总占地面积 6400 多平方米。山门面阔三间，进深四柱，抬梁穿斗式木构架，重檐歇山顶。中殿面阔五间，进深八柱，穿斗式木构梁架，悬山顶。倒座抱厦面阔、进深各一间，抬梁式木构梁架，歇山顶。抱厦建在较高的台基上，面阔三间，进深两间，抬梁式木构梁架，歇山顶。抱厦两侧各建九间厢房。大殿面阔五间，进深九柱，抬梁、穿斗式木构架，歇山顶。在营造上颇有地方工艺特色，结构坚固，布局合理，是沙县保存最完整、规模最大的清代建筑。在民国时期和 14 年抗战期间见证了时代的坎坷与磨难。1991 年 9 月，移交沙县博物馆管理，经向上级申请拨款进行维修后逐步恢复原貌。1996 年 9 月，被福建省政府公布为第四批省级文物保护单位。2001 年 3 月，移交沙县民族宗教局管理。

（3）兴国寺（虬溪试院）

兴国寺位于沙县实验小学校园内。原名“中兴寺”，始建于唐中和二年（882 年）。旧时，东边一墙之隔为赞化宫，寺前与文昌宫连成一体，西与孔庙相比邻。宋太平兴国三年（978 年）宋太宗赐匾改称“兴国寺”。清嘉庆十三年（1808 年），寺毁于火。清光绪十四年（1888 年）重建，又改为虬溪试院。宋宣和元年（1119 年）六月，李纲因上书议论朝政，被贬沙县任管库，因“官廨陋甚不可以居，而居兴国寺佛宫”。李纲命工匠将兴国寺的西轩整治一新，并命名为“寓轩”。从此，兴国寺因是宋代抗金名相李纲的谪居处而得以声名远播。清道光七年（1827 年），知县孙大焜恐前事迹湮没无存，于嘉庆十三年在兴国寺前勒碑为记，碑高 1 米余，上书“寓轩故居”。现只剩断碣残碑，由沙县博物馆收藏。民国 2 年（1912 年）改为县立第一高等小学校舍。1934 年 1 月 25 日，彭德怀司令员、滕代远政委、杨尚昆副政委率领中国工农红军东方军三军团攻克沙县，在兴国寺宣告成立中华苏维埃共和国沙县革命委员会，并在此召开庆功大会。兴国寺墙边至今尚存一棵彭司令当年拴过战马的橄榄树。1951 年沙县一中迁址于此，直至 2015 年，沙县实验小学改迁于此。

虬溪试院

豫章贤祠

兴国寺占地 480 平方米，典型的宫殿式建筑。主殿为单檐悬山式九开间建筑，木构梁架，髹漆雕填，色彩纷呈，省内罕见。兴国寺原有三进，现存大殿及殿前两侧厢房，坐北朝南，面阔 33.5 米，进深 25 米，做法规整，布局合理。

1984 年，兴国寺被列为沙县首批文物保护单位。2005 年，兴国寺（虬溪试院）被省政府公布为第六批省级文物保护单位。

（4）豫章贤祠（罗从彦纪念馆）

豫章贤祠位于沙县城西马坑劝忠坊曲尺头（即今罗从彦纪念馆处，沙县城关西门南路 346 号），旧属沙县城西劝忠坊，为明嘉靖八年（1529 年）延平府推官徐阶倡议迁移此地的。崇祯六年（1633 年），罗从彦二十七代裔孙罗明祖（字宣明，号纹山。明崇祯四年进士，曾任华亭知县、浙江萧山知县等，有《纹山全集》十八卷留世）重修，光绪二十九年（1903 年）再次重修，1993 年辟为“罗从彦纪念馆”。该馆坐北朝南，平面呈凸字形，布局近似四合院，在中轴线上依次为门屋、厅堂、院子（天井），两侧廊庑。厅堂为面阔三间，抬梁，穿斗混合构架，重檐歇山顶。两侧山墙，后檐清水墙。大门前左右两侧主柱镶嵌着一幅“潜思力行懿德重八闽，奥学清节高风垂九州”楹联，概括了罗从彦一生的功绩；该馆建筑面积 621 平方米，占地面积 1827 平方米。从整体建筑形制和结构来看，是三明地区现存厅堂建筑中等级较高的一处。2005 年 5 月，豫章贤祠（沙县罗从彦纪念馆）被确认为“福建省第六批重点文物保护单位”。

豫章贤祠不仅是人们瞻仰闽学大儒罗从彦的绝佳场所，还是对学生进行历史文化和乡土文化教育的第二课堂，越来越受到当地政府、文化研究者和教育工作者的重视。豫章贤祠先后被列为三明市委宣传部、三明市社科联“三明市科普教育基地”；沙县纪委“廉政教育基地”；沙县妇联、沙县团县委“家风家训教育基地”。

（5）陈氏大厝（孝子坊大院）

坐落于沙县虬江街道茶丰峡村大水湾自然村，距县城 9 千米。陈氏大厝建于清道光九年（1829 年），为沙县清代贡生陈宗诰旧居，今由陈氏后裔居住，有 180 多年历史。

陈宗诰为乾隆年间“选魁”（乡试前五名）贡生，被封“儒学正堂”。相传陈宗诰年轻时好学多才，对儒学、孝义极有研究。因推行以孝道理论治理国家，被当时清朝地方官员推荐至朝廷，在道光十年获朝廷嘉奖，奖励双龙“孝子”石牌。陈宗诰后人建成孝子牌坊，将石牌镶嵌于坊上，亦称“孝子坊大院”。

该建筑平面呈矩方形，坐南朝北，抬梁、穿斗式木构梁架、悬山顶，面阔 96 米，进深 94 米，占地面积 8980 平方米，建筑面积 3690 平方米，共有房 100 间。原由外坪、矮围墙、牌楼、内门楼、下堂、廊庑、天井、中堂、后堂、后花台及东西护厝等组成。平面布局分内外院，内院前墙中间设大门，两侧砌封火院墙并安边门。院内由三座并列各三进两天井建筑组成，天井两侧设厢房；内院墙外各建两排护厝及外院墙；院背后东西两角设有水井两口，为院内住户饮用（其中一口今尚在使用）。在外院墙西南角山边建一碉楼，用于防御、瞭望。现内院建筑及西面护厝保存较为完好，东面护厝无存，四周外院墙已毁（据陈氏后裔回忆外院墙于 20 世纪 60 年代拆除，大门在“文革”破“四旧”时拆除）。碉楼仅存南面部分夯土墙。

陈氏大厝

院内随处均可看到精美的木雕，诸如“喜（鹊）上眉（梅）梢”“封侯（猴）进禄（鹿）”等，雕工精美、栩栩如生。特别是正厅抬梁蜀柱上的“寿”和“福”字，更是龙飞凤舞。有保存完好的清乾隆三十九年（1774 年）立的“选魁”牌匾、清道光十年（1830 年）闽浙总督孙尔准、福建巡抚韩克均、知县孙大焜等 15 人奉吉旌表贡生陈宗诰立的石碑一方，“孝子”石雕一方。

孝子坊建筑规模宏大，建筑结构独特，为沙县迄今发现规模最大、且保存基本完好的清代古民居。2005 年被列为省级文物保护单位，县、街（虬江街道）、村三级筹资对该建筑进行整修，并修复部分外院墙。

（6）水美土堡群

水美土堡位于沙县城西 7.5 千米处的凤岗街道水美村“岭美乾”盆地，一进入村口，三座土堡映入眼帘。

水美土堡“双元堡”（慎修堂）

据族谱记载：土堡于清道光九年（1829 年）由安溪蓬莱张氏移居沙县九都的子孙率族人开始建造，耗时 33 年，于同治元年（1862 年）建成三座土堡，取名为双吉堡（敬德堂），双兴堡（致美堂），双元堡（慎修堂）。

水美土堡建筑布局严谨，结构独特，每座建筑内各房间屋舍相连、曲径相通，梁窗雕刻精美，其外可御敌防寒，内可聚族而居。土堡周围青山环抱，洋面开阔，是沙县现存最大的土堡建筑群，可与闽西客家土楼媲美。2005 年，被确定为第四批县级文物保护单位。

双吉堡（敬德堂）建于清道光早期，平面前方后圆，坐北面南，占地面积 1090 平方米，四周砌墙，墙内为合院式建筑，合院两侧建护厝，横向设厅与上下堂相连，形成窄长天井。上下堂均为穿斗式构架，彻上明造，悬山顶。现四周墙体坍塌严重，仅残存正面部分砖墙，但堡内木构建筑保存较好。

双元堡（慎修堂）于清道光晚期安溪县岭美张氏迁沙后裔按福州官办设计局提供的图纸建造，同治元年（1862 年）竣工。占地面积约 6000 平方米，依山而建，坐西朝东，平面布局前方后圆，外墙分上、下两层，以花岗岩石砌地基，厚约 350 厘米；上部夯土墙，厚约 80 厘米。堡东面设一大门，门上镶嵌一石匾，题刻“奠厥攸居”四字（语出《尚书·盘庚》，意为奠居正位），东西各设偏门，均有题刻石匾。堡内为木构三进二天井合院，台地以花岗岩石为边为阶，内填三合土，柱础及大梁均精雕细刻，厅堂居室共 99 间。两山砌封火墙分隔。山墙两侧各建两排护厝（外排建二层楼房），堡前两角及后中间建有碉楼，外墙四周遍设枪眼及“水槽”，堡内设防卫廊环绕，有水井一口，储足粮食时可数月不出堡。

双兴堡（致美堂）建于道光晚期至咸丰年间。平面前方后圆，坐南朝北，占地面积 3152 平方米，堡四周下部砌石，上北面安正门，东西面安随墙，内为四合院式建筑，合院两侧建护厝。堡内全木结构，建筑顺应山坡地势前低后高，堡前两前角建有碉楼，外围墙设枪眼及“水槽”。堡正面墙体及门楼已坍塌。

（7）将军祠（邓光布祠堂）

将军祠

将军祠又称邓光布祠堂、灵卫侯邓公祠，位于沙县城关水南凤凰山下。邓公祠始修于北宋宣和五年（1123 年），明两度损毁，明万历十六年（1588 年），后裔邓焜聚族重修；崇祯年间，遭寇焚毁；清康熙三十二年（1693 年），邓氏后裔文修、天羽等又聚族重建。1995 年，祠前 205 国道拓宽加高，遮挡祠容，再次迁修。依城规要求和不改变古建筑原貌原则，将军祠由原址向东移 13 米，南移 7 米，垫基高 2.9 米。占地 688 平方米，建筑面积 390 平方米。将军祠坐南朝北，上下两幢，大殿与前厅，木结构穿斗式建筑。祠内重塑邓光布将军巨像，修复牌楼，厢房、围墙诸建筑，增设邓氏后裔名人馆，荟萃古今楹联，并设门前石狮，典雅肃穆。

5. 历史文化与红色文化名村

（1）凤岗街道水美村历史文化村

水美村位于凤岗街道东南部，海拔203米，四面群山环抱，中有古道蜿蜒，与沙溪之水相连接，村落格局完整，全村面积7.7平方千米，下辖3个自然村678人。

水美村传统建筑多依山面朝盆地而建，以上下堂横式类型为主，前后两堂与左右厢房、横屋等形成合院式内部空间，左右舒展，与周边低缓山丘融合过渡；围绕村落中央山的左右两翼，是三座略呈“品”字形格局分布的土堡建筑，建成于清朝道光至同治年间，因其保存完整且建筑技艺超群，已整体列入省级文物保护单位。

三座土堡按其建成年代早晚，分别为双吉堡、双兴堡、双元堡，均系村中张姓族人所建。土堡属围龙式，前方后圆，四面砌有堡墙，因处于山地之上，依地势上升，显得层层叠叠，依山傍田，气势宏伟。其中面积最大的双元堡占地面积6000平方米，建筑面积5100平方米；堡墙高7.9米，堡内为三进两横府第式建筑，在前堡的两角及后圆正中构有角楼，与遍布堡墙的射击孔构成坚固的防御体系。

水美土堡建筑装饰艺术精致讲究，无论是木雕、石雕、壁画，还是柱础石雕、天井花台，甚至是“三合土”地面等，处处表现出传统建筑技艺的魅力。

（2）虬江街道茶丰峡村历史文化村

茶丰峡村位于沙县城南，辖4个自然村254户、988人。古民居陈氏大厝，又称孝子坊，坐落大水湾自然村，是清代沙县贡生陈宗诰旧居，现由陈氏后裔居住。该大厝始建于乾隆年间，历经三代，至1829年得以完工，是沙县境内所存的最大古民居，且保存基本完好，平面方形，坐南朝北，占地面积8980平方米。主院由封火山墙围护的左、中、右三列院落组成，正堂明间为七架抬梁，次间为穿斗式，其余各堂明间设厅，次间置耳房，穿斗式构架，悬山顶。主院之内，木雕精美，院墙外，各建两排护厝及外院墙，西南角山边建有碉楼，用于防御、瞭望。2005年列为省级文物保护单位。

（3）夏茂镇罗坑村历史文化村

罗坑村位于夏茂镇南，辖3个自然村384户、1468人。先后有严姓、高姓、蔡姓、谢姓先人在此繁衍生息，已有上千年历史。明清时，谢姓一家独大，严姓、高姓远走他乡，村子进入鼎盛时期。那时，村内有四座舂米作坊，酿酒坊、面馆、烟馆、圩场、戏台、赌场、烟行……一应俱全，且酿酒业发达，是夏茂冬酒发源地。

旧时古民居主要有竹竿厝、三拼厝和库厝3种类型。竹竿厝一般由厅堂、厅房、后房、厨房依次相连，用板壁相隔，比较简陋，多为小户人家居住。三拼厝一般由左边厅房、后房、右边厅堂、后阁以及其后厨房等几个部分组成，多数为中等人家。库厝则为村里富商住宅，多建于清，为清代宅第类建筑，有蔡厝、长厝、下行厝、魏厝等，已有200多年历史，为其精华所在。它们吸收了徽派建筑和江浙民居特点，采用砖、石、木结合构造。其布局以中轴线对称分布，中间为厅堂，前面有天井，两侧则设厢卧房。厅堂是整个宅屋主体部分，主要作为迎接宾客、举办红白事和祭祀祖先活动场所。在长厝，有一块奇特石头，长约70厘米，高度、宽度约40厘米，外形看去是一块普通的风化石，但石头表面有一条鱼形图案，与整块石头融合得天衣无缝。尽管年代久远，图案已残缺不全，但鱼的头部、身子和尾巴，依然惟妙惟肖。

村里的罗坑庙由大雄宝殿、古戏台、魁星楼、文昌帝君殿等建筑组成，始建于明初，建筑整体保存较好。明正德十三年至嘉靖二年（1518—1523年），沙县县令何亦尹改建为社学，故又名桃源社学。现存建筑占地面积约1800平方米，其中大雄宝殿为清道光二年（1822年）重新修建，坐南朝北，台梁穿斗混合结构。2005年确定为县级文明保护单位。

被录入《中国音乐文物大全》的古戏台，坐北面西，木结构建筑，顶设八角藻井、重莲及海漫天花，髹漆雕填，五彩纷呈，成为村里重要文化活动场所。每年农历二月十九日，邀请越剧团或夏茂镇女子文艺队在此演出，使古戏台焕发新活力。

（4）夏茂镇西街村历史文化村

西街村位于夏茂镇西面，村域面积5.35平方千米，下辖16个村民小组730户、2980人。村中传统建筑以上、中、下堂纵深式类型为主，部分为上、下堂、两侧厢房合院式布局，多建于清朝年间，保存较完整。南面有书院、商铺、邓厝巷、罗厝古巷、邓厝巷南码头、石桥古码头，北面有古井、民居，现名为红旗路、五一路等街巷码头，整体风貌、平面布局基本保留了明清时期风格。在第三次全国文物普查中，共登录有不可移动文物30处，包括古建筑23处，古井1处、古巷2处、古墓葬2处。茂溪河至今保留有建于明代的码头2处。

（5）夏茂镇李窠村历史文化村

李窠村位于夏茂镇西北部，距集镇约2千米，下辖3个自然村307户、1211人。主要遗存有茅坪山尾、石峡窠青铜时代遗址；宋代驸马墓（陆文升墓）；明代洪门朱老孺人墓；清代张世坤宅、万财宅、万权宅、神兴庙等。

（6）夏茂镇东街村中央红军村

东街村位于夏茂镇东部，村域面积13.5平方千米，辖5个自然村1037户、3497人。为三明市首批“中央红军村”。

1928年，在夏茂建立了三明区域内第一个党支部——中共沙县特别支部，并由此打通沙县经夏茂到建宁、泰宁苏区的地下交通线，建立由福州到闽北的交通站。1933—1934年间，东方军两度攻占夏茂，进行土改分田，许多劳苦大众积极报名参加红军。当年15岁的张廷发就是在此期间参加红军，踏上革命道路的，在70多年革命生涯中功勋卓著，1955年被授予少将军衔，获三级八一勋章、二级独立自由勋章、一级解放勋章，1988年被授予中国人民解放军一级红星功勋荣誉章。同时，东方军还帮助组建一支拥有500多人的地方武装，不久组建成闽中独立营，后又发展为闽中独立团，活动区域延伸至将乐、顺昌等地。

东街村主要红色遗址、遗迹有中共沙县特别支部活动旧址、红军标语、革命烈士纪念碑等。主要文物古迹有山尾山、张厝山青铜时代遗址，遗迹俞括墓和长坪罗维湖宅、罗光权宅、罗维设祖宅、罗光秋祖宅、罗维木祖宅、林氏祖厝、洪氏祖厝、文昌宫、洪氏宗祠、林厝巷等。

（7）富口镇荷山村红色文化村

荷山村地处镇西北部，距县城34千米，辖2个自然村339户、1437人。

1933—1934年间，彭德怀、杨尚昆等率领中央红军东方军驻扎于荷山村，设立红军司令部、通讯部、造币所、医院、作战指挥部等机构，下达“三军团进攻沙县”命令；帮助建立荷山区苏维埃政权，组建农会、赤卫队、儿童团等组织，村中有4人参加红军、近70人参加赤卫队和儿童团，开展了轰轰烈烈的打土豪、分田地运动。后来，群众为缅怀革命先烈，在村口哨卡原址上修建了一座“红军亭”，在红军汲水处和3名战士安葬处立碑纪念，并分别命名为“红军井”和“红军墓”。解放战争时期，荷山是闽赣边游击纵队主要根据地之一，闽赣边地委成立后，林志群等人以荷山为据点，开展了长期革命斗争，成为闽中游击队、南沙尤武工队的重要活动基地。

主要红色遗址、遗迹有红军亭、炮台旧址、红军医院旧址、红军造币所旧址等。

（8）湖源乡城前村红色文化村

城前村位于湖源乡北部，距乡政府仅 0.6 千米，土地面积 820 公顷，辖 12 个村民小组，共 417 户、1838 人。

1934 年 5 月 29 日，中国工农红军第七军团第十九师与拟从杉口（今三元区辛口）经湖源前往沙县的国民党军刘和鼎第八十师二三九旅在湖源遭遇，红军在地形不利情况下，兵分三路向敌发动猛烈攻击，战斗一直持续到黄昏，红军以伤亡 300 余人的代价赢得战斗胜利，共俘敌 800 余人，毙伤敌 500 余人，缴获大批军用品。湖源遭遇战是第五次反“围剿”中红军在东线取得的一次大胜利。

城前村主要红色遗址、遗迹有湖源战斗遗址、红军标语遗存、红军烈士纪念碑等，主要文物古迹是清代忠兴堂、龙兴祠。

6. 古建筑

沙县古建筑类文物具有闽中特色，以明、清时期防御性古建筑为主，它以规模宏大、类型多、结构复杂、内涵丰富而出彩；祖屋类建筑精致实用，集围屋、土堡特色的防御性建筑厚重。从建筑的平面布局、立面效果、建筑结构、建筑特征、装修和装饰艺术等方面来看，这些古建筑融合徽派建筑、江西围屋、福州民居等各类型建筑语言和建筑符号，形成具有沙县地域风格的古建筑体系。

（1）庙宇寺观

沙县城隍庙　详见前文保单位沙县城隍庙。

罗坑桃源洞　位于夏茂镇罗坑村，又称“罗坑庙”。由大雄宝殿、古戏台、魁星楼、文昌帝君殿等建筑组成。始建明初。明正德十三年至嘉靖二年（1518—1523 年），沙县县令何亦尹将其改建为社学，故又名桃源社学。现存建筑占地面积约 1800 平方米，有大雄宝殿、魁星楼、古戏台等，其中大雄宝殿为清道光二年（1822 年）重修，坐南朝北，西阔七间，抬梁穿斗混合构架，歇山顶。古戏台，坐北面南，顶设八角藻井、重莲及海漫天花。建筑整

罗坑桃源洞古戏台

罗岩庙千年古钟

体保存较好。

坂山天湖山寺 位于青州镇坂山村天湖山。据梁架上墨书记载“光绪丁亥年（1887年），辛未月己未日丙子时重建”“大清光绪十三年（1887年）岁次丁亥孟冬日重建”。由前坪、下殿、廊屋、天井、正殿等组成。20世纪90年代末重建。

华村罗岩庙 位于南阳乡华村罗岩山山腰，危崖峭壁，层楼叠宇，远远望去，极似悬空寺。罗岩庙始建年代据庙内现存一古钟的铸文落款时间为宋嘉定六年，可推断该庙始建年当在公元1213年之前。庙内现存建筑具有浓厚的宋代风格。清嘉庆年间，延平郡守广公善祈于庙，分香火，平虎患，寺庙修缮。1983—1985年南阳乡民间集资，进一步修复、扩建。长期以来，罗岩庙香火鼎盛，朝香者如潮。每年农历三月初三太保公圣诞，罗岩庙更是挤得水泄不通，人流昼夜不息。

李窠神兴庙 位于夏茂镇李窠村，“大清光绪己亥二十五年（1899年）重修”。由戏台、天井、两侧看楼、大殿组成。

盖竹云庆庵 位于富口镇盖竹村，明崇祯癸未年（1643年）建，清乾隆、道光年间，2011年、2013年、2014年分别有不同程度修缮。云庆庵由围墙、门楼、门厅、戏台、观廊、天井及大殿等组成。其长24.6米，宽16.7米，四坪三植结构，前半部为两层楼房，古戏台相连一体，中间天井，天井下有一水井，看台分列两侧，男左女右。后堂正殿供奉各路神祇。

（2）书院祠堂

宋政和年间，罗从彦定居洞天岩，在城西建有豫章书院；另有位于夏茂镇西街村西街的沿河书院、水美土堡群双兴堡后院内建有100平方米书院、夏茂镇西街罗永标书斋等。

祠堂有湖源锦街邓氏宗祠、富口山佘景星堂、豫章贤祠（罗从彦纪念馆）、陈了斋祠堂、富口山茶坑连氏宗祠、高桥正地黄氏宗祠、夏茂岩观邓氏家祠、夏茂东街洪氏宗祠、夏茂儒元陈氏家祠、水南将军祠（邓光布祠堂）、大洛华口苏氏祖堂等数十座。

（3）城堡古寨

沙县的城堡古寨众多，著名的城堡有：大洛陈山寨遗址（农民起义领袖邓茂七在此揭竿起义）、南霞南坑观音山寨、凤岗街道水美土堡群、青州朱源中村后山土堡、南霞霞村奎垣堡、青州胜地村土堡、南霞东周廖氏土堡、虬江街道田坑土堡、大洛张田土堡、郑湖岭头永庆堡等。

（4）塔

罗邦塔 位于夏茂镇东街村，又名“文笔峰塔”。清康熙三十四年（1695 年）建，乾隆十九年（1754 年）重修。七层六角实心石塔，通高 8.5 米，底周长 15 米，层檐各角均用打制成尖状条石外翘。塔壁上嵌乾隆十九年（1754 年）修塔“首事”名录碑。

罗邦塔

后山塔 位于凤岗街道西门，建于清雍正七年（1729 年），清乾隆十五年（1750 年）重修。为赤色砂砾岩石加工错缝垒砌成窝头状实心塔。占地面积约 200 平方米。塔身通高 7.5 米，底座周长 15.8 米。塔边崖上阴刻“清雍正七年题建豸角乐崇峯”“清乾隆十五年题捐重修豸角首事”名录。

后山塔

（5）古桥

沙县境内桥梁众多，据《明嘉靖重修沙县志》记载的宋明时期所建的各类桥梁有 100 余座，到了民国时期多达 210 余座，现保存较好的古桥梁主要如下。

进谷桥 位于夏茂镇大布村，始建于明代，现存桥屋，清嘉庆六年（1801 年）重建，历代有维修。建桥时先人为表

进谷桥

菊桥

石镇桥

达企盼五谷丰登，丰衣足食之意，取名“进谷桥”。进谷桥为单孔石拱桥，桥拱净跨12米，宽7米，拱顶高约4.5米。桥屋为歇山顶长廊式，桥屋全长35米，分13间，宽7米，三井间。共有柱子54根，整座桥均用上等杉木建造，其结构坚固，布局合理，苍劲有力的“进谷桥”三字依然醒目地展现在重檐下。

菊桥　位于高砂镇阳溪村，建于明代，为单孔石拱桥，桥通长36米，宽3.4米，净跨10.8米。

石镇桥　位于高砂镇渔珠村，建于清代，为单孔石拱廊屋桥，桥面长24.5米，宽5.3米，净跨8.5米。

永镇桥　位于高砂镇端溪村，建于清乾隆三十八年（1773年）。为木伸臂单孔平梁廊桥，桥面长19.3米，宽4.9米，净跨8.8米。

霹雳桥　位于高砂镇冲厚村，清道光十四年（1834年）重建，现桥屋为民国11年（1922年）重修。为单孔石拱廊屋桥，桥面长18.6米，宽4.9米，净跨8.5米。

湖山桥　位于郑湖乡杜坑村，据桥内碑刻记载，湖山桥建于清道光乙酉五年（1825年），历代均有维修。为木伸臂单孔平梁廊桥，桥面长19.3米，宽5.3米，净跨9.2米。

黄岩桥 位于富口镇洋花坑村，建于清代，为单孔石拱廊屋桥，桥面长16.4米，宽4.1米，净跨5.8米。

外黄桥 位于高桥镇桂岩村，又称“桂岩桥”，据清道光《沙县志》记载“桂岩桥在西岩十四都”（今高桥、桂岩一带为十四都）。为单孔石拱廊屋桥，桥面长20米，宽4.8米，净跨8.5米。

外黄桥

花桥 位于夏茂镇洋元村，据清道光《沙县志》记载“花桥有亭，在十六都”（今夏茂、洋元一带为十六都），1962年重修。为单孔砖拱廊屋桥，桥面长20.7米，宽4.9米，净跨6米。

龙马桥 位于高砂镇阳溪村，始建年代不详，现桥屋为民国36年（1947年）重修。为木伸臂单孔平梁廊桥，桥面长25.1米，宽4.7米，净跨13.2米。

（6）古井

据《明嘉靖重修沙县志》记载的水井，在沙县城区就有11处，年代跨度从唐代至明代，目前保存较好的古井如下。

古县后山古井：刘宋元嘉年间（424—453年），废延平，始置沙村县。沙村县所在地为今凤岗街道古县村。古县村后山位于主村以北靠山体（铁路）一侧，现还保留着一口千年古井。该古井为古县村林、杨、邱等姓氏祖居地饮用取水之处。

古县后山古井

官需井 位于沙县城区府前广场东侧。据《明嘉靖重修沙县志》“官需井在谯楼前”记载，应不晚于明代嘉靖年间。在井旁立有1997年的石碑一方，上阴刻“唐代沙县县署遗迹官需井”。

官需井

晴清井

甘泉井

晴清井 位于沙县城区建国路西巷。南宋嘉定癸未（1223 年）建。《明嘉靖重修沙县志》记载“晴清井在兴义坊”。民国《沙县志》记载曰：“晴清井在赤硃坊，俗名斧头井。”井圈石板上阴刻有“嘉定癸未”四字。

阴冽井 位于沙县城区步行街中部。始建年代不详，据《明嘉靖重修沙县志》“阴冽井在西山岭之下”记载，应不晚于明代嘉靖年间。

社学井 位于沙县城区盐仓巷（老铁门）路口。始建于明代嘉靖年间（1522—1566 年）。

节义井 位于沙县城区府东路中部。节义井俗称“双节宫井”，建于明正德六年（1511 年）。

甘泉井 位于沙县城区东大路中部。始建年代不详，在井台北面石板上阴刻有“隆庆丁卯（1567 年）重造”。《明嘉靖重修沙县志》记载：“甘泉井在兴义坊真君堂前。”

7. 馆藏文物

较有特色的文物有：夏茂镇黄山垄遗址出土商周席纹方格纹组合灰陶双系罐、商周青釉直口喇叭足豆；沙县城南初级中学（原沙县职业中学）后门山出土唐青釉攒尖顶带盖多嘴壶、唐青釉敞口浅腹碗；青州镇胜地村出土宋歇山顶褐色陶谷仓等。

黄山垄遗址陶罐

茅坪山尾遗址石锛

唐青釉攒尖顶带盖多嘴壶
——洋坊职中后门山出土

宋歇山顶褐色陶谷仓
——青州镇胜地村出土

宋灰红陶船形灶
——青州镇胜地村出土

8. 古墓葬

（1）名人墓

邓光布墓 唐乾符初年崇安镇将，后改封剑州路将军邓光布墓。在南阳乡大基口村虹仔窠。坐西望东，砖砌墓面，墓长 10 米，宽 9.7 米，石墓碑高 1.1 米，宽 0.65 米，厚 0.1 米。墓右 5 米处有 1 石室，石室深 5.4 米，分前、后二室。前室有 2 扇石门，各高 1.55 米，宽 1.75 米，厚

邓将军光布墓

曹朋墓

邓肃墓

曹辅墓

0.12米，门上雕有植物花纹。墓始建于唐末。

曹朋墓 唐末汀州司录兼管沙县政事、沙县县治迁移后的首任知县曹朋墓，在高砂九曲坑山腰。

邓肃墓 宋左正言邓肃墓，在今虬江街道办事处曹元村后门山。

曹辅墓 宋追赠太师、福国公曹辅墓，在县东仙舟尾，今城东性天峰山麓。

陆文升墓 位于沙县夏茂镇李窠村西南面的山坡上。宋咸淳年间南京兵马驭前指挥使，恩赐"驸马职"陆文升墓。故该墓俗称"驸马墓"。墓始建于宋代，占地面积572平方米，坐北朝南。墓平面呈风字形。面阔17.6米，进深32.5米。由后部的墓丘、墓室及围拢、中部的斜坡与踏步、前部墓埕与通道等几部分组成。地面用长方形砖铺砌。2003年配合福银高速公路建设，对该墓进行考古挖掘，并按原形制整体迁移至现址。

俞肇墓 宋户部尚书俞肇墓，在夏茂罗邦村。

乐衮墓 宋谏议大夫乐衮墓，在青州涌溪村后门山。

陈山墓 明户部尚书，兼谨身殿大学士、文渊阁直阁事陈山墓，原位于今虬江街道办事处洛阳桥北侧，坟坪有石人、石马、石羊。后曾迁至淘金山。

王敬父母墓 旧称李太监墓。在今凤岗街道三姑村狮球山。据墓前碑文考证，墓主为明弘治年间太监王敬的父母。王敬原为垄东南山下人，后卖至三姑村李姓人家，故俗称李太监。此墓于弘治九年（1496 年）王敬为其父母修建的。坟坪面积 25 米 ×15 米，坪上排列石虎、石马、石羊、石狗，并有石碑 3 块，均有底座和顶盖，其中 1 块为龟驮碑，龟身长 1.8 米，宽 1 米，高 0.7 米，碑高 2 米，宽 0.9 米。坟葬面长 5 米，宽 15 米。龟碑凿有明孝宗颁布的祭文，另一碑上的碑文为王敬行状。

姜恩公墓　在虬江街道古县村桦溪山塘水库左侧。墓面已被破坏，仅存墓碑。墓碑正面下方雕有墓主姜恩公夫妇二人坐式全身像，上方所凿碑文说明立此墓碑之目的是为了“千古流芳”；墓碑背面为向灵应室僧人买地造坟和委托僧人代管祭田的契约全文；墓碑两侧还有沙县两任知县于康熙四十六年（1707 年）、四十七年（1708 年）为姜恩公题写的旌奖词句。墓碑高 1.9 米，宽 0.85 米，厚 0.19 米。

罗英笏墓　在今夏茂镇，清乾隆初年武探花，点授御前侍卫罗英笏墓。罗英笏（1709—1778 年），字榗抡，号茂溪，沙县夏茂人。清雍正十三年（1735 年）武举人，乾隆四年（1739 年）殿试赐武探花，点授御前二等侍卫。墓建于清代，坐东北朝西南，平面呈“风”字形，面阔 12 米，进深 11.2 米，砖构。墓前有一石刻小碑亭，高 0.9 米，厚 0.1 米，亭内原墓碑已毁。

（2）红军、烈士墓

分别位于沙县富口镇荷山村村尾枫树峡和荷山村后登山。1934 年，中国工农红军东方军红三军团驻扎荷山期间，红军战士因伤病故，葬于此。

（3）墓志铭

《宋故殿撰罗公墓志铭》　2004 年 2 月，在沙县金沙园工地出土，为 880 年前罗畸的墓志铭，现保存于沙县博物馆。石碑有上下两块，长 128 厘米，宽 114 厘米，厚 18 厘米，为黑砚台石，每块约重 500 斤。碑盖 9 字，为“宋故殿撰罗公墓志铭”，篆书（铁线篆）大小为 26 厘米 ×18 厘米见方。碑面为铭文，共 1336 字，楷书，大小为 2 厘米 ×2 厘米见方。右下角还有“平津徐福摹上石”7 字。此碑是当时三明地区乃至福建省体制硕大、数字最多的墓志铭之一，它对了解宋代当时社会情况和罗畸生平起了正史、补史的作用，有力地证实了“闽学四贤”之一的罗从彦是沙县人的历史事实。

宋故殿撰罗公墓志铭

陈山墓志铭

陈山墓志铭 《显考资善大夫户部尚书兼谨身殿大学士陈公府君之墓》全文 253 字。

三、名特优产品

沙县为省商品粮、柑橘、李柰生产基地，重要林区县之一。农副产品有稻米、花生、甘蔗、茶叶（名茶茉莉银毫、乌龙黄金桂），烟叶（夏茂晒烟为上品，曾御封“烟魁”），笋干、香菇、板栗、猕猴桃、山苍子、油茶籽、棕片、苎麻、松脂、黑木耳、药材，枇杷、杨梅、桃、柿、梨，特产珍稀水果花柰，家畜有夏茂良种猪、沙县板鸭。工业名优产品随着工业经济发展和科学技术革新进步而不断涌现。

1. 沙县花柰

花柰属蔷薇科（Rosaceae），李属中（Prunus-lish）中国李的变种，从植株形态来看，树干灰褐色，老树干具纵裂痕；树叶浓密与李相似，但叶为倒卵披针形，介于桃、李之间；花为完全花，白色较小，与李相似；果实外形似桃，果顶渐尖，但略比桃小，柰面光滑不具毛茸。果核小，粘核或半离核，核顶部常与果肉分离呈蛀孔状。属落叶性小乔木果树。核顶部与果肉分离的部分叫果腔，是柰果的重要特征之一。其形态与李最大区别在于果面中具有油胞，含粗脂肪 25% ~28%，是李属中珍稀资源。

沙县早在清朝康熙年间就有栽培花柰，距今有 300 多年历史。据查《沙县志》物产篇记载：“桃夹李、枝叶如桃。”其果实桃形李实。康熙年间就有栽培，当地群众叫大柰、硬皮杏、嘴桃、歪尾李等。传说古代有个和尚来夏茂观音堂进香，带来果子吃，把种子丢在庙旁边的地上，后来长出这种果树。

1957 年由省农业厅组织南平地区农业局、农科所组成的闽北各县果树资源普查组，在发现沙县夏茂奇特的桃形李实水果。经现场考察，取样鉴定，按当时树上挂满绛红色带白斑果实像小姑娘穿花衣裳，故取名花柰。1985 年全国李杏资源大普查，到夏茂观音堂考察取样带回北京化验，对其品质评价是：果实质地清脆，汁多，酸甜适口，风味好，果实可食率 85.85% ~96.93%，可溶性固形物 13% ~15%，转化糖 8.94% ~11.63%，还原糖 4.5% ~6%，果胶 0.99% ~1.34%，回酸比 9.78% ~13.89：1，每百克果汁中含维生素 C 1.69 ~3.93 毫克，还有维生素 E 等。花柰果品不但营养丰富，而且具有开胃健脾，益于消化之功能。果实皮层中含有粗脂肪 25% ~28%，这是李属果中罕见的品种，认定夏茂花柰是珍稀品种，并认定原产地在福建省沙县夏茂镇。1995 年 5 月全国农作物品种审定委员会审定命名为：GS 花柰，审定编号：GS14001—1994。1991 年 6 月福建省花柰优选单株鉴评会在沙县召开，鉴评会评选出的五个花柰优良单株，均为沙县选送的。其中一个优良单株产量达 350 多千克，单果重 60 ~150 克。

花柰是落叶温带果树，对环境条件要求基本上与李相近，对低温敏感。繁殖方法主要有嫁接、分株、扦插三种方法。20 世纪 80 年代中期，沙县把花柰作为农村增收的一项重要内容，规定凡是集体或个人开山种植一亩以上，由县财政每亩补贴 120 元，经县验收后直接补给农户。规划以夏茂、梨树两个公社为主产区，逐步延伸到高桥、富口和城关。建立夏茂花柰果场，资金大部分是省农业厅与财政厅拨给，少部分由县政府提供。并在示范场中办花柰苗圃，随后又建立梨树乡花柰场和县良种场花柰苗圃，接穗来源于夏茂观音堂原种，花柰苗木除满足本县生产之外，还推广到县外、省外各地。县经作站每年都在夏茂和梨树花柰场举办多次花柰栽培技术培训，及时向全县果农进行花柰管理技术指导。在政策、市场、效益的推动下，沙县花柰得以迅猛发展。1999 年全县花柰栽培面积达 760 公顷，总产 2000 吨，成为花柰生产最好阶段。后因赶市场未达采摘标准盲目早采，严重影响花柰品质，在消费者心目中造成不良影响，市场萎缩，生产效益下降，果农栽培积极性不高，加之近年沙县小吃业迅猛发展，农村劳动力大量转移，沙县花柰面积和产量逐步萎缩。2006 年末实有面积仅为 150 多公顷，总产为 1121 吨。

2. 沙县板鸭

沙县板鸭加工有悠久的历史，可以追溯到宋朝年间。相传宋朝宰相李纲谪居沙县时，曾誉沙县板鸭为“禽肉之上品”。千百年来，沙县城乡的许多农户、居民都有在冬季加工板鸭的习俗。用于春节时家人食用及招待客人、馈赠亲友。最早沙县板鸭的加工数量和风味以郑湖、南阳、夏茂一带为出名。在工艺上，普遍采用当地农户饲养的半番鸭经宰杀、脱毛、净膛后，辅以食盐、辣椒、蒜头、味精等作料腌制，并经日晒、山茶籽壳烘干，米糠熏香后制作而成。

改革开放以来，随着人民生活水平的提高，板鸭进入市民餐桌，并形成沙县特产作为馈赠佳品。同时沙县城关也出现了一些个体板鸭加工户，把板鸭推向市场经营。1990 年、1991 年春节前夕，沙县板鸭开始进入福州举办的年货会销售，千余只板鸭在短短的几天被销售一空，深受消费者喜爱。

1992 年初，沙县县委、县政府为调整农村产业结构、增加农民收入，加快农村奔小康步伐，提出实施“板鸭工程”计划。同年 5 月，组建龙头企业沙县鸭业股份公司，承担鸭业产业的开发，从此，沙县板鸭加工进入了规模发展的时期。县委、县政府高度重视板鸭工程的实施，专门成立板鸭工程领导小组，县长担任组长，相关部门领导作为成员，并指定一位副处级领导负责日常各项工作。板鸭工程实施的头几年，县政府每年安排 100 万元资金专门用于市场开发的广告宣传费用；1993 年成立沙县仪器研究所重点研究解决板鸭加工过程中遇到的技术难题，并为全县板鸭加工提供技术服务；1995 年，在水南汽车站边建立板鸭专业市场，设立对外销售窗口；鼓励县乡各级干部参与市场开发，按销售量提取奖励金。这些举措为板鸭工程的顺利实施奠定了良好的基础。

1992 年 10 月，采用当时比较先进的屠宰、微波烘干等设备，建成全县第一条板鸭生产线，同时聘用外地技术人才进行产品开发和技术攻关，在传统工艺基础上优化配方设计，采用真空包装技术，开发出“沙阳板鸭”，实现了沙县板鸭由作坊式生产向工业化生产的转变，并为沙县板鸭远销全国各地市场创造了条件。1992 年底，“沙阳板鸭”参加上海市农业委员会举办的名优新特农产品展销会，夺得“最佳新产品”荣誉称号，此后连年获得各类展销会“最畅销产品奖”“最受消费者欢迎奖”“福建消费者信得过产品”等 10 多个称号。2000年5月，省政府授予“沙阳板鸭”为“福建省名牌农产品”，2005年5月经复评，“沙阳板鸭”再次被省政府授予“福建省名牌产品”，“沙阳”商标2000年被三明市人民政府授予“三明市知名商标”。

鸭业总公司自成立以来，积极发挥龙头企业的带动作用，在带动农户方面，采取“合同定购，让利供养，保价收购”等措施，较好地调动农民养鸭积极性，确保全县板鸭加工有充足的来源。在市场开发方面，通过参加各类展销会，组织营销力量到全国各地推销，并在上海、深圳、福州三地常年驻点推广，经销网点遍布本省各地，在全国达100多个。在扩大品牌影响方面，几年来在电视、报纸等媒体不断进行广告宣传，提高沙县板鸭的知名度。在鸭业总公司的带动下，1993年夏茂、富口、青州、高砂、琅口、南霞、南阳、大洛、凤岗9个乡镇各建成一条板鸭生产线，当年全县建成年加工300万只板鸭的生产能力。随着市场经济的变化，1995年以后这些生产线逐步转变为民营，大多往城区迁徙，形成现在的“世和”“浩田”“杜坑”“淘金山”“富民”“沙阳”“沙城”“郑湖”“郑宗”等不同品牌的个体生产厂家达百余家。传统板鸭加工大户带动了沙县板鸭加工的发展，又促进了养殖、种苗、饲料、羽绒、包装等相关产业的发展。2000年，全县已形成3个种苗场，1个良种繁育中心，年出栏鸭苗100万羽，若干个饲料加工厂，100多个养鸭专业大户，全县养鸭户达1800多户。琅口、凤岗、虬江3个乡镇建成百万只养鸭示范基地。金泉、茶丰峡已成为养鸭专业村，沙县成为三明、永安、南平等周边市县的肉鸭供应基地。

2003—2006年，全县每年加工“沙阳”等各类板鸭达300多万只，养鸭出栏达500多万羽，产值超过1亿元，农民通过养鸭和板鸭加工增收达800多万元，板鸭加工及其养殖业已成为沙县具有地方特色的支柱产业，产生了一定的社会效益和经济效益。

3. 沙县茶叶

沙县茶叶生产历史悠久，据史料记载已有200多年历史，1862年沙县茶叶总产达24000担，富口、琅口、渔珠、管前、涌溪等地都办起了茶庄。琅口茶庄以其独特的地理环境优势最具盛名，成为闽西北最大的茶叶交易市场。此后，由于国民党的黑暗统治，民不聊生，茶园荒芜，茶庄倒闭，中华人民共和国成立时沙县茶叶面积仅150亩，产量仅5.5吨。中华人民共和国成立后，沙县茶叶进入恢复发展阶段，特别是党的十一届三中全会后，沙县茶叶取得迅猛发展，1980 年全县茶叶面积达 2.35 万亩，总产 188.5 吨。成立了茶叶局，建起了沙县茶厂、高砂茶厂、夏茂茶厂等茶叶精制厂，年出口外销 200 吨，沙县茶叶进入第二个鼎盛时期。

20 世纪 90 年代初期，由于人们生活水平的提高，对茶叶质量要求越来越高，以种子直播的“菜茶”品种，因品质欠佳，效益低下，逐渐被市场淘汰。为增强市场竞争力，沙县茶叶进行了品种结构的战略性调整，对品种不良、立地条件差的茶园实行退茶还林，对立地条件好的茶园进行改植更新。1982 年，虬江乡西郊村村民王溪顺率先从安溪引进乌龙茶品种铁观音试种成功，建立了顺峰茶厂，开发铁观音茶园 400 亩，其后西郊村、三姑村、墩头村、富口等地大力开发铁观音茶园。

为引进台湾乌龙茶生产技术，沙县于 1986 年引进台湾富山茶叶有限公司，租赁西郊村茶园 1000 亩，台商从台湾带入综合做青机、萎凋凉青机、柴油杀青机、液化气烘干机、速包机、采茶机等先进茶叶生产设备，生产台式青香乌龙茶、东方美人茶。由于沙县气候条件优越，生产的铁观音品质好，台商生产的铁观音全部销往港、澳、台地区。如今沙县铁观音全部按台式乌龙茶生产技术生产，茶叶品质得到进一步提高，市场逐步拓展到我国北方地区。

随着社会的发展和人们生活水平的提高，农药残留问题备受消费者关注，对茶叶质量要求也随之提高。卫生安全的绿色茶叶备受消费者的青睐。为提高生产效益，沙县从 1997 年开始开展了“无公害”茶叶生产技术示范，示范面积 300 亩。采取增施有机肥、专用肥、使用高效低毒低残留农药、生物农药、物理机械防治、农业防治等措施防治病虫、严格按安全间隔期采摘、无污染燃料制茶等措施，取得良好的效果。几年来，沙县生产的无公害茶叶抽检 23 批次，六六六、DDT 含量均低于国家限定指标，向国家工商总局申请注册了“瑞琦”“山富”等茶叶商标。1992 年以来沙县名优茶开发与推广获省农业厅农牧业技术推广“三等奖”。城区开发茶庄 13 家，茶楼 12 家。引进了丹桂、红芽观音、肉桂、凤凰单丛、白芽奇兰、元宵绿、九龙大白等茶叶新品种。

2006 年，沙县茶业呈现出良好的发展态势，开发种植铁观音等名优茶 2000 多亩，实施茶叶改造面积 6000 亩；繁育茶叶苗木 10 多万株。全县茶叶面积达2.2万亩，其中无公害茶叶1万亩。全县生产茶叶3000吨，实现茶叶总产值0.6亿元。茶叶品种结构日趋优化，绿茶、乌龙茶的比例由2004年的58.14∶41.86调整为2006年的50∶50。“闽中清香型铁观音加工技术研究”项目通过市科技局的验收，并在全县全面推广。茶叶质量安全水平逐年提高，几年来全县抽检的30多个茶样卫生质量指标优于无公害茶叶标准。沙县宏苑茶叶有限公司取得“绿色食品——茶叶”标志使用权，天峰生态农场已向有关部门提交“绿色食品——茶叶”标识使用权申报书。在2006年春季全市名优茶鉴评会上，沙县天湖茶叶有限公司生产的“雨花茶”获市名茶奖；沙县宏苑茶叶有限公司生产的铁观音获市名茶奖；沙县大洛茶果场生产的炒青绿茶获市优质茶奖。在三明市首届茶文化活动中，沙县有4个茶样获奖，其中沙县多元茶叶开发公司和沙县天峰生态农场生产的铁观音获得“银奖”，沙县山富企业公司生产的铁观音获“铜奖”，沙县天湖茶叶有限公司生产的针形绿茶获绿茶单项“第一名”。

4. 沙县竹凉席

沙县很早就有生产竹席的历史，主要是民间艺人生产篾编的多种竹凉席，使用面较广，很受欢迎。20世纪80年代后，从日本、中国台湾地区引进机织背复凉席，成立沙县第一家竹凉席生产厂家——明丰竹制品有限公司，主要出口日本和我国台湾地区，年销量10万床左右。从此，沙县竹凉席开始了从分散走向集中，从数量走向质量，从单一走向多样，从小规模走向大产业的发展历程。

1984年，沙县开始新一代保健竹凉席的生产。当时青州镇涌溪村几个村民走出家门，寻求竹凉席生产技术，兴办了两家竹凉席厂，之后，在青州镇办起了23家加工厂，厂家不断增多，规模逐步扩大。1994年，沙县人民政府通过调研，决定率先按照现代企业制度原则，组建青竹集团有限公司，开始规模化生产经营。1994年，青竹集团成立后，开始实行“创品牌、争市场”的经营策略，认真组织实施名牌战略；向国家工商部门申请注册了“天河”商标，1996年冬正式得到批准，成为沙县继“沙阳板鸭”之后又一个农产品品牌，并先后投入270万元，在中央电视台和地方台，各种报纸杂志上做好广告宣传，积极组织产品参加上海、厦门、福州农展会和招商会，努力提高品牌知名度，“天河”竹凉席日益为消费者所接受。

在规模和产量大大提升的同时，沙县竹凉席还注重产品以质取胜。按照统一标准，统一“天河”牌竹凉席成员厂进行产品的质量检验。实行出厂前“五不”标准及出厂后质量跟踪，从生产到销售全过程按QC质量管理体系管理；在所属成员企业中认真开展全面质量管理达标升级活动，全方位强化质量管理意识；同时在成员企业中推行“五个统一”管理，即统一质量、统一商标、统一包装、统一检验、统一销售。此外还加强包装管理，完善包装的标识标准，对包装进行改进并申请专利；同时引进软条打字机，对软条改制防伪标识，提高了产品的防冒能力。同时县政府还及时制定有关的规定和措施，切实保护了品牌及企业的合法权益。通过实行以质取胜的经营策略，“天河”牌竹凉席赢得了市场，销售量年年上升。1996年“天河”牌竹凉席产品获“中国消费者信得过名优产品”，1997年获“四川市场质量信得过品牌”和“四川市场畅销品牌”，1998年获福建省乡镇企业百项名牌产品和福建省地产最畅销商品等荣誉，1999年获世博会闽特展金奖，“′99年国际农业博览会名牌产品”“中国竹文化节国际竹业博览会金奖”等殊荣，2000年获福建省农业精品展销会金奖。2001年沙县还被授予“中国竹席之乡”称号，青竹集团的“天河”牌竹凉席获得“福建省名牌产品”称号，品牌效益日趋明显。

在产品加工上，沙县竹凉席也经历了由粗到细，由单一到多样的变化。从最初的传统型、普通型竹凉席到后来的麻将型、梅花型、仿古工艺型、工艺编花型、水晶玻璃边精品型、电脑刻花型、梅花夹珠型、磁疗保健型、袖珍精品型10个系列、百余个品种，形成低、中、高档齐全，优、新、廉兼备的特色，产品不断推陈出新，进一步调整和优化了产品结构，取得市场竞争的主动权，提高产品的市场占有率。据统计，“天河”牌竹凉席在全国同类产品市场占有26.3%的份额，居全国同行之首。产品不仅畅销国内四川、浙江、陕西、广东、江苏、河北、北京、重庆、上海、天津等省、市，同时还销往我国香港、台湾地区以及日本、南非、新加坡、菲律宾、尼加拉瓜等国家。

2000年，县委、县政府不失时机，兴建了“天河”竹凉席加工区，同时出台了《关于青竹集团改制与发展意见》《沙县竹业产业发展形势及对策》《关于扶植竹凉席生产意见的通知》《关于沙县天河竹凉席加工厂招商办厂意见的通知》《关于进一步扶持竹凉席生产规范税费征管意见》等政策，扶持竹凉席产业的发展。

2001年6月8—10日，中国（三明）竹藤产品交易会在沙县成功举行，交易会共推介招商引资项目225项，投资金额32.5527亿元。其中，已签订合同（协议）的项目103项，投资金额8.68亿元，已达成各类商品贸易成交额8.34亿元。竹交会的举办，提高了沙县竹业加工、经营水平，推进沙县竹业产业的发展。

2003年，青竹集团拥有176家成员企业，固定资产3000万元，355条生产线，主要产品有“天河”牌竹凉席、汽车和摩托车坐垫、沙发坐垫、竹枕席等。年产竹凉席150万床，创产值1.8亿元，利税5200万元，出口创汇160万美元。竹凉席的加工解决了农村就业10000多人，带动农户3万户，年消耗毛竹300万根，提高了农民育竹积极性，推动了沙县竹业产业的发展。

2005年，全县竹凉席加工厂有255家，生产线550条，年生产能力达500万床，并形成了青州镇涌溪村、高砂镇冲厚村等远近闻名的竹凉席生产专业村，竹凉席产业已成为沙县农村经济建设中一大支柱产业。

5.“虬凤牌”玉露酒

1959年，沙县酒厂生产的“虬凤牌”玉露酒被福建省人民政府定为福建名酒，1985年评为福建省优质产品。2007年5月，沙县沙阳春酒业有限公司的“虬凤牌”商标荣获第一批“福建老字号”称号。全省仅有5家酒业有限公司获此殊荣。

6. 麦丹味精

麦丹集团有限公司1997年5月成立，注册资金1亿元，主要生产谷氨酸、味精、蛋白饲料、酱油等品种。企业与福建师范大学生物研究所联合，将院校的人才、技术、管理资源注入企业，形成企业优势，在省内外打响“麦丹”味精品牌。“麦丹”味精2000年被确认为三明市知名商标，2001年获得福建省名牌产品称号。

7.“虬江”牌、“老潘头”酱油、腐乳

三明市虬江食品有限公司（原沙县酱油厂）为中国调味品协会会员单位。自1999年以来，该公司依托福州大学和福建农林大学食品研究所的科研力量，不断开发新产品。新开发的“虬江”牌、“老潘头”系列酱油、腐乳风味独特，质量上乘，远销省内外大中城市，部分产品已批量远销国际市场。“虬江”牌系列酱油、腐乳从 1994 年起连续被评为“福建省消费者委员会推荐产品”，“虬江”牌腐乳荣获 2000 年福建农业精品展销会金奖。

民俗文化

乡土民俗文化浸透着乡村生活的规则、意义和价值，引领着村落成员的心理、行为和关系，维护着社会治理的理念、方式和秩序。有一定的历史性、地域性和传承性。闽中古邑沙县，为千余年来中原汉人多次南迁聚居之地，沙县民俗除了靠人们在历代繁衍生息、劳动创造中产生与发展起来，而中原文化的传承和渗透也是一个重要因素。在民俗风情上，兼容了中原、土著与闽粤赣地区的客家民俗特点。其内容丰富多彩，既有民间生产、生活、思想方面的生活习俗，又有寿诞礼仪、婚丧嫁娶、衣食住行各方面的社会民俗，还有祭祀、禁忌、择吉、征兆民间俗信的宜忌事项。它世代相传，无所不在，无时不有，孕育了灿烂多姿、别具风情的沙县民风民俗。如节庆、社交、生活、婚丧、农事习俗以及沙县肩膀戏、西皮台、大腔戏、山歌及舞蹈、游艺、故事、传说、歌谣和烛桥、舞龙、高跷、旱船、游鱼、担鼓等群众喜闻乐见的民间艺术，保留至今，体现了浓郁的地方特色。

一、娱乐习俗

1. 肩膀戏

沙县肩膀戏，俗称“肩仔头棚”，是别具一格的民间传统艺术，素有“肩膀上的民间艺术奇葩”之美称。2005 年 10 月，沙县肩膀戏被列入福建省第一批省级非物质文化遗产名录。

沙县肩膀戏起源于清朝光绪年间，已有 100 多年的历史。当时沙县民间迎神赛会活动十分活跃。每一次迎神赛会，如同当今的文艺踩街，汇集了各式各样的文艺团体、表演形式。当时的沙县民间戏班十分活跃，仅在沙县城区就有五个戏班，竞争相当激烈。迎神赛会成为各个戏班展示实力的绝好机会，各个戏班都会装扮台阁参加展示。所谓台阁，就是用木板搭成临时小舞台，固定在板车上，演员则盛装站立，做出一定的造型。时有戏班“玉枕轩”，班主名连细狗，有一年，他别出心裁，找了几个小孩，站在大人肩膀上，代替台阁参加巡街展示。立于大人肩上的小孩有如鹤立鸡群，便于观赏，小孩的造型天真活泼，一改以往台阁演员的陈旧印象，给人耳目一新的感觉。人们将驮有小孩的大人比喻为肩头上的戏棚，称之为肩仔头棚。

肩仔头棚出现之初，只是由孩童装扮历史人物，站在大人肩膀上游行，后来又融合民间音乐、锣鼓，丰富了表演手段。再到后来，便选择有一定情节的延长或比较简单的折子戏，丰富了表演内容。参加表演的孩童的选择标准刚开始主要是俊美、胆大、平衡感较强，后来则须进行一定的说唱、表演等训练，逐渐有了生、旦、净、末、丑之分。小演员的岁数一般在 5 ~ 10 岁。岁数太大的孩子，体重过重，托举之人无法长时间承受。岁数太小，领悟力差，不利于学戏。由于体力消耗较大，一个节目一般要安排三四组演员组合，以便轮流替换。

肩膀戏的乐队配置基本上沿用沙县民间流行的南词、西皮台曲词。南词曲调有南词头、正韵、北调、南词等，西皮台曲调有上小楼、新八板、谢水仙、新金中汉、延平板、老金中汉、露台串、老八板、西皮串等。乐师传统习惯使用工尺谱，近年来已开始使用简谱。

在艺术方面，沙县肩膀戏除了表演形式独特之外，还有戏路宽广的特点。演出剧目多以演唱、折子戏为主，南词、京剧、越剧、黄梅戏均可表演。传统保留剧目有花鼓演唱《小放牛》《补缸》《姑嫂打鱼》《花子过关》，南词《赶船》，折子戏《黄鹤楼》《平贵别窑》《四郎探母》等。近年来又有《姑嫂情》《张飞审瓜》《猪八戒巡山》《悟空大闹蟠桃宴》《八仙聚会小吃城》《十二生肖颂沙阳》等新剧目上演。

肩膀戏不需要传统的舞台，便可以走街串巷，服务百姓。肩膀戏巡街时，凡是遇到燃放鞭炮欢迎的人家，都会就地逗留，进行表演，是唯一能真正做到送戏上门的剧种，深受群众喜爱。

1983 年春节，沙县肩膀戏应邀到三明参加文化艺术节，这是沙县肩膀戏踏出虬城、进军全国的第一步。1999 年，沙县文体局牵头成立了“沙县肩膀戏艺术团”，下设老人会分团、西门分团、庙门分团和肩膀戏小演员培训中心，县文化部门指派专人负责肩膀戏的包装与演员培训，国家二级演员、沙县文化馆副馆长黄振全面介入肩膀戏的编排、服装、道具等工作，沙县西门幼儿园园长陈丽凤在幼儿园开设肩膀戏培训基地。之后，两人均被三明市人民政府确定为三明市非物质文化遗产沙县肩膀戏项目代表性传承人。

2001 年 10 月，沙县肩膀戏代表福建省前往湖北荆门参加中国第五届民间艺术节，荣获“金龙泉杯”金奖。2008 年 12 月，沙县肩膀戏在“中国·沙县小吃旅游文化节”海峡两岸民间艺术邀请赛中再获金奖。

近几年，沙县肩膀戏先后多次应邀赴澳门、上海、杭州、成都、厦门、湖北、南京等地演出，多次在中央电视台和台湾电视台的节目中展示风采。

2. 小腔戏

小腔戏亦称江西戏、乱弹、土京戏、汉剧小腔，属于原始的皮黄腔戏曲，广泛流传于闽西三明地区的沙县、尤溪、永安、大田，以及龙岩地区的龙岩、漳平、上杭、连城等地，因为用小嗓细音行腔，故得名。2015 年 10 月，沙县富口镇盖竹小腔戏被列入第四批市级非物质文化遗产名录。

小腔戏唱词以七字和十字齐言句为基本格式，也有五字句。演唱中常加入“啊”“呀”“唉”“咿”等虚词衬字。小腔戏读音以中州韵（俗称“官音”）为主，杂以方言，谓之“土洋腔”。小腔戏音乐曲调以西皮、二黄为主，吸收梆子腔、道士腔和民间小调。

小腔戏班人员有“十六把椅”之称，即前台演员 10 人，后台乐队 6 人。乐队 6 人的分工是：司鼓、上手琴（司京胡）、下手琴（司二胡或月琴兼唢呐）、大锣手（兼三弦）、大镲手（兼后捡场）、小锣手（兼前捡场）各 1 人。同时，小腔戏表演程式有“大花平天，二花平眉，挂须平鼻，小生平肩，小旦平乳，三花平肚脐”等规范要求，表演动作带有木偶表演的痕迹，不少动作直接来源于生活。

据专家考证，小腔戏传入福建的渠道可能有两条：一条是由江西毗邻福建的石城、南丰等地传入永安，继而流传至

尤溪、南平等地。另一条由湖南的祁阳戏（祁戏）经赣南客家地区流入连城，再传至龙岩、漳平等地。传入时间大约为清嘉庆年间。小腔戏在南平曾一度被称为“南剑戏”，其曲调亦流行于民间鼓吹班。清咸丰到光绪年间（1851—1908 年），是小腔戏兴盛时期，其行当角色从“四门九行头”发展到 10 个角色，演出范围从本村扩大到外乡，又流行到沙县、永安、大田、明溪等县。

小腔戏传统的剧目为“十八本头”和 58 个折子戏。所演剧目中，武戏居多，其后也吸收了许多大腔戏剧目和民间小戏。增加了《三结义》《五丈原》《征洛阳》《虎牢关》《取长沙》《空城计》《双喜临门》《桂英下山》《满天福》等剧目。

20 世纪 20 年代，该剧濒临危机。50 年代起，小腔戏又开始复苏。60 年代又几近灭绝。80 年代再度复苏。

盖竹村从明末开始就有演唱戏曲的传统。据传，盖竹戏班原先是唱大腔戏的，清朝末年，小腔戏传入盖竹，遂改为以唱小腔戏为主，兼唱大腔戏，后来纯粹演小腔戏。主要传统剧目有《千里走单骑》《古城会》《辕门斩子》等。盖竹村现存的古戏服，有足足四大箱。每逢庙会或重大节日，当地必演小腔戏，还到周边乡村演出。

盖竹小腔戏戏场分“文武场”，左文右武，左边文场 3 人，分司京胡、唢呐和二胡。京胡又分上手琴和下手琴，这 3 人一专多能，精通京胡、二胡和唢呐。右边武场 4 人，司鼓 1 人、大锣手 1 人、小锣手 1 人、大镲手 1 人。前台演员没有固定，10 人左右，依戏曲剧情“需要”而定“人物出场”数量。小腔戏戏班成员为草根，演出时是演员，没有演出时他们与普通人一样，下地干农活。在农村，能在“三寸板”（戏台）上踏“千层底”（戏鞋）的人，常被乡民看作文武双全之“能人”，受人尊敬。

盖竹小腔戏演出一般在村里的云庆庵赶庙会之时进行。云庆庵长 24. 6 米，宽 16. 7 米，四榀三植结构，前半部为两层楼房，古戏台相连一体，中间天井。云庆庵始建于明崇祯年间，重修于清乾隆、道光年间。后堂正殿供奉各路神祇，分别是观音菩萨、齐天大圣、皇福元帅、关公（关羽）、太保侯王。戏台上供奉田、窦、郭三戏曲祖师，偏房供奉陈、黄、郑三相公（据传，陈为陈靖姑义兄陈海清）与五显娘娘。每年农历三月初三、七月初八、八月十三、十月十八为各路神仙诞辰日，都是小腔戏演出的最佳时间。

作为传承古老汉族民间艺术的盖竹村小腔戏业余剧团，不仅保留古风古韵的唱腔，还承袭了原汁原味的小腔戏拜师仪式。

3. 跑天王

天王系华光天王。每年农历二月初一是华光天王五显灵官大帝的诞生日，华光天王庙都会举行庙会，举办“跑天王”“过火龙”“捧金砖”等别具特色的活动。2015 年，华光天王庙会被三明市人民政府列入第四批非物质文化遗产名录。

际硋村的华光天王庙是由尤溪县白塔华光天王庙分灵而来的，因此，举办华光天王庙会之前，必须组织“炒火队”到尤溪白塔华光天王庙“炒火”。“炒火”是沙县话的译音，实际上是“取火”，就是“请香火”。依照宗教习俗，分灵庙的神力来自祖宫，因而必须持续地从祖宫那里分得并更新本庙的香火，以保持分灵庙的神力。“炒火队”必须在华光天王神诞日凌晨 6 时之前赶回村里。此时，留在村中的村民已经抬着“华光天王”神像等候在村口水尾，摆好三牲、酒醴，点上香烛，等候“接马”。接到取回的“香火”后，村民们抬着华光天王神像，沿着村落巡行一周。这是华光天王在向四方之神宣示他的权力。

“炒火”是各座分灵庙都有的仪式。而际硋华光天王神像上殿前举行的“跑天王”仪式，则是际硋村华光天王庙独有的。

据传，很久以前，正好是华光天王诞辰日，际硋村来了一个妖人，这个妖人会些法术，自诩未逢对手。这一天际硋村民正抬着华光天王准备上殿安坐。妖人卖弄武艺，在宫前布下火栅、纸栅、木栅三道法栅，想阻止天王进殿。华光天王当即显灵，附身于童子，用一把酒壶装水喷洒，破了火栅；又用木棍敲打，破了纸栅；随后抛撒谷、麦、豆、茶叶、铜钱、灯芯、竹钉七宝，破了妖人的木栅。妖人三道法栅被破，灰溜溜地逃离际硋。华光天王顺利登殿上座。

当年华光天王与妖人之间的斗法场景，在跑天王的活动中得到再现。

跑天王在英顺宝殿前的主街进行。主要参与者有：洒水 1 人，木棍开路 2 人，抬神像 4 人（另安排 4 人接替），此外还有助威造势的锣鼓队、唢呐队、扛旗队、护神队若干人。仪式开始，开道锣响了之后，1 人手持装满水的酒壶沿路喷洒，2 人手持木棍敲击路面，紧接着是 4 人抬着安放在井字木架上的神舆从街口疾步跑向宝殿，边跑边高声呼喊："呼啦、呼啦、呼、呼、呼……"

跑至英顺宝殿前20米后，抬神舆的4人集体转身（神像方位保持不变），持壶洒水和握木棍者转到神像后，一路呼喊，跑回始发处。如此前进三趟、后退四趟之后，道士在英顺宝殿前抛撒谷、麦、豆、茶叶、铜钱、灯芯、竹钉"七宝"，神像才在众人簇拥下上殿安坐。

际硋村民间还流传另外一种说法：华光天王有些孩儿脾气，生性好动，也好热闹。常日里在庙宇"坐班"，恪尽职守，任劳任怨，不得放松。农历二月初一是其生日，乡民敲锣打鼓将其迎出，在街巷上跑来跑去，娱乐一番，希望天王更好地保境安民。

4. 过火龙

华光天王庙会的"过火龙""捧金砖"一般在二月初一晚举行。

"过火龙"的地点选在离英顺宝殿不远的晒谷坪上。"吉时"一到，锣鼓鞭炮声震天，一片欢呼声中，村民用神舆将华光天王神像从庙里请出，置于晒谷坪"上水"（水流上游）处，坐镇"过火龙"现场。道士布法场、念经祈祷，参加"过火龙"的村民将双脚放进道士做完法术的水桶中清洗后，就地等候"出征"指令。"火龙"是将烧得通红的木炭平铺一条长9米、宽1.5米的火路。火堆旁，村民用板车推着一台大鼓风机对着木炭猛吹，将火星吹得四处飞溅。经验论，只有将木炭烧红烧透，脚板才不会被烧伤，且跑过去会有一种软绵绵的感觉。若木炭没烧透，尖硬的木炭边角更容易划伤脚底。

参加"过火龙"的人自愿报名，年龄不限，也不限于本村村民，人数一般控制在10人左右。参加"过火龙"的人一周内必须斋戒，不得近女色，否则可能会被烧伤。

"跑火龙"一般由一个乩童为首。先是道士绕"火龙"缓行一周，口中念念有词。而乩童则伏在供桌上"发功"。稍许，突然大喝一声，手持马铃铜剑率先踏上"火龙"，其余"跑火龙"的紧随其后，光着双脚从发出熊熊火焰的"火龙"一端跑向另一端。

“捧金砖”就是将青砖放入柴火堆内的炭火中烧得通红，赤手掏出，双手捧住，行七八步，放到供桌之上。“金砖”系由青砖用电锯切割而成，每条4厘米见方，厚度2厘米。一年12个月，一块“金砖”代表一个月，共设“金砖”12块。

由于参加“过火龙”的人数较少，踏步和行走的速度又极快，“过火龙”“捧金砖”整个过程只有5分钟左右。

依照常理，赤足踩在燃烧的木炭上、徒手从火中取出并捧着烧红的砖块，都会受到伤害。但参加“跑火龙”和“捧金砖”的人却都平安无事，这是这两项活动的神奇之处。实际上，由于主持人经过悉心研究，选择在火焰对人体伤害最少的时刻通过“火龙”或火中取砖，加上接触高温的时间极短，可以把火焰对人体的伤害控制在最轻微的程度。

际硋村关于华光天王的传说则带有浓厚的“本土元素”。据传清道光年间，在沙县际硋一带经常闹匪患，有一个被称为“红毛鬼”的土匪最为凶残，民众对之深恶痛绝，又一时无计可施。后来，有一位叫华光的人牵头，组织村民设下埋伏，活捉了土匪头子“红毛鬼”，为百姓除了一大祸害，村里从此获得太平。不幸的是华光在这次战斗中牺牲了，村民为了纪念华光的功绩，为他建立庙宇，称其为“华光天王”。关于“过火龙”“捧金砖”，也有了新的诠释。依照新的说法，火为红色，代表兴旺、幸运与热情，是喜庆吉祥的象征。将木炭烧得通红，再从“火路”上踏过，预示着来年日子越过越红火。火又是“涅槃重生”的代言，在“火龙”上行走，可祛除污垢、晦气，带来福祉与平安。“捧金砖”则隐含着勇于追求、创造财富的美好愿望。

5. 打狮王

沙县“打狮王”俗称“打狮”，系流传于南霞乡茶坪村一带的民俗活动。松柏岩峰顶有座仙奶庙，供奉马氏真仙。每年农历六月初五为马氏真仙诞辰日，当日凌晨，村民会将位于松柏岩峰顶仙奶庙里的马氏真仙迎请下山，供奉在厅堂里，同时举办数日的各种民俗庆典活动。其中，以传统“打狮”民俗最为盛行。2015年，“茶坪打狮”被沙县人民政府列入第三批非物质文化遗产名录。

据传，“打狮”民俗活动始于宋代，在茶坪村流传已有好几百年历史。茶

坪村地处松柏岩山腰，山势陡峭，很难找到一块比较平坦的坪地。先民们依山而居，猎取林中的一些野兽、采集一些野果充饥为生，并在附近开荒种茶、种果。按理说他们的生活应该过得很安宁，但事情并不是人们想象的那样，村庄周围全是荒郊野岭，对他们生存环境构成严重威胁的，除了匪患之外，还有众多的野兽，经常毁坏他们的茶果园、攻击行人。

为了防范盗匪和野兽，村民请来铁匠，打造铁尺、锚刀、钩刀、双刀、铁耙等十八般兵器，并请来武林高手，向村民传授武艺。村民在练武时总要安排一个人作为假想敌，营造实战氛围，以提高实战本领。后来，村民又把古老的傩戏中的面具引入练武过程，让装扮假想敌的人戴上狮子面具。在举办庙会或节庆活动时，练武的村民会将练武成果向父老乡亲汇报，久而久之，相沿成俗，形成“打狮”的传统活动流传至今。

“打狮”使用的主要道具是狮子。狮头即红色狮状傩面，是由竹子编织成的，直径六七十厘米，再糊上纸，最后绘上各种色彩，狮身狮尾由黄色麻布制成。茶坪村的狮子道具是红色傩面。据传，青色傩面狮子也称黑狮，属于打斗型傩面，主要是发生械斗时所用。红色狮子傩面则为游艺型，只在节日庆典时使用。这种古老神秘的傩面舞，是古代先民为了达到驱恶除疫、祈求平安的目的而举行的巫术表演，在漫长的历史发展过程中逐渐演变成为一种民间游艺活动。

表演时，由于狮头扮演者两眼看不到对方，“打狮”已经演变为程式化的表演。需要通过口令和相对固定的动作来完成表演。勇士喊一声“嗨”，暗示要避开，俗称“开天门”，这时狮子就往前扑；勇士喊一声“嗬”，暗示对方要进攻了，这时狮子就要做出避让的动作，左右避让则称为“开大小门”。整个表演过程需要双方密切配合，一步走错，就会乱了阵脚，影响全局。

茶坪“打狮”表演一般由 9 人组成：7 人扮演勇士，其中 1 人空手，其余 6 人分别手持木棍、苗刀、钩镰枪、双刀、铁尺、铁耙；2 人扮演狮头和狮尾。9 人不是定制，勇士的人数可根据实际情况酌定。但不管如何配备，一定要有个持铁耙为武器的。扮演狮子比较辛苦，一般有2个替补。表演时，勇士身着节日盛装，腰间扎着红绸布，肩上扛着各种武器道具，个个威风凛凛。唢呐、锣鼓一响，开始“打狮”，一头野狮王冲了出来，时而往左、时而向右扑向人群，第一个出场的勇士赤手空拳与野狮王展开一场殊死搏斗，但失败了。第二个勇士手拿木棒出场，也失败了。紧接着第三、第四、第五个勇士轮番上阵，也以失败告终，还是不能把野狮王征服。最后一个勇士手拿铁耙上场，与野狮王斗智斗勇，几个回合下来，就把野狮王打得满地打滚，趴在地上不动了。铁耙本是农具，将铁耙设计为征服野狮王的撒手锏，应该是村民重视农耕、以农为本的意识的体现。

6. 挑花担

沙县在清中叶经济得到有效发展，百姓生活有了较好改善，各种各样的庆祝活动也格外热闹，尤其是大户人家，在喜庆时不仅要邀请戏班子到家来

演出，而且要用色纸扎成两层的花篮一担，由专业的民间艺人挑担上街游行。挑花担时，艺人只用肩膀，不用双手扶担，换肩自如，一步三摇，以示水准和招摇。有一些特别大户，还邀请西皮台等弹唱班一同敲锣打鼓，更显其实力。

7. 迎铁枝

“迎铁枝”是湖源乡和富口镇盖竹村传统的民俗文化活动。

湖源“迎铁枝”一般在农历六七月间举行，为期三天。据说是为了纪念湖源乡乡医陈万民而举行的，当年明朝正德皇帝偕家眷游江南，皇太后不幸途中染眼疾，湖源乡医陈万民为其医治好了。正德皇帝感激他，问他要官还是要钱，陈万民啥也不要，只要返回家乡继续为民治病，于是正德皇帝派宫廷卫队护送他回家……乡民感念陈万民的“仁心”，在当地建“万民宫”祭祀他。

湖源“迎铁枝”当日凌晨2点要到沙县城隍庙“炒火”（引火种），之后到“万民宫”上香，接着“迎铁枝”的长龙穿行在湖源乡村小路，须到各宗

祠开展祭祖活动。一路上，“迎铁枝”的队伍穿梭游行，唢呐声、锣鼓声、鞭炮声响彻云霄。

湖源“迎铁枝”活动大都由乡里的邓姓、陈姓两个大姓家族成员组织，张姓、李姓、余姓家族成员配合开展。在湖源乡，“迎铁枝”堪称盛会，十里八乡的村民都会赶来观赏。

湖源“迎铁枝”由铁枝队、打狮队、旗幡队、响铳队、灯谜队、乐器队、花样队、佛轿队等组成，人数多达1000余人，队伍长达2千米。队伍中，铁枝队最为显眼。铁枝是由轿脚、铁架、轿椅组成，轿椅周围镶有各种飞禽走兽，金山银山，配以彩花、花灯、纸马、木偶等各种花饰装点，绚丽别致，表示丰衣足食，吉祥如意。一架铁枝称为一“景”，铁枝重达180多斤，高2米多，8个青壮年负责一“景”，轮番抬着行走。每景铁枝就是一个传说，如“穆桂英挂帅”“薛丁山出征”等，在铁枝上坐有一名6～10岁的男童，身穿盛装，扮成穆桂英、李世民、姜太公、花木兰等戏曲的人物。湖源乡的“迎铁枝”民俗活动至少有300年的历史。

沙县富口镇盖竹村的“迎铁枝”与该村云庆庵“游太保”同时举行。盖竹村云庆庵始建于明崇祯年间，重修于清乾隆、道光年间，后堂正殿供奉太保等各路神祇，每年举办多次庙会，其中以农历三月初三“游太保”最为隆重，“迎铁枝”为其中的重头戏。

盖竹的铁枝有两架，每架重百余斤，有“上铁枝”和“下铁枝”之分，上、下铁枝巧妙地用铁套联结，“上铁枝”还有一副不大不小的圆铁箍，恰好容得进一个8岁左右男童的身腰。盖竹“迎铁枝”是由村民自发组织，壮汉16名，未满10岁的男童4名（每驾“铁枝”分别有8名壮汉和2名男童）。男童装扮成《穆桂英下山》等传统戏曲剧目中的武将杨宗保、穆桂英等，坐在高高的铁枝上，由16名壮汉轮流抬着绕村一周，以祈求人口平安、风调雨顺、五谷丰登。

湖源“迎铁枝”与盖竹“迎铁枝”外在演绎略有不同，湖源“迎铁枝”惊艳，盖竹“迎铁枝”惊险。湖源“迎铁枝”的轿椅大方平稳，精美的雕饰与繁复的花饰，吸收了彩扎、纸塑等艺术门类的精华，以“惊艳”引人注目。

盖竹“迎铁枝”的铁枝上下两驾，没太多装饰，“上架”的铁箍正好被男童身上穿的长戏袍衣裙遮挡，远观之，视觉效果是男童恰好“站”在一把锋利的宝剑上，以“惊险”令人惊奇。

“迎铁枝”在其他地区被称为“抬阁”。抬阁一般分为平阁、高阁两种。平阁又称低阁；高阁则称铁枝。它吸收了民间文艺、传统戏剧、舞蹈、彩扎、纸塑等艺术门类的精华，具有浓郁的乡土生活气息。抬阁在宋朝就十分盛行。宋代周密著《武林旧事》卷三《迎新》载：“以木庆铁擎为仙佛鬼神之类，驾空飞动，谓之台阁。杂剧百戏诸艺之外，又为渔父习闲、竹马出猎、八仙故事。”

在福建，“迎铁枝”被称为“走古事”。意思是说，走动的“铁枝”上站立的一个古戏文人物装扮的孩童演绎着古代的一个故事。

8. 游春牛

游春牛是夏茂镇洪氏家族传统的民俗活动，2010 年被三明市人民政府列入三明市第三批非物质文化遗产名录。

游春牛一般在二十四节气的立春日举行，但并不是每个立春日都可以游春牛。只有在出现“双春”，即一个农历年内出现两个立春的年份才可以游，整个活动则要在“立春”正点时辰后的两个小时内游完。

游春牛所用的春牛是纸扎品，先用竹条、竹篾扎成牛的骨架，再糊上油纸，涂上颜色。颜色必须与当年黄历上所印“春牛图”一样，如果当年黄历画上的牛是“白头牛”，为“孝牛”，则不游。纸扎牛的形状、尺寸均有定制：牛高四尺，代表春、夏、秋、冬四季；牛身八尺，代表“四立”，即立春、立夏、立秋、立冬；牛尾一尺二寸，代表一年中十二个月，当年若有闰月则改为一尺三寸；纸扎牛嘴型须严格按照当年皇历上的“春牛图”标示，如是“张嘴牛”，则要在牛嘴里塞入芦苇或青草；牛尾朝向也有规矩，阳年牛尾左摆，阴年牛尾右摆；牛的前腿后、后腿前分别架设一根彩纸包裹的横杆，供人抬举。以上规则，须向扎纸师傅一一交代，不可违规。

“游春牛”始发地为夏茂镇文昌宫。首先要举行隆重的接春神、祭春牛仪式。之后，“游春牛”正式开始。

出行队伍按序排列：两面清道锣开道引路，灯鼓队紧随其后，灯鼓正面写着“沙县茂溪洪氏”六个大字，后面书有“风调雨顺、五谷丰登”等吉祥语；灯鼓之后是三对四方形灯柱，三对灯柱正面的对联联语为“物丰民阜贺新春，国泰民安庆佳节”“春种一粒谷，秋收一担粮”“愧彼惰农空食粟，怜其劳力勿加鞭”，左、右及后面则为“春种秋收”“春华秋实”之类的吉祥语；灯柱之后是“呜啦呜啦”响个不停的两把唢呐；唢呐之后是由三对青壮年扛抬的三架大篮，首架是“五谷真仙”神像，二架是米谷和果蔬，三架是鸡鸭鱼肉和白粿等供品；之后，牛头上扎一朵红绸花或牛角上系一红布的春牛隆重出场。“春牛”由一扮相滑稽的牧童牵引，由四人抬举前行；春牛之后，是身着宋代服饰的一户四口之家，男主人扛着犁耙，女主人手提水壶，男孩挑着一担牛草，女孩提着盖有白毛巾的食篮，其间还有男扮女装的阿婆穿行在队列中，做出种种诙谐有趣的表情和动作；最后面的是锣鼓队。

春牛所经过之处，家家户户焚香点烛，燃放烟花爆竹。春牛穿行镇上的大街小巷后，返回到文昌宫前。一番祷告之后，纸扎春牛被点燃，化为灰烬。至此，活动结束。

游春牛的习俗，一和迎春、接春有关，一和耕牛有关。“东风解冻，阳气生发。百草回芽，蛰虫始振。柳色早黄，水文新绿，鱼陟负冰。咬春通气，夜卧早起。”立春日乃“时春气始至，四时之卒始”也。“一年之计在于春”，中国是农业大国，春的劳作对农业生产至关重要。春神主宰一年的农事（《礼记》《左传》有载），所以人们对春神倍加敬仰。耕牛是广大农村千百年来农田耕作不可缺少的劳力。夏茂人自古以来爱护耕牛如爱子。每年农忙时节，夏茂农民都要给耕牛喂白粿，牛吃了白粿身体强壮，耕田时干劲就大了。夏茂有吃牛肉的习惯，但在夏茂溪北桥头阁东侧有一块明嘉靖年间立的“禁宰耕牛碑”，明文规定：凡是能耕作的强壮水牛一律不准宰杀。

关于立春祭牛的活动古已有之。最早见诸史书中关于“周公始制立春土牛”的记载。宋孟元老所著《东京梦华录·立春》载：“立春前一日，开封府进春牛入禁中鞭春……置春牛于府前，至日绝早，府僚打春，如方州仪。”《京都风俗志》亦载：宫前“东设芒神，西设春牛”。礼毕散场之后，“众役打焚，故谓之‘打春’”。旧《沙县志》记载：立春日，县衙在衙门前广场泥土塑一头春牛和一个芒神，举行隆重的迎春活动，祭典结束后将泥塑春牛打成碎片，四乡八保的农民和商贩蜂拥而上，争抢春牛碎片，据说将春牛碎片放到灶上或牛棚，可以保一年平安、六畜兴旺。

据传，夏茂镇洪氏“游春牛”习俗自宋代传入沙县，至今已有800年的历史。宋嘉定四年（1211年），江西饶州府鄱阳（今鄱阳县）人洪茂以南剑（今南平市）少府职入闽，后转任沙县县尉，在洪茂逝世后第三年（1227年），其子洪源从沙县城关移居夏茂水南开基，后又迁至水北七姑台。“游春牛”便是洪氏入闽始祖从赣南带到夏茂的。

夏茂镇洪氏“游春牛”与传统的“打春牛”有诸多差异。一是泥牛改为纸扎之牛，二是游后焚烧，三是仅在“双春”之年举行，且黄历上的“春牛”为“孝牛”即牛头呈白色时不举行活动。

9. 湖源迎龙及迎烛桥

湖源乡位于沙县南端，属沙县边远乡，东接大田县广平镇，西毗三元区中村乡，北邻沙县大洛镇。集镇所在地距沙县县城45千米，距三明市区42千米。湖源过年共有三次别具特色的活动。

首先是正月初五的“迎花灯”，然后是初七、初八的“迎龙”和元宵的“迎烛桥”。“迎花灯”队伍由上年新婚家庭配合组成，其“花灯”是由新人的娘家扎好赠送的。“迎龙”和“迎烛桥”则是家家户户参与，自己动手制作，人人参与活动。2010年，湖源“迎龙迎烛桥”被三明市人民政府列入三明市第三批非物质文化遗产名录。

“迎龙”“迎烛桥”和“迎花灯”，均有人牵头组织，迎花灯之首称为“灯首”，迎龙之首称为“龙首”，迎烛桥之首称为“烛首”，统称为“福首”。这个“福首”是怎么产生的呢？正月初一，湖源乡民都要到祠堂祭祖先，回顾过去一年里家人的生产、生活，以及婚娶添丁状况。第一个得男丁的家长担任“灯首”，第二、第三、第四个获男丁的家长，担任“龙首”，分别称为大龙、二龙、三龙。“烛首”的产生较为复杂。在邓氏家族则由高寿年长者为之首，在陈氏家族则以咸丰年间形成的拈阄为规定，其他姓族人则根据年龄辈分轮流选出“烛首”，延续至今。能当上“福首”的都被认为是族姓中最有福气的男人，会给家人带来好运。所以做“福首”的人家都十分重视。“福首”之间往往会暗自较劲，都想把排场搞得大一些。平时节俭的家庭这时也会慷慨解囊，有的要花费几万元来筹备各种活动，仅购买各种烟花爆竹就要花费上万元，还要筹办几十桌酒席。同族的亲戚都会挑来肉、面、蛋等礼品相助。腊月开始，做“福首”的人家就开始忙里忙外，亲朋好友也会主动前来帮忙。有的搭彩门、挂红灯、装彩车、摆宴桌，有的杀猪宰羊、准备各种祭祀用的物品。

“迎龙”的准备工作比较复杂。所迎之龙由龙头、龙尾和龙身组成。三者都是用竹篾作骨架，由彩纸裱糊而成，外围再用花色、塑料花、剪纸等装饰。

龙身由一节一节的“龙节”组成，每节龙节由固定在板凳上的竹篾扎成的圆柱体制成。竹篾圆柱长80厘米，直径25厘米。先搭好竹骨架，糊上彩纸，龙节的两侧分别写上“春回大地”“马到成功”“万象更新”“龙飞凤舞”“人寿年丰”“马上有钱”“龙腾虎跃”等吉祥语。再固定在一条长2.5米的“板凳”中部。龙身要严格按照尺寸标准编扎，前后至少留出一对蜡烛光的腰身，腰身不能太窄也不能太宽，太窄烛火会燃着糊纸，太宽则与整条龙形不搭，影响美观。所谓的板凳无腿，其实是一块杉木平板，距两端20厘米处各开一圆孔，供与其他龙节连接之用。龙节由各户（以灶眼为单位）包干制作，一户一节，做好后放在自家客厅的八仙桌上。

龙头和龙尾的制作工艺较为复杂。龙头4米长，“鲤鱼头、麋鹿角、黄鸭嘴、招风耳”，额头上书一个敦实的汉隶大“王”字，后脖贴上“国泰民安”，后脊龙爪一双，雄赳赳朝天举，酷似一条大写意的民间草龙。与宋人罗愿在《尔雅翼·释龙》中描述的“角似鹿、头似驼、眼似兔、项似蛇、腹似蜃、鳞似鱼、爪似鹰、掌似虎、耳似牛”龙外形大相径庭。每个龙头右边插一杆纸风车，象征风调雨顺的祈愿。龙眼和龙珠分别由两只射灯和一盏小红灯笼构成，底部安装电池。接通电源后，龙眼、龙珠就能发龙光，在乡野中的夜晚格外璀璨夺目。龙尾2米长，一头大一头小，小头上翘，似牛角又似鱼鳍。龙头和龙尾主要是用白纸裱糊，贴上各类水果、动物、植物的剪纸，最常见的是象征长寿、吉利的龟。龙头和龙尾由“龙首”家负责制作。由于工序多，工艺繁复，一般要提前几天请内行的师傅来主持，还要请亲戚朋友来帮忙。

“迎龙”的日期和“吉时”由乡里最有名望的“先生”根据“大龙家”辈分最高的长辈的生辰“八字”来“合”，定出具体时间。

活动开始时，族人在“福首”的带领下，抬着龙头和龙尾在祖祠的大厅中按照传统仪式举行祭祀仪式。祭拜之后各家各户的龙节依照大龙、二龙、三龙的顺序开始接龙。接龙时将两段龙节的板凳上的圆孔重叠，插上木楔或竹楔加以固定即可。接龙完成后，点燃龙身内的一对蜡烛，就可以开始迎龙了。湖源迎龙的龙身在200～300节，连成一条龙长达四五百米，最多时可达六七百米。

“迎龙”队列以锣鼓开道，由笛子、二胡、唢呐组成的民乐队居次，近年来还有女子铜管乐队，乐队之后是花灯队，接着是6人抬的龙首，之后“龙身”次第紧随，最后是龙尾。迎龙的路线是绕湖源乡间小径和街道一周。每到拐弯或下坡，迎龙的小伙子发出“呼”“哈”之呐喊声，飞奔而过，声势十分浩大。

“迎龙”中途入龙安坪“打龙圈”是湖源迎龙的重头戏。所谓龙安坪，实际上是湖源邓姓的祖坟，地势平坦宽敞，迎龙队列绕着安龙坪打圈游行，一时间，首尾交错，烛光闪烁，锣鼓齐鸣，焰火冲天，别有一番气势。

湖源“迎龙”一般持续2小时左右，“龙队”绕行一周后，来到水尾的龙会桥，经过龙会桥再入邓氏或陈氏祖祠。

最后仪式是把纸扎的龙头打碎，任由乡亲把碎片捡走，以示“福气均沾”。新婚家庭以抢到“龙须”为荣，得手后取回家斜挂床边，喻示“祥龙送子”。

元宵的“迎烛桥”与“迎龙”相类似，不过板凳上的“龙节”变成了五盏灯。花灯的制作是先安竹骨架，再糊彩纸，内置铁钉或竹钉，可插蜡烛。五盏花灯均匀并排在木板凳上，一家一板，一板一桥。热闹的年景，有两三百桥，长达数百米。

“迎烛桥”的路线与“迎龙”路线一样，先绕湖源乡游行一周，过山垄、行小径、走街巷，经过水尾的龙会桥，最后至邓氏或陈氏宗祠。迎烛桥最常见的情形是：鞭炮齐鸣、烟花齐放，唢呐声、锣鼓声、笛子二胡声（现在还有女子铜管乐队）交混一起，山摇地动。“烛桥”由宗族里最有威望的长者引领，走街串巷，逶迤蛇行。烛桥所到之处，家家燃放鞭炮、烟花相迎相送。

“迎烛桥”从正月十五元宵节当晚开始，经常会持续到正月十六清晨。活动结束后，各家各户扛着自己的“烛桥”回家，放置在客厅的八仙桌上，直至烛火燃尽，才妥善收藏，以备来年再迎。

从湖源乡陈氏家族保存的“迎烛桥”文书记载来看：“吾乡有迎烛一事，由来久矣。非徒以博子弟之欢，是借以邀神明之鉴。”烛首原先是“数十家轮流”。民国2年（1913年），陈氏族中耆老决定“通同族众，捐资置田产，以利购置来年迎烛桥所用蜡烛”，烛首改用“按户以拈阄方式”来决定。并制定出每年“迎烛桥”活动的规则。

10. 迎烛桥

“迎烛桥”俗称板凳龙，板凳龙又称梅竹灯，是元宵闹花灯的延续，是在沙县境内流传有千年历史的传统民俗。沙县民间“迎烛桥”各地之间略有不同，下面分别说明。

盖竹迎烛桥

盖竹村位于富口镇西，距集镇16千米，辖盖竹、迎后坪、乌呈坑3个自然村，6个村民小组。正月“迎烛桥”这项古老民俗游艺活动已在盖竹村盛行了400多年。

活动由头人主持。头人有主辅之分，俗称“大头”和“小头”。“大头”统筹当年“迎烛桥”的所有事宜，包括“份钱”的收取、香烛鞭炮的采买、伙食的安排等。“小头”辅助“大头”，帮忙料理“迎烛桥”所有事务，同时自己也是个学习借鉴的过程，因为今年的“小头”就是翌年的“迎烛桥”的“大头”，让“小头”率先介入，是为了让其积累经验。头人的产生，以自愿报名加“神明许可”的方式产生，每年至少有十几二十人报名，名单开出后，依次去小佑山寺庙“殊胜堂”里卜珓，“征求”三位“开路神”的意见，三位神仙菩萨同时出“圣珓”者，才有资格“做头”，当年新选的“做头人”只能做“小头”，学习一年，翌年才有资格换成做“大头”。

盖竹村烛桥制作任务分包到户，一般一户一桥。烛桥的制作工艺古朴、简练。选一条2米长的木板，两端各留出烛桥连接的孔眼，中间依次安上5对似凳腿的对称骨架，用白纸糊成呈漏斗状的灯箱，灯箱尺寸为底宽15厘米、顶宽18厘米、高32厘米。在灯箱外绘上代表吉祥、健康、长寿等寓意的松、鹿、鹤、梅、兰、竹、菊以及花、鸟、虫、鱼等。简单的灯箱则用毛笔写上“江山万代”“庆贺丰年”“大地好风光”“集众共一桥”“祖国山河壮”“红日照中华”“新年纳丰庆”“和谐社会”“百业兴旺”“国泰民安”之类的吉祥语。盖竹的烛桥每年都有 80 桥上下，最多的一年高达 124 桥。

盖竹村“迎烛桥”民俗活动一般在每年的正月十四举行，旧例，正月初九日先去小佑山上的殊胜堂“请”下“开路神”，在福首（大头）家“坐神”到正月十四“迎烛桥”结束，正月十五送回殊胜堂。现今很多村民在外做小吃，去小佑山请“开路神”的时间也提前了，改为正月初二请神下山，初四“迎烛桥”，初五送回。

“开路神”有三位，分别是定光佛、如来佛（原先是三宝佛，因重塑的三座三宝佛体形较大，便以如来佛代表）和五谷仙。因为有两位佛教菩萨，当日的平安饭是素斋，不能上荤菜。五谷仙，又名五谷帝仙，道教之神，是传说中的农业和医药的发明者。他发明制作木耒、木耜，教会人民农业生产，还教会百姓医治疾病。

串联烛桥在“大头”家门前的大坪或开阔地上进行。傍晚时分，做好烛桥的人家扛着烛桥来到“大头”门前，从“龙头”（第一板，灯箱裱红纸）起始，自行找烛桥串联，直至“龙尾”（最后一板，灯箱也是裱红纸）结束，而后各桥点着烛火。晚餐之后，夜幕降临，三眼铳鸣“礼炮”三声，宣告“迎烛桥”开始。“开路神”定光佛、如来佛、五谷仙和驮有“圣旨牌”的轿舆走在最前面。龙形烛桥紧随其后，一路上鞭炮齐鸣，锣鼓喧天。

盖竹村的地形很有特点，整个村庄如一张大圆饼，中部农田，外围房屋，村中小径绕村盘行，恰似这张“大饼”的外圆边。盖竹迎烛桥行走的路线是绕圆边“逆向”行走，也就是说先至村尾再至村头，而不是先村头再村尾。

烛桥队沿乡村小径逆行，每过一户人家，均鸣炮敬香，以示欢迎。烛光闪烁，欢声如潮，烛桥队在暗夜中游走，远远望去，就好像一条长龙在田间小路蜿蜒前行，蔚为壮观。烛桥游行至新村建设点或活动广场时，会停下来，展演一些“花式”，或金蛇缠绕，或九龙飞舞，或游云惊龙……现场欢歌笑语，热闹非凡。

烛桥队伍绕村“逆行”一周后，最后都必须“迎”到村庄中部的古庙云庆庵内，“龙头”“龙身”“龙尾”都要进庵内绕行，在龙尾没有进入庵内前，烛桥与烛桥间不可分离。这算是一项“技术活”，需经验丰富者指挥引导。所有烛桥绕行完毕，三眼铳再次鸣炮三响，之后烛桥分离，各自扛上自家的烛桥，争先恐后往家里跑。据说谁先跑到家里，福气就先到谁家，所以大家都不甘示弱。烛桥内没有燃尽的烛火可以移位到家中灶神、太保或土地公的神位上。现今盖竹村有很多人在县城购房，他们会多取几根蜡烛，将烛桥火引到县城住宅，以沾祥瑞。

山余迎烛桥

沙县富口镇山余村地处沙县、梅列、明溪三县（区）交界地带，距富口集镇 17 千米，已有 700 多年建村历史。元延祐三年（1316 年），豫章郡罗姓佛禧公由沙县城迁入山余村肇基，成为该村罗姓始祖，至今已繁衍至三十几代，400 余人。每年元宵节前夕，这里都要举行“迎烛桥”民俗游艺活动。据传，“迎烛桥”民俗起源于明代，是山余村数百年流传下来的特有的民俗游艺文化。

山余烛桥的制作工艺：烛桥主要道具，为多腿的板凳形状，首尾相接形似一长龙，表演时节节相随，时起时落，穿来摆去，故又称“板凳龙”。龙架由木工师傅制作完成，底板为原杉木制作，板厚 3 厘米，宽 15 厘米，长 2 米。底板两端各凿出一个直径 6 厘米圆孔，当中设计为五个灯箱笼，每个箱笼各间隔 15 厘米左右，高 32 厘米，底部边宽 15 厘米、顶部边宽 18 厘米，呈四方漏斗形状。箱笼骨架方料边长为 2. 5 厘米，也是采用杉木制作。每个烛桥还需配备一根长 80 厘米，直径 5 厘米的毛竹棍，作为相邻“板凳”之间连接之用，同时又充当把手。

迎烛桥制作的第二道工序就是给箱笼骨架裱纸、彩绘、写字。彩绘之时，充当龙首的两节烛桥采用红色纸张糊贴，其余的组成龙身的烛桥则采用白色纸张糊贴，边框再用红色纸张镶边。最后给箱笼顶部扎上四朵红花后就可以进行彩绘、写字了。彩绘的图案一般为花草、树、鸟等，字则是“国泰民安”“风调雨顺”“恭贺新禧”“吉祥如意”“百业兴隆”等吉祥语。

山余村“迎烛桥”的为首者俗称为“做头人”。同其他地方活动组织者一般由个人担任不同，山余“迎烛桥”的“做头人”多达十几户。全村近 80 户人家分成若干个小组，每个组轮流做一次“做头人”。“做头人”首先要将本次民俗活动的计划做周详，并预先予以公示，如接待人员、伙食费用、香火钱及其他费用等。估计全部所需费用一共要收取多少钱，再到每家每户去收钱，一般每家收取 50 ~ 100 元不等，比较热心的也可以多出个几百上千元。如果本次活动举办结束后资金有盈余，将转入下年度继续使用，假如费用资金不够，就不能再向村民收取了，而是要头人们自己凑齐，弥补资金不足。

往年山余村的“迎烛桥”活动一般在农历正月十三、十四日夜晚举行，由于大多数村民外出做小吃，最近几年把这项活动提前，改在农历正月初七举行。这一天，村里无论男女老幼或外出经商、务工人员都会前来参加，附近村庄的村民也会前来观看，盛况空前。

“迎烛桥”当天早晨，“做头人”要到村口的太保庙上香，告知将要举行“迎烛桥”等民俗活动，经卜珓取得太保爷的应允后，信众将庙里的各位神灵请上龙轿巡游全村。午宴过后，在村部大礼堂举行小腔戏表演。

傍晚6点半左右，“迎烛桥”正式开始。每户村民各出一架烛桥，每个箱笼里插上半斤重的蜡烛，全村七八十段板凳首尾相接起来长达百余米。出迎时太保爷神像和各位神灵香炉走在烛桥队伍前头，接着是代表龙首的烛桥，其他村民次第跟上，将点亮蜡烛的烛桥架扛在肩上，巡游全村。村民们在自家门前摆上香案，焚香、燃放烟花爆竹“迎接烛桥”，祈求平安。烛桥绕村一周后进入村中大坪，在大坪外围以逆时针方向转一圈，随后转入大坪，左转右突，宛如一条缠绕舞动的长龙。从大坪游出来后，继续向全村的最高点新村部广场进发，最后返回到太保庙前，将太保爷及各尊神明迎进庙内，出迎结束，整个过程约需一个小时。

各尊神明就位后，龙首进入庙内，“做头人”给太保爷烧香点烛，道士朝着神灵念过一遍咒语后，就可以拆解烛桥回家了。只见道士将手一挥，所有的村民连忙把拴在烛桥的竹棍迅速抽出，扛上各自的烛桥就往家里跑。据说谁先跑到家，谁就会最先把福气带到家，这一年的运气就会好。因此谁也不甘落后。

陈山迎烛桥

大洛镇陈山村位于大洛镇西南部，距集镇7.5千米。辖陈山、白水际2个自然村。陈山村“迎烛桥”活动至今已有400多年历史。

陈山村的烛桥制作工艺虽然简易，却有自己的特点。在一条长约2米、宽20厘米的横木板上，留出头尾10厘米，按30厘米间距六等分，安上6副铁骨架；请篾工用篾白扎成直径18厘米、高38厘米，形如圆柱形无底竹漏的灯笼，中间挖一圆孔，供插烛灯，烛灯是定制的每支2斤重的蜡烛。之后，将灯笼固定在烛桥的铁骨架上，一条烛桥就制成了。

陈山村“迎烛桥”时各条烛桥相互不串联，烛桥行动自由灵活，便于走队形，表演的花式也丰富多彩，主要有：造城、造篾墙、安民、安香炉脚、穿轿子沟、担谷袋、蛇蜕皮、斩枪等。

陈山村“迎烛桥”的“做头人”与富口镇山余相似，以自然村为单位轮流担任，但是否参加“迎烛桥”活动则不能临时决定。凡愿意参加下一年正月的“迎烛桥”活动的村民都会在清水祖师神座前许愿，称为“烛桥愿”。也就是说，每年“迎烛桥”时烛桥的数量多少由上年许“烛桥愿”人数多少决定。因此，陈山村烛桥队的人数每年都有较大的变化，少的年份有 30 多桥，多的年份达 100 多桥。

陈山“迎烛桥”在每年的正月十五元宵举行。出迎之前必须先请到清水祖师为“开路神”。清水祖师圣号为“昭应广惠慈济善利大师”，宋泉州永春县小姑乡人，俗姓陈，讳荣祖，法名普足。又有麻章上人、黑面祖师、清水真人、蓬莱祖师、昭应祖师、祖师公、佛祖公诸称。陈山村奉清水祖师为当境保护神。

陈山村“迎烛桥”出发前，先在村里的空坪上，由 6 ~ 12 人进行花式表演，即变换队形的表演，之后才正式出迎。

队列之首为扛旗的旗手，旗手之后有两人鸣锣开道。锣鼓手之后一人提着一盏灯笼，灯笼上写有红色的“清水祖师”四个字。祖师灯笼之后才是烛桥队，末尾是锣鼓队。

“迎烛桥”队列绕村庄小径游行后，又回到村中，经过之处，家家户户以鞭炮、烟花相迎，表达合家团圆、庆祝元宵的欢乐，祈盼来年风调雨顺、五谷丰登。

赤膊龙

富口镇郭墩陈邦村和荷山横历村的“板凳龙”颇具特色，其组成龙身的烛桥毫无装饰，只在一条平板凳上点燃蜡烛，当地人美其名曰“赤膊龙”。但同是“赤膊龙”，陈邦村和横历村造型又有所差异。

陈邦村“迎烛桥”的日子是正月初九。活动由“龙头”即“做头人”主持。“龙头”由各户轮流担任。陈邦村的“赤膊龙”每节烛桥由一条 2 米长的木板制成，上面安装 4 对对称排列的用竹片或铁片制作的烛座，可插 4 对 8 支蜡烛。因为蜡烛之外没有任何防风的附属设施，加上活动至少要持续一两个小时，所用蜡烛体形粗大，每支至少要 2 斤以上。每节烛桥两端均凿有圆孔，可用木棍为栓相接。

“赤膊龙”出迎之前，各户把自家的烛桥扛到村头，串联起来，再到村里的太保庙里请出太保公随行。之后，“龙头”点燃蜡烛，手持一把香，发出号令，“赤膊龙”便开始出迎。出迎速度由锣鼓声控制，忽快忽慢，或步行或奔跑。队列先在村里的大坪上绕圈，近百条板凳上点燃的蜡烛连成一线，夜色中烛火游走，如火龙舞动，颇为壮观。接着，“赤膊龙”穿行村中，所到之处，村民放鞭炮或烟花以示欢迎。一时间，鞭炮齐鸣，欢声如潮，烟花绽放。陈邦村游“赤膊龙”一般持续到元宵子夜才散去，各家把烛桥放置在自家厅堂，让红蜡烛燃尽后方才收拾，以备翌年再游。

同为富口镇所辖的荷山村横历自然村的“赤膊龙”形制更大，每节烛桥由一片长近 4 米的木板制成，上面安装 10 个间隔相同的铁制插孔，用于放置蜡烛。木板两端凿有圆孔，两片木板上下叠加，用粗木棍为栓相接。串联起来，长达 30 多节。

横历村迎“赤膊龙”的时间是每年的正月初十晚。但每年正月初七，村里的孩童们要先“迎灯笼”，寓意给神龙“引路”，如期降临横历村，庇佑民康年丰。横历的“龙头”也是轮庄制，但不是按户轮流，而是以 10 户为单位，每年轮流。“龙头”负责蜡烛香火鞭炮的采买与斋菜宴席的准备。

横历自然村为卢姓聚居地，故“迎烛桥”的时辰，由卢氏祖祠里供奉的刘氏真仙、五谷仙和护法仙三位大仙共同“决定”。须请“先生”在神座前焚香、上供、诵经文，而后通过卜珓选定吉时。据说“巳时”为最佳时刻。因为亥时正是晚 10 时，与正月初十相配，寓意“十全十美”。

“吉时”一到，鞭炮轰响，村民们扛着烛桥跟着“龙头”出发，孩童们提着灯笼尾随其后，沿村里小径游走，一路锣鼓喧天，鞭炮齐鸣。“赤膊龙”围绕村庄游走两遍后，游到卢氏祖祠前的大坪上，在锣鼓声、欢呼声中，往复穿行，盘旋缠绕，烛光绰绰的场面十分壮观。

据传，横历村迎“赤膊龙”的习俗起于宋朝，祖辈相传，延续至今，已有近千年历史。

11. 舞大鱼

舞大鱼俗称舞鱼，是民间的一种传统游艺，也是夏茂镇民间重大民俗活动之一。据民间传说，游鱼是周文王梦见群鱼戏水受到启发后令宫中艺人编

创的，目的是取悦龙王、期盼风调雨顺。夏茂的游鱼则是明洪武年间由迁居夏茂的江西人传入的。2015年被沙县人民政府列入第三批非物质文化遗产名录。

游鱼的主要道具为鱼灯。鱼灯的制作相当考究。其外形为鲤鱼。骨架由竹篾编制，全长1.2米，直径40～50厘米，由鱼头、鱼身、鱼尾连接而成，各节之间可灵活转动。鱼身下端连接一小竹把，用于安装长20厘米的木柄，作为舞动时的把手。旧时鱼身内还必须设置烛座，供点蜡烛之用。近年来多用电池、灯泡代替。外糊白纸或绸布，最后按要求进行彩绘。

早期一队游鱼由6条鱼组成，领头的称鳌鱼，深青颜色，呈龙首鱼尾状。据说此鱼已率先跃过龙门，变成龙头，为帮助其他鲤鱼“成龙”，主动返回给众鲤鱼当向导。其余5条鲤鱼的颜色分红、黑、黄、蓝、白。近年来游鱼队伍有发展壮大之势，有12条一队，也有16条一队，领头的鱼也由鳌鱼变成大鱼。

游鱼出游时除了大鱼由4人抬举之外，1鱼1人，但因为游鱼时间一般较长，会安排轮换人员。传统的游鱼还配有执烛（或灯）1人、击鼓1人、敲锣1人。锣鼓通过节奏的快慢、声音的高低、情绪的激昂和低沉指挥鱼灯的表演。

游鱼的表演主要通过鱼灯的高举、潜行、穿插、交替以及队形的变化表现鱼跃龙门的主题。常见的套路有“跳龙门”“双鱼戏水”“鱼进港”“鱼钻洞”“鱼刮痒”“鱼洗腮”“穿8字”“穿双8”“三梅花”“鱼相会”“鱼扫地”“起风旋”“单绞绳”“双绞绳”“对半挟”“鱼单剪”“鱼双剪”“卷草垫”“鱼半虱”等。游鱼通常高潮以“送春”作为表演的高潮：在密集、激昂的锣鼓声伴奏下，表演者轮流仰躺于地，两足蜷曲，急速运转鲤鱼，身子随着翻滚，表现鲤鱼勇搏激流险滩、跃门化龙的场面。

“游鱼”寓意“有余”，鲤鱼化龙寓意富贵吉祥。所以这项传统的民俗活动深受群众喜爱。旧时，游鱼队每年从正月初一晚上开始到各村走家串户。游鱼队前头开道的是持花灯鼓者，大灯鼓上写着舞鱼队的名称。灯鼓两边的对联一般为“风调雨顺，五谷丰登，国泰民安，年年有鱼”之类的吉语。游鱼队进村后，村中建新房者、新添男丁者或家中有60岁以上老人的，一定要燃放鞭炮，将红鱼迎进客厅，表示迎吉利、迎福气、迎喜庆进门，主人会给游鱼队送红包，有的还会做点心招待。游鱼队则用精彩的表演套路回谢。20世纪80年代之后，游鱼表演主要在大街、广场举行。

按夏茂习俗，游鱼活动从大年初一持续到正月十五晚上，游鱼队在本村舞鱼拜年结束后，就在村水尾的河边或溪边大路上举行庄重的送鱼仪式。仪式由一长者主持。首先将有破残的鱼身修补好，将所有春鱼的鱼头朝河的方向摆。然后由长者点火，将春鱼焚烧。此时要点燃香烛，鸣放鞭炮、土铳，敲打锣鼓，为春鱼送行。焚烧时从红鱼开始，紧接着是黑鱼、黄鱼、蓝鱼、白鱼。焚烧春鱼要干净彻底，寸竹片纸都不留。最后，长者发布祷告词："鱼儿魂归故里，把福气留在人间。祝来年风调雨顺，五谷丰登。"

12. 打门神

荷山村位于富口镇西北部，距集镇20千米、县城35千米，海拔785米，因其山形似荷花，故山以莲花为名，村以荷山为名。莲花山顶有座白云观，又称莲花寺。莲花寺供奉龚、刘、杨三位祖师，为荷山村民传统的保护神。这座历史悠久的村庄至今仍保留着一项千年的传统民俗文化活动——打门神。

打门神是荷山莲花寺农历八月庙会活动的收官节目。

农历八月初八是三位祖师的祭拜日，庙会活动从八月初六就开始了。这天上午乡民们将三位祖师的神像从白云观"请"下山，迎进村中"坐神"。按荷山20世纪80年代后创立的"规矩"，白云观八月庙会由"福首"牵头组织，"福首"由"人民公社"时期划分的5个生产小队轮流担任。荷山村村民主要是罗姓和陈姓（另有黄、刘姓各一家），"坐神"根据当年担任"福首"的村民的姓氏选择在罗氏宗祠或陈氏宗祠进行。入祠堂"坐神"前，道士要在三位祖师爷面前卜珓，出圣珓之后，方可把祖师爷请进祠堂大厅安坐。

初六下午开始为期三天的"巡境游神"。游神时按三位祖师神像舆、移动神龛、彩旗队、鼓队的顺序排列。游神队每天须绕荷山村"巡境"三圈，三圈分三趟，分别巡至罗氏宗祠、陈姓宗祠和村口（门楼方向），以祈求风调雨顺、国泰民安。细心的人会发现，龚祖师还抱着一尊小神像。据说，那小神像是龚祖师的父亲，也是刘、杨两位祖师的义父。为何出家人偏偏不能舍弃父亲，其中故事尚待考证。

游神活动持续三天，全村人都在祠堂吃“平安饭”（斋饭）。农历初八上午最后一趟“巡境”之后，三位祖师要被“请”回莲花寺。旧时，返回莲花寺须行古道，从村尾出发，往东北面逶迤上行。通常游神队还会选择身材瘦小的8～10岁男童一名，脖子上戴着枷锁，从荷山村开始，跟随游神队伍同行，一直到莲花寺，再去除枷锁。此举的意义是，“枷锁加身”如同“病魔缠身”，“去枷锁”等于“祛病魔”，以获取安康。

莲花山山顶通公路后，请三位祖师返回莲花寺的路径有所改变。参加传统巡境游神的队列乘车，在离莲花山山巅约2千米处下车，事先早有人安排香烛酒水供桌在此“接马”。而后，游神的村民分三组抬着三位祖师神像舆下车，缓步行至莲花寺路口，只听得一声吆喝，抬着龚、刘、杨三架祖师神像舆的村民疾步跑动起来，比赛着，分三路争先恐后地冲向莲花寺门口的大坪。这是“打门神”之前的预热，称为“赛神”。因为龚祖师是三位祖师中的老大，所以三位祖师赛跑的结果总是龚祖师率先到达。

三架祖师神像舆到达莲花寺门口之后，随即开始“打门神”的表演。

表演在莲花寺前殿门口进行。事先在前殿大门后两侧水泥地面上各预留一20厘米大小的浅坑，门扇上安两大铁环。将两根口径18厘米左右的毛竹涂抹茶油，一端插在浅坑中，一端斜穿门扇上的铁环，两根毛竹交叉封住山门，毛竹后放置一条长板凳，并选择8～10名壮汉扮演“门神”站在板凳上，把守山门。“门神”上身赤裸，涂满茶油（这样光滑，不易被推倒），要阻止“祖师”穿越山门进殿。“吉时”一到，门外扮演“祖师”的壮汉冲上前去，千方百计想闯进门来；把门的“门神”则拼命阻拦，竭尽全力不让进门。双方一次又一次地较量，冲上去被推出来，推出来又冲上去。“门神”与“祖师”对话很有意思，门神认为祖师已用过午饭，三位祖师实际上还没吃午饭。门外的人一边向门内冲，一边高喊：“无馌!”（没有吃!）；门内的人一边把门外的人向外推，一边高喊：“有馌!”（有吃!）门外的人毕竟人多势众，在一阵阵“无馌!”“有馌!”“有馌!”“无馌!”的呐喊声中，终于有一个壮汉被“塞”进殿门。但争斗还在继续，直到有三个人进入山门，象征三位祖师都进殿了，“打门神”方告结束。平安饭终于可以开始了。

据莲花寺老和尚介绍，“赛神”和“打门神”都源于莲花寺的一段掌故。据传三位祖师尚未成道之时，有一天结伴下山办事，返回时已是中午时分。

三位祖师饥肠辘辘，但离莲花寺还有一段路。旧时出家人奉行“过午不食”的原则，为了赶在午餐的时辰之前回到寺里。其中一人提议比赛脚力，看谁先到得山巅。于是三位祖师举行了一场赛跑。虽说是比赛，但刘、杨两位祖师心存礼让之心，有意让龚祖师夺得第一。话说莲花寺前殿把门的门神见三位祖师一路奔跑赶着回寺吃午饭，存心同他们开个玩笑，故意堵在门口，不让三位祖师进门。三位祖师说：“快让我们进去吃饭，肚子很饿。”门神说：“谁信，这个点还没吃饭？”三位祖师说：“不打谎！还没吃。让一让，行不行？”门神说：“下山好吃好喝，还不说实话？偏不让进！”三位祖师也不是好惹的，各自施法，和门神打斗了一阵。当然，三位祖师的法力总是更胜一筹。这段掌故最终演变成为莲花寺庙会活动最精彩的“赛神”和“打门神”，其中的“祖师赛跑”和“无馌!”“有馌!”的呐喊声生动地演绎了三位祖师和门神之间的一段故事，成为别具特色、妙趣横生的地域性民俗文化活动。

龚、刘、杨三位祖师又合称三济祖师。据地方志记载，三济祖师崇拜在闽西北多处可见。归化县（今明溪县）圣水岩、顺昌县宝山寺、沙县夏茂镇西山崖大禅峰寺等寺庙，也供奉“龚、刘、杨”三位祖师。

关于三祖师的来历，《福建通志》《邵武县志》有详尽的记载。龚祖师本无姓，西域突利属长民也，以母契丹氏适龚，遂冒龚姓。刘祖师为交趾人，杨祖师为南华人。三人在参知佛法途中相遇，结为知交。后受福建雪峰寺义存禅师剃度，剪发为头陀，法名为龚志道、刘志达、杨志远。三人圆寂后皆化身为佛教俗神。南宋绍兴八年（1138 年）为民解旱，敕封真济、神济、慈济三公；宋淳祐年间加封圆照显佑大师。明初因助军灭寇、助民除疫敕封如前。

13. 扒龙船

五月初五沙县人过端午节，沙溪流域虬江河段会上演“扒龙船”的民俗活动。

旧时，沙县古城墙还在。沙县龙舟队大致以城门、乡镇、村名为单位，主要有西门、东门、庙门、南门、小水门、师古门、和水南、大洲、琅口、高砂、青州、城头等。最兴盛时期，沙县境内有龙舟二三十条。每年四月中旬左右，人们早早地把龙舟抬出来，补漏、上彩、刷漆、试水。初五日午后

"扒龙船"开始，观看龙舟赛的人们密密麻麻地沿着虬江两岸分列站排。沙溪十里平流上，各色龙舟一字排开，每条龙舟各有24名队员，分两排对坐，光膀子握桨，船首坐一鼓手，配一面小鼓和一方口哨，船尾立一稳重的船长兼舵手。比赛开始，口哨响起，鼓手敲击出铿锵悦耳的鼓声，水手们按着鼓点的节奏奋力划桨，喊声如雷，助威声震天，群情激奋，令人久不能忘怀。

沙县农村过端午节有提前到"过初四"的习俗，并流传有民间俗语云："乡下人不识字，过节过初四；城里人不知苦，过节过初五。"其实，农村人提前一天（初四）过节，是为了初五好进城看"扒龙船"。过节与看热闹两不耽误。

"扒龙船"的本义是祭龙，利用祭龙仪式招来雨水，调适气温，利益百姓，而在操作过程中演变成为竞技娱乐，众人狂欢，在闽南一带"扒龙船"还附加有抓鸭子等娱乐项目。"扒龙船"的选手，抑或观众，此时都可以走出户外参与"扒龙船"活动，可以锻炼腿脚，增强体质，让身体以健康的状态适应炎热夏日的到来。所以，就"扒龙船"本身意义而言，有祛除疫病、禳灾去祸、求乞神明赐予健康的意味在其间。

二、节日习俗

1. 春节

在沙县民间，春节一般是从农历腊月二十三日晚祭灶开始，民谚有"二十四，扫房子；二十五，磨豆腐；二十六，宰猪羊；二十七，洗疚疾；二十八，挂年画；二十九，去打酒；年三十，贴对子"之说。一直到次年正月十五日元宵节为止，其中以除夕和正月初一为高潮。

腊月二十三，民间称为小年，当晚过"小年夜"、送灶神。过年的气息越来越浓，民间有祭灶、扫尘、采办年货的习俗。在灶前供奉米酒、米花、灶糖、灶饼（岩酥、金钱酥）、红橘等，点香放鞭炮拜祷，谓之"送灶神公上天”。即日起亲友相互馈赠礼物，称为“分年”。新婚头三年的女儿、女婿更是要准备猪脚、公鸡、草鱼、粉干等四样礼物，有的人家送六样或八样，但必须是偶数，还要给岳父岳母等压岁钱，岳父岳母则回礼物，给女儿或外孙压岁钱。

大年三十，“有钱没钱，买画过年”，这天家家贴年画贴对联。早上家家户户舂糍粑，早餐后挑着公鸡、糍粑、米酒等到土地庙、祠堂供奉土地公、祖宗。下午接灶神公回家，准备年夜饭。年夜饭必有鸡这道荤菜。过去家里丁口多，而宰杀鸡的只数少，“大人”如祖父、父亲、兄长吃腿，祖母、母亲、年幼者吃翅膀、鸡爪、鸡脖子等，现今家庭丁口少，想宰几只就宰几只，想吃腿就吃腿，想吃翅膀就吃翅膀。年夜饭还有年糕、粉干等，大人也喝些自酿的米酒。宴前献饭祭祖，焚香祀神，放炮驱邪，家中长辈给未成年子女分发“压岁钱”，并焚旧灯于门外，取“除旧布新”之意。20 世纪 90 年代末开始，有个别人家到酒店定除夕宴，一家人或数家人一起到酒店吃除夕宴。过去晚宴完毕要守岁，而今更多的人是围坐电视机前，观看中央电视台的“春节联欢晚会”，有的家庭在午夜时分，还会加热晚餐吃剩的鸡肉、粉干等，一家人一起吃夜宵。等到春节联欢晚会结束，一家人才休息。

正月初一天未亮，作为“一家之主”的男人最先起床，净手之后“开大门”。接着，在客厅的长案（亦可用八仙桌，也称天地桌）供茶酒、斋果、斋菜，常见的有黄花菜、冬笋、腐竹、香菇，红橘、苹果、花生、瓜子，点烛焚香，放鞭炮拜天地，谓之“接年”。此长案供品一直摆设至元宵节。紧接着老幼早起，更换新衣，和和美美吃早餐。初一早餐一般六道或八道素菜，有油炸豆腐、油炸米冻、胡萝卜、红头菜（菠菜）、香菇、蒜苗、金薯（淮山）、冬笋和米饭等。米饭是除夕夜特意捞好的，摆放过夜，寓意“年年有余”，初一早再炊熟。早餐的饭菜寓新年“诸事合算”“富足安康”“开门见红”“吉祥如意”等意愿。上午，家中晚辈向长辈拜年，长辈赏红橘或红包，街坊邻里互道新禧，作揖恭贺。

初一到初五，新婚夫妻往娘家拜年，小孩随大人出门认亲访友，谓之“出行”。来客以茶水、花生、瓜子、粉干、鸭蛋、腊鸭、米酒款待。若旧年中有亲友新添丁口，则以红盘置红橘 4 个、甘蔗 4 节、红蛋 4 个、饼馔 2 包、红包 1 封，前往祝贺，谓之“送盘”，又称“挂饼仔橘”。

正月初二日设茶果斋盘，敬祀土地公。各家设筵席请亲朋好友，俗称

“请春酒”，一般要到正月十五结束，也有个别延至月底的。

正月初五至十五期间，全县各乡村开展迎神（游神）活动，主要迎地方神灵，如太保公、五谷仙、仙奶（马氏真仙）、土地公（福德正神），还开展游鱼、舞龙、舞狮、肩仔头棚、赏花灯、踩高跷、演戏唱戏等活动。在迎神（游神）期间，夏茂、高桥一带乡村刚办过喜事的人家有送酒菜、花生、炒豆到庙前或庙旁任人取食饮用的习俗，名曰“充喜”。还有一种叫“打喜”的习俗。凡在年内添男丁者，称为喜首，每位喜首在自家门前设案焚香燃烛。伫立迎接“打喜队”，打喜队到来时，鸣炮敬酒迎接，打喜队赐给喜首以喜花后离去，喜首继续向远近宅舍登门敬酒；入晚，还要简备佐酒菜，邀请亲友围桌敬酒。

2. 接春

沙县人将立春这一天，视为新一年的正式开始，是一年中最大的节气，城乡各家各户都非常重视，举行隆重的接春仪式。长长的竹竿上插着春叶（民间叫标子树叶，学名“尖叶水丝李”），春叶枝条下系着黄纸钱，如旗杆一样立在屋前天井里。天井或客厅里设天地桌，摆上茶酒、斋菜、果馔等。门前屋后、厅堂谷仓、猪栏鸡舍张贴“春到发财”“迎春接福”“五谷丰登”“六畜兴旺”等吉语。

立春之日，城乡各家各户都吃春宴。春宴以立春时辰为准，在子、丑、寅、卯、辰时春宴设于早餐；巳、午时春宴设在午餐；未、申、酉、戌、亥时春宴设在晚餐。家庭成员如有外出不在家的，桌席上也要为之摆上碗箸，以示“阖家团圆”之意。城区多吃春卷，烙春卷皮的店门前排起长队；乡下也有吃春卷的，但更多的还是吃糍粑、米粿、粉干等。

立春这一天，夏茂洪姓人要举行“游春牛”活动。据说游春牛由江西洪氏带进夏茂的，也不是每年都游，只有逢“双春”之年才游。游春牛除娱乐之外，更含有劝农之意。具体做法是：用毛竹片制成春牛骨架，糊以棕黑色纸张，牛头系着红绸缎。游春牛的队伍是这样的：首先是古代戏装分别扮成一家丁和一男用人粉墨登场。游行时在前头开道的是花灯鼓。鼓面画着丰收的谷穗。灯鼓之后是二对四方形灯柱，有两对灯柱前面的对联分别写着：“春种一粒谷，秋收一担粮”“愧彼惰农空食粟，怜其劳力勿加鞭”；后一副对联的大意是：当农民一要勤劳，懒惰就会坐吃山空，二是耕牛为农人出力，一定好好爱惜它，不要随便对其挥鞭。灯柱左右分别写着“风调雨顺”“五谷丰登”。灯柱的后面跟着的是两把唢呐手，吹奏欢快的民间乐曲。男用人牵着耕牛以滑稽形态、步伐跟在唢呐手之后。男主人挑着犁、耙，男孩挑着一担牛草，女孩提着一只饭篮，主妇提着一壶开水。再后是三架大簾，头一架簾里面安坐着五谷真仙，第二架簾里面装着米、谷、瓜、青菜和水果，第三架簾里面放着白馃和三牲五福食品。随后是一位滑稽扮相的男佣牵着春牛出场，春牛由四位身强力壮的青壮年抬着前行。最后面是锣鼓乐队，游春牛队伍在大街、主巷游行，凡到各家门口，无论农工商学各行各业，都放鞭炮迎接。游春牛或叫打春牛、鞭春牛，旧时农民多为文盲，为劝农民不误农时，每年立春，县太爷在县衙门前，指示人在府前用泥土塑造一头泥牛，旁边站一芒神，根据当年立春时辰，或站牛前，或站牛中，或站牛后，以示当年立春季节春早或春迟，提醒农民不误农时，称劝农。店家并有当年春牛图出售。春牛图上画有一牧童骑在牛身上吹笛子、杨柳、燕子等，并有标明当年廿四节气时辰、农事、家庭宜忌等，每年农民进城采买年货，一般都与对联、年画、春牛图等年货一并购买。

3. 元宵节

元宵节为一年中第一个月圆之夜，道教兴起后又称上元节，俗称“寿年”（系“上元”的方言音变）。这一天，家家制作元宵、春卷、芋包等风味小吃。元宵开展迎神游街、演戏唱曲、猜谜语游园等活动，儿童上街，有不少人提着各种灯，混在迎神游街人群中。明代谢肇淛《五杂俎·天部》记载：“天下上元灯烛之盛，无逾闽中者。闽方言以灯为丁，每添设一灯，则俗谓之添丁。”沙县之俗也是这样。20世纪90年代后，各乡镇的文化部门组织队伍参加府前广场闹元宵，主要有舞龙、舞鱼、迎烛桥、游板凳龙、舞狮子、踩高跷等。

4. 清明节

是日，家家做艾粿艾粑，扫墓祭祖，往村外采花踏青或访亲探友。清明正值农业播种的时节，沙县有“清明前后种瓜点豆”的农谚。

扫墓祭祖。沙县人讲究“慎终追远，祭祖敬宗”，对逝去的亲人和列祖列宗，要春秋两祭，所谓“春蒸秋尝”。而春祭，一般都放在清明节前后进行。

祭祀分“墓祭”和“庙祭”。墓祭是人们前往坟地，整坟除草，摆供祭品、点香焚烧纸钱。庙祭则是在祠堂或家庙里摆供祭品、点香焚烧纸钱。春天庙祭规模小而简单，秋天庙祭则规模大而隆重。2003年开始，因政府倡导火化，亡人之灵多存于公墓、祠堂，人们更多的是以鲜花、香烛、供品凭吊。扫墓回来时，顺手摘几条树枝，编成草帽，插上几朵山花。因沙县人坟墓多建在小山包上，山上多的是马尾松，而很少柳树。古时清明扫墓插柳的风俗，在沙县就变成编树枝草帽的习俗。

踏青。农历三月三称“上巳节”，又是沙县地方神“太保公”的生日，全县都要举行纪念活动，沙县“朋友家”聚会“打平伙”，也经常放在三月三。古时，这天有踏青的习俗，因与清明节相近，今沙县人都改在清明节前后踏青（春游），各级学校也经常组织学生举行春游活动。

吃清明粿。清明节前后，沙县民间常有吃清明粿的风俗。清明粿系用粳米炊熟，放舂臼中舂烂舂黏，与平常的粿不同，在制作时要放入野菜（俗名“黄曲艾”）一起舂，成品清香，包上豆粉糖的甜馅，或包上炒好的萝卜丝、香菇、春笋等咸馅，或一样一半，合而食之，外表一白一绿，内馅一咸一甜，其味妙不可言。

5. 端午节

在沙县，农历五月初五端午节，是春节之外的第二大节日。端午节当天，门上悬挂菖蒲、艾草，房屋角落熏燃黄烟，儿童以艾草、菖蒲等多种草药煮“百草汤”沐浴；婴幼儿在胸襟上佩挂香囊，或在手腕和脖子上佩戴五色线、长命缕、百岁索等以避邪；全家饮雄黄酒以祛疫除灾，并具牲醴、祭祀祖先，以求平安。菖蒲似剑，悬于门上，有驱魔去鬼之效。艾草则代表招来百福，插在门上，可以使身体安康。饮雄黄酒，并用它涂抹儿童的耳鼻、额头、手足，认为能够使孩子们免受虫蛇的伤害。

沙县端午粽子做法不一，名称众多，富有特色，有白粽、肉粽、豆粽、糖粽、豆沙粽等。其中肉粽包心，不是单一的卤肉，一般还拌入香菇、虾仁、笋干等。不论哪种粽子，都添加碱，蒸熟后具有黏、软、香、滑的特点。粽子是节日的馈赠佳物。节日前，头年端午节后至当年端午节之时，有丧亡之户不得裹粽，亲友包粽子送之，谓之“送节”。各家均包粽子，亲友邻居也往往互赠，而且比较随时随意，少则三五个，多则数十个都可以。

沙县端午节的一项重要活动是赛龙舟，又称“扒龙船”“龙船”。龙舟狭长细窄，船头装饰龙头，船尾安有龙尾，龙尾画有龙鳞，划起来活似一条龙在沙溪上腾跃。沙县“扒龙船”一般以各街道、村落命名组织，各队龙船各有特色，俗语说“城前龙船乌蓬蓬，东门龙船白葱葱，水南龙船扒进洞”。意思是说，大洲的龙船乌蓬蓬的很威风，东门的龙船船头龙须如葱头一样白闪闪的，而水南的龙船赛后穿过水南小溪的桥洞，返回村里。

沙溪流到沙县城区，河床变宽阔，水流平缓，形成了“十里平流”，是端午节赛龙舟的理想河道。龙舟比赛在沙溪河上举行，乡下群众多进城观看，河岸和城墙上站满了人，气氛十分热烈。沙县有民谚说：“村者不识字，过节过初四；城里人不知苦，过节过初五。”其实说的是乡下百姓提早一天过端午节，好在翌日赶到城关观赏“扒龙船”，与不识字、不识苦无关。

“文化大革命”期间，“扒龙船”被认为是封建迷信而被禁止，1985 年恢复后，多在沙溪河举行，2009 年在金沙园内龙湖举行。沙县龙舟曾多次参加三明市龙舟比赛，获得好名次。

6. 吃新节

沙县民间以农历六月六日或六月中第一个逢“申”日子为吃新节。季夏，稻田里沉甸甸的谷穗成熟了，新谷初收，舂成白米，农家择吉日蒸上一大甑香喷喷的新禾米饭，或以新米加工成米冻、喜粿等各种食品，准备上酒、蛋、猪肉、豆腐等菜，全家人聚餐改善伙食生活，叫“吃新”。

餐前，新禾米饭团供于大门口前和祖先牌位前，焚香点烛敬祀天地和祖先，餐桌上，全家人忌说不吉利话。农家第一餐新米饭，要先用大碗盛一碗白米饭，夹一块肉放在上面给狗吃。民谚云：“六月六，人洗头，狗洗浴。”这一天如果是晴天，各家翻晒箱奁细软、旧物藏书，使之不生霉、起蠹。

7. 七夕节、中元节

（1）七夕节

农历七月初七，民间称七夕，又称乞巧节。当年家有新入学的学龄儿童，家长一般要给孩子“做七夕”，置办酒席宴请老师及亲友。从七月初一到初七，这七天时间里，每天都有人做七夕。这天，孩子早起，在屋前竖起旗杆斗，将糖塔摆列在桌子上，学童点烛，焚香当空叩拜后，静坐朗读书文，写描红练习字本，希冀心灵手巧的“七夕姐”降临启发智力，今后读书更加颖悟。这天中午才大宴宾客，事后主家把糖塔敲碎，杂在爆米花、糖果里，分成小包，送给左邻右舍和亲戚朋友。

外祖家送的礼品一般有旗杆斗、全套文房四宝、糖塔、书包、计算器、雨具、茶壶、衣服、鞋子等，为讨吉利还要送红枣、石榴、西瓜、花生等四色果品和光饼、爆米花。20 世纪 90 年代后，还扩充到送自行车、家用电器等，其他亲戚送糖塔或冰糖、布料、鞋子及礼饼等，一般朋友则给个写有“塔价”二字的红包。

旗杆斗是乡试、会试、殿试的第一名解元、会元、状元及第的象征。糖塔高一尺许，中空，外有彩绘，就像陶俑一样，用白糖熔化倒入特制木雕印模里灌注而成，统称“糖塔”。糖塔是“做七夕”最具代表性的礼品，也是糖塔和糖俑的总称（沙县人称“糖塔”一般指糖塔和糖俑）。一般“糖塔”有两大组，其一为糖塔和糖制福禄寿三星俑，喻示有福，有禄，有寿。福星俑手持如意，体形最大，禄星俑、寿星俑次之，禄星俑手抱婴儿，寿星俑手持梅花杖。其二为糖塔和鳌鱼俑（上色的米俑，乃是米粿用木模具压制成鲤鱼象形，鱼眼睛用食品红点圆，鱼鳞用毛笔蘸黄栀子汁画半圆弧粗线勾勒）、拜朝俑（持笏文官，也称官俑）、麒麟俑。鳌鱼俑意形出自鲤鱼跳龙门，以示学业晋升；拜朝俑是持笏文官，以示仕途高远；麒麟俑喻示太平长寿。

富有的外祖家在礼品中还增加鸡、鸭、鱼、肉之类，雇两人用春篮抬送外孙家。

沙县还有给女童“做七夕”的，但不是启蒙教育这个上学的仪式，而是让她们捧着针线笸箧学女红针黹。现代生活的发展，一般妇女不需要做针线活，女童跟男童享有同样的权利，特别是独生子女，女童乞巧做针黹的习俗已经逐渐消失了。

沙县“做七夕”具体何时而来，目前史料上无从考证。从糖塔取材选形于唐朝“雁塔题名”判断，推断为唐朝中宗神龙年之前。沙县人给孩子“做七夕”是重视教育的一种表现，也是独特的崇文重教的文化传承。《沙县志》载曰：“七夕，小学蒙童设酒肴，焚所习字纸乞巧。”其实，沙县人给入学孩童“做七夕”与魁星有关。据说农历七月初七是二十八星宿中魁星的诞辰日，魁星是北斗七星第一颗，也称为魁首。相传魁星主管人间文事，想求取功名的读书人会选择在农历七月初七魁星生日这天祭拜他。

（2）中元节

农历七月十五中元节，俗称鬼节。这一天，家家户户都要在祠堂供桌上供奉生姜（带叶）、葱（整丛，带根）、黄瓜、茄子等蔬菜，石榴、橘子、苹果等水果，菩珠（面粉、南瓜相拌做成小珠状，外上一层芝麻的食品）、小麻绳、灯盏糕（也叫浆糍）等食品，还要粉干（或面条）、豆腐等，也有熏鸭、猪肉等荤菜。祖宗炉内分左右两侧各点两支香，天地炉点三炷香，土地公炉点三支香，三个炉前的烛台上各点一对蜡烛。

点香烛后，家家户户要烧纸钱。烧纸钱内容：黄钱、白钱、金箔、银箔、冥票、香烛、鞭炮等。烧纸钱工具：往往烧在废锅、废脸盆里。烧纸钱分两类，一是烧给历代祖先，特别是近三代的先祖。二是烧给门神和三岔路口的过往神祇。把纸钱等装袋，袋子上写明“冥间收票人地址和姓名”和“阳间赠予人的地址、姓名”；逝者男性通常称“显考×公××府君”，女性通常称“显妣×婆×氏××孺人”。给门神的是这样写的：“本家门丞户尉、列位尊神、一仝笑纳”。最后，还要烧一份给三代以上的祖宗列祖，烧一份给孤魂野鬼，给那些路口神祇写上：“虚空过往、百客神祇、一仝笑纳”。最后燃放鞭炮。至此，祭祀仪式才算结束。没有祠堂的人家，就在家的客厅里陈设供品，在家门前焚烧纸钱。中元节时，正当新鸭、新芋上市，城区家家户户宰新鸭，做芋包尝新。鸭子的吃法很多，熏、卤、炸、煮，很多人将鸭做成一鸭三吃：头、脚、翅与芋子或目鱼煮汤；鸭内脏煮酸辣汤；鸭身白斩，浇上蒜泥、酱油、味精、白糖等。祭过祖宗后，傍晚时分全家围桌而食。晚上儿童一般不出门，担心遇上鬼，惹来灾祸。

8. 中秋节

县内从农历八月初一开始，到中秋节前后，家家户户都上坟扫墓，叫“醮坟”。清代、民国年间扫墓，族中当年轮庄做东的“主家”，就会在墓前摆上若干桌席，在家里煮好菜肴，温热米酒，挑到墓前，扫墓的族人一起饮宴。20 世纪 80 年代后，这种在中华人民共和国成立后中止的风俗逐渐恢复。族人分头到各处扫墓之后，回到村里，在做东“主家”里饮宴，也有的在酒店里定上酒席若干桌，合族人共进午餐。20 世纪 90 年代以后，每年农历八月初，沙县张氏、邓氏、陈氏、罗氏、黄氏、曹氏、胡氏等都在县城各自祠堂举行隆重祭祀活动。秋祭之日，各姓氏的宗亲备好香烛，从城乡甚至外县聚集祠堂，参加祭祖活动。祠堂请五六位道士布道，请民间歌舞乐队表演，并在祠堂置办数桌到数十桌不等的酒席，宴请参加祭祀人员。祭祀经费，一般由族人捐献。

在沙县，有女儿、女婿中秋节给岳父母家“送礼”的习俗。礼品包括番鸭、月饼、酒类等，也有其他亲戚之间互赠月饼的。中秋晚上，设家宴，一家人吃芋包、喝米酒、尝月饼、赏圆月。

赏月时，有的在客厅供桌摆上祭品，沙县小孩子称之“古董摆中秋”。夏茂等一带还摆上芋头作供品。

9. 重阳节

九九重阳，有秋游登高之俗，小孩放风筝为戏，家家制米粿或糍粑、芋包。重阳时节，天气已转凉，沙县民间有食补品强身体之俗。主要是宰杀鸡鸭，或用牛羊肉炖当归、党参、黄芪等中药进补。

1988年，沙县取此节为“老人节”，各机关均开展敬老活动。随着我国进入老年社会，县内设老人机构有老龄委、老干局、老体协等。是时，均开展慰问老人活动，各单位也在重阳节慰问本单位的退休老人。

10. 补冬

立冬日，沙县民众有吃猪脚、糍粑的风俗。各家视富裕情况，选用人参、鹿茸、黄芪、当归、龙眼、黑枣等补品浸酒服用，谓之“补冬”。

冬至日，家家吃汤圆，有的人家还要买猪脚补冬。有的将猪脚与目鱼同煮，熟烂后加红酒食用。肉烂酒香，吃后全身暖和。有的将猪脚砍成小块，与冬笋、大蒜叶加盐加水一起煨煮，待猪脚熟烂后，捞起用大碗装，放一夜后，结冻，俗叫“煨冻”，用来配饭，味道鲜美。

冬至后，各家开始酿米酒、晒鸭巴（做腊鸭）、备年货。

11. 其他节日

（1）土地公生日

沙县民间有的村落以正月初二日为土地公生日。庆祝土地公做生日，焚香放爆竹设斋果予以敬祀。从正月初二起，各家设筵席请亲朋好友，俗称

“请春酒”，一般要到十五日结束，亦有延至月底的。有些地方把二月初二作为土地公生日，所谓“二月二，龙抬头，大囤满，小囤流”。烧香烛顶礼膜拜，祈求一年平安，五谷丰收。

（2）迎神庙会

正月初五至十五期间，是迎神庙会之日。夏茂一带乡村刚办过喜事的人家有送酒菜、花生、炒豆到庙前或庙旁任人自取自饮的习俗，名为“充喜”。其间，各乡村开展迎神活动，主要还是地方神灵，如太保公、五谷仙、土地公等。

（3）四月蛊毒始

县内有“四月蛊毒始”之说，故四月初一家家用面粉或米浆、糖、蝴蝶菜或韭菜烙粑，让儿童“解馋”。儿童食用“粑”后，一个月内不得上街吃零食，以防中“蛊毒”。

（4）浴佛节

农历四月初八，是佛祖释迦牟尼的生日，俗称“浴佛节”。沙县城区每到这一天，各佛教寺庙都要举行佛事纪念活动。同时，农历四月初八又是耕牛的生日，农民举行纪念活动。

（5）立夏与弘农节

立夏这天，沙县农家有吃喜粿，炒韭菜、豆腐、田螺、小笋等数道小菜的习俗。立夏后天气变热，人易疲软，而此时正是农事最忙时节，本是增加营养的时候。但此时可供宰杀的家畜家禽已在过年时用完，新养的家畜家禽又尚未长膘。所以不得不用韭菜、豆腐、田螺、小笋等来调节饮食。至于为什么立夏要吃喜粿，这还有待考证。此外，在有自酿“酸冬红”的城关等一些地方，去年冬季酿造的酒此时恰好喝完，喷喷香的红糟刚好派上用场，所以用红糟肉配米粿来过立夏节气非常普遍。青州等地立夏则吃艾粿。

农历五月廿五日，流传为“五谷仙”生日。每年的这一天，是夏茂一带传统的弘农节。大清早，家家户户舂糯米糍粑，供奉五谷仙，并置酒、菜改善伙食生活。这天，夏茂罗邦塔附近的神农祠举行隆重而盛大的庙会，八方香客到神农祠进香，祭祀五谷仙。其他一些村庄，还将五谷仙菩萨抬到村中游行。相传炎帝尝百草辨别出五种可供人类食用的谷物，并亲手培育，教人们耕种，后人尊称他为“五谷仙”“神农氏”。

（6）福烟节

农历六月廿四日，相传为戏祖“田公”诞辰。这一天，时值晒烟收成并交卖结束，时间比较闲适，经济也比较宽裕，夏茂镇一带的农民过“福烟节”，称为“做烟叶福”或“过烟叶福”。其中以李窠村最盛，每到此日，村里杀猪宰牛，家家置酒、鸭、肉、粉干或面条，有的农家打白粿或做米冻皮，也有的从夏茂街买来汤面（叫“火面”）、凉面（叫“水面”），家家户户庆丰收、改善生活，还请亲友同餐庆贺。

（7）十月朝节

每年农历十月初一日，是夏茂一带传统的“十月朝节”，俗称“过十月朝”，又称“做秋收福”。是时晚稻收成之后，进入农闲时节。各村农民辛苦劳作将近一年，为欢庆丰收而设此节日。这天早上，各家各户用新产糯米做糍粑，并杀鸡宰鸭，买酒、肉、鱼等会餐改善伙食生活。有的人家还邀请乡邻亲友前来做客，大家把盏碰杯，庆贺丰收。

三、生育习俗

1. 妇女怀孕

新妇怀孕后便回娘家告诉母亲，母亲开始为外孙的出世而操劳，诸如养鸡、酿酒、购置银器手镯、红糖以及其他妇婴用品。因为旧时采用土法接生，母婴常有不测，本地俗语说：“有福之人吃鸡牯（公鸡），没福之人睡硬壳（棺材）。”故为新妇生育所进行的准备工作都做得不露声色。新妇头胎产前或产后，应设席宴请外家母舅。按旧俗，第一胎生男为大喜，产妇的母亲往往在分娩当日就到，并出资雇请保姆或亲自侍候，第二胎以下免除此规矩。现在无论城乡，妇女临产前都入住医院生产，保证母子平安。

2. 坐月子

妇女产后的一个月内，叫作“坐月子”，生下的婴儿叫“赤孩子”，房间叫“月子间”。月子间窗门一般紧闭，体弱者还头裹头巾，以免产妇受风，即便炎夏时节，不能打扇子；月子里吃红菇炖鸡、红酒蛋等，以滋补身体。洗脸洗澡用温水。男人一般不进月子间，夫妇不同床。

3. 洗三朝

新生儿平安落地，即请客人和邻里分享喜蛋，并送“上床鸡”到外家。

新生儿产后第三天做“三朝”，俗称“洗三”。是日，请有经验的妇女为婴儿洗澡，将遍身胎垢擦洗干净，换上新衣，以“洗浴蛋”“剃头芋”馈送邻里，备熟鸡、熟蛋、红酒分赠外家及本家亲戚，俗称“挂（提的意思）酒碗”。午宴请外家及本家女客，赴宴者送鸡、蛋、布、冰糖等礼物。新生儿产后10天以内，主家备活鸡2只、染红喜蛋21个、红酒一壶、爆米花、炒豆若干，正式向外家（娘家）报喜，外家收礼后，在新生儿产后半月内，择日以女婿送来的那只活鸡为“带路鸡”，回赠活鸡十多只到二三十只，蛋一两百枚、酒一坛和婴儿的衣服、帽子、襁褓、银器、手镯等物，俗称“送庚”。传说县内临水宫有12个“活（化）婆”女菩萨专捉小孩，故产后第十二天为忌日。

4. 做满月

新生儿产后第三十天做“弥月”，又称“做满月”。当天给新生儿理发沐浴换新衣，由家中其他小孩背婴儿在庭院转几转，见见天日。午晚设宴遍请外家、本家亲戚和邻里至交，来宾多送婴儿用品和贺仪。现在乡村仍在家设满月酒，城关人家则大多在酒店置酒。

5. 周岁

婴儿周岁诞辰设宴请外家亲戚，宴前举行“抓周”（又称“抓晬盘”）仪式，就是把一些日常生活用品，如书画笔砚、刀剑弓矢、算盘秤尺等物品，放在一个盘子里，任婴儿拣取，以预卜日后前程。

孩子开始学走路时，大人在后面跟着，用柴刀比画做割断绳子状，叫“割脚索”，认为这样做孩子较快学会走路。

四、婚嫁习俗

1. 说亲

旧时沙县男婚女嫁都顺从父母之命、媒妁之言，很少自由恋爱、自主婚姻。新娘新郎到结婚时，才能见到对方。通常的婚嫁仪式是先从探问说亲开始。若双方都认为合适，即通过媒人（介绍人）交换子女庚帖（俗称“八字”），称为“请庚”。乡村是先出示女子庚帖，城区则是先出示男子庚帖。双方在收到对方庚帖后，即请算命先生“合八字”，看能否相合成夫妻，此谓

“合婚”。或将双方生辰八字写在红帖上置客厅条桌祖宗牌位下一角或置于灶台上用碗压住，3 日内诸事顺利（包括用餐洗碗无打落碗筷）为“吉”“合”，否则“不吉”“不合”，此谓“合天婚”。“合婚”成功后，择吉日行定亲礼。

中华人民共和国成立后，提倡男女青年自由恋爱，谈到差不多时，又不能冲破封建礼教束缚，还是请人做“介绍人”，双方一些不方便当面谈的条件，就请介绍人两头协商。进入 20 世纪 90 年代后，年轻人大多出外打工、创业或求学，对象大多是自己认识的，经人介绍的情形比较少了。

2. 订婚

“订婚”俗称“插记”。双方通过媒人签订婚书（俗称乾坤书），男家附送银钿 1 副，女家回送银髻花 1 朵，此花由男家保管，以备新娘入门后戴用。然后男家备办鸡、鹅、鱼、肉、蛋、粉干、布匹等聘礼及聘金，择吉日用篮挑送至女家，并附送“乾坤书”。女家阅后将“乾坤书”送回，并附送红枣、花生、桂圆、瓜子，或莲子，预兆“早生贵子”或“连生贵子”。另有雌雄鸡一对，取其生育有男有女之意。定亲日男女双方皆宴请内亲。定亲后男家打造家具，装饰新房；女家筹备购置妆奁。沙县女子有存“私房钱”的习惯，一般少女的收入不交给家庭，而是留作将来添置嫁妆之用。

20 世纪 90 年代后，还存在定亲习俗，但比旧俗简化了，只是女方家举办一场简单宴席，男女二人互相交换一下戒指、双方父母及亲人见证即成。

3. 送日子与送聘金

双方婚事准备就绪后，男方提前 4 个月或半年选定正副两个结婚日期，书成接亲日帖并附上两丈四尺的彩礼布由媒人送往女方，俗称“送日子”或“报日子”。女方收到接亲日帖后，酌情择日，如嫌日子“不吉”，便通知男方另择佳期。民间有居丧 3 年不能操办婚事之俗，故在定亲与结婚之间，双方若有家长患有重病，即商定提前迎娶新娘过门，俗称“抢亲”或“冲喜”。如今有一部分人简化仪式，男方提前告知女方，双方互相认可就行。

4. 接亲与盘嫁妆

结婚前十天，男女双方各向亲友送结婚请柬。结婚前一天，女方置办出嫁酒，男家必送礼物至女家，名曰“行盘”，包括猪肉 6 斤、鱼 6 斤、粉干 6

斤、鸭蛋61个、蛏干2斤、目鱼2斤。另有全套猪肝心肺（方言喻义“满盘欢喜”）和雌雄鸡鹅各一对。还要喜烛4对，福香4封，禄茗4封，宣书（又称司书、礼生）2封，启箧4封，旌厨2封，晋使2封。男方将以上礼物写上“十全帖”一并送往女方，女方放鞭炮迎接。女方至时也要请宣书，宣书将礼品清点后，将喜烛、福香、禄茗、宣书、启箧、旌厨（主厨）、晋使（端菜者）等红包各收起一半，另一半回给男方，意为女家给喜烛、福香、禄茗使用，并给男方的宣书、启箧、旌厨、晋使等有关人员发红包。还有清点行盘礼物之俗，若发现不足，当即以“添丁”为名向男方索足。城区一带女方除收受男家行盘礼物外，当日嫁女宴客所用的全部荤素酒果和桌椅、餐具以及厨师、帮工皆由男方提供。男方亦有将女方宴客酒席所需花费结算为钱币付给女方，由女方自行操办的。男方送行盘礼物的队伍回去时，把女方自清晨起摆放在客厅让宾客观赏的嫁妆搬回男方。其嫁妆之多少丰俭，视女方贫富不同而定。女方必备之物有“烛台、衣箱、枕头、腰桶、马桶、浴桶、女工用具”等。此外尚有各种铜器、瓷器和金银首饰。沙县女子出嫁，不管嫁妆多少，陪嫁品都应有“三桶”，即脚桶（沙县人称桶盂）、腰桶和马桶，随着群众生活水平的提高，现代住宅内室设有卫生间，“三桶”陪嫁逐渐消失。

1965—1980年，陪嫁通常有手表、自行车、缝纫机“三大件”；1980年后有电视机、收录三用机、洗衣机；1990年后有电视机、电冰箱、小轿车等，2000年后甚至陪嫁房子、现金、存折的。“行盘”当日午宴，俗称“吃出门酒”或“吃嫁妆酒”。

5. 迎娶与送亲

结婚这一天，男家派出迎亲队伍接新娘。当地旧俗新郎不亲迎，而派“朋友家”前往，并有一名内亲（姑丈、叔叔或舅舅）率领，以处理临时事宜。迎娶时辰一般选在清晨（丑时或寅时），但此前迎亲队伍已在女家门口断断续续燃放鞭炮，意为“催妆”。乡村习俗迎亲队伍在前一天夜晚就来到女家，女家以烟酒款待，迎亲队的灯笼若被人藏匿，须用“红包”赎回。待嫁的姑娘在两位被称为“引领”（须请夫妻双全、有福有德的上辈妇人充任）的指点下，办完开脸（亦称绞脸、开面）、梳髻、戴冠等事，尚须食用“太平蛋煮粉干”，并在衣兜里装上红橘、红蛋等吉祥物。母亲和其他女性长辈则嘱以妇德，并赠送“压肚兜”（沙县方言“压腹布”，写为“兜仪”）红包。新娘来到客厅时，“引领”在她鞋底贴上红纸，迎亲队伍将中间贴有大红“福”字、四周贴有“百子千孙”红字的米筛（意为“辟邪”）作为新娘的头盖巾，然后行拜祖宗父母诸礼，最后盖上红头巾，在引领或胞弟的扶持下痛哭上轿。不哭则受讪笑，且有“哭声洪大则男家将来必富”之说法。新娘上轿后，引领将鞋底红纸撕掉，有的则在新娘出门后，用扫帚在门槛外往里扫三下，立即关上大门，等新娘起程后方才开门，以示娘家的“财气”不被带走。民国直至中华人民共和国成立初期，迎娶新娘均用喜轿，乡间迎亲即使在白天也要打火把，新娘打雨伞，以喻示“古时抢亲在深夜不见天日”之遗俗。1955年后，普遍改为步行，后改为双方骑自行车，1980 年后多用摩托车，1990 年后轿车迎亲，有的迎亲轿车多达几十辆。

6. 拜堂与婚宴

新娘到达新郎家时，由男家“引领”进入，与新郎在客厅里行拜堂仪式。客厅摆有天地桌，天地桌放有一碗水，碗上置一把剪刀和一束玫瑰花。拜堂程序是“一拜天地，二拜祖宗，三拜公婆父母，四为夫妻对拜，五拜灶神，六拜亲属长辈”。第六拜或安排在宴席间进行，由“引领”介绍亲友长辈，被拜的长辈均应赐给新人红包，然后引入洞房。洞房里的新床是在前一夜选好时辰，请有德有福的近亲长辈（一般请新郎舅舅）架设的。男家结婚这一天叫“正日”，男方在家或酒店置晚宴，赴宴的宾客均送有一定规格的礼物和贺仪。

婚宴，亲戚是先请后贺，朋友邻里是先贺后请。去请客强调要请要催。办喜事请客一般要发十日帖，前三天要催一次，请早点来，当天要再请一次，所谓“三催四请”之意，以示主人热情诚意。亲戚的礼物一律要接，其他的可酌情接纳或推辞。贺礼红（封）包一般写“贺仪”，亲戚女客贺礼红包一般写“粉价”（脂粉化妆品）、“指价”（戒指义）、“奁仪”（添陪嫁妆奁义）、“兜仪”（给新娘添压肚兜之意）。

20 世纪 90 年代末开始，很多新人选择在酒店操办婚宴，由婚庆公司负责安排婚礼。在婚礼上，新郎、新娘分别在左胸前别上缀有鲜花的“新郎”“新娘”红绸带；男女双方家长，也在胸前别上红绸带。宴过半席，上喜蛋后，新郎、新娘、双方父母到每桌敬酒，亲戚在新娘敬酒时，赠送红包为见面礼。

7. 闹房与吃面碗鸡、交杯酒

结婚晚宴之后，不论男女老幼均可入洞房看新娘，逗引新娘，俗称“闹房”。洞房的茶几上备好茶水、喜糖、红酒等，凡客人进入新娘洞房的，无论长幼，新娘首先请客人喝茶，然后请吃糖、喝喜酒等。闹洞房主要请新郎、新娘讲恋爱经过，并实施“夫妻夹糖果”“咬苹果”“喝交杯酒”等“节目”。客人离去之后，新婚夫妇在洞房内，同食鸡肉、喜蛋、粉干（或面条）、品尝糖果等，每样都得尝尝，不能原样撤回。新婚之夜的花烛要通宵不灭。南阳、高砂、琅口一带乡间，有在大门门楣上悬挂一把大弯锯的风俗，用以镇邪。

8. 三朝回门

新娘出嫁后第三日上午，新娘下厨房“试厨”，传统上要求新娘煮的菜要会浮，才算过关（诀窍：汤勾芡，放入饼干，即浮）。试厨完，新娘由其弟弟妹妹领回娘家，俗称“三朝回门”。女方筹办一两桌宴席，请新郎、新娘和女方近亲。席散后，新婚夫妇回男家，至此，嫁娶仪式方告结束。

五、寿诞习俗

沙县寿诞庆典，从婴儿降生3日算起，有“三朝”“弥月”“周岁”，城关儿童10岁生日，要用蚕豆（城关沙县话叫福州豆）炒熟分送左邻右舍、亲友儿童，以结佛缘，因蚕豆外形像一个罗汉，故又叫罗汉豆，故有此称。遇20岁、40岁，一般举行小规模庆宴，来宾仅限内亲，30岁生日则不设宴。50岁以后称寿，且每逢整十数，做一次大寿，寿龄愈高，庆典规模愈大，仪式愈隆重。祝寿庆典由子女亲友出面筹办，一般事前不下帖，先贺后请，不贺不请，但至亲好友也有先请后贺的。贺礼红（封）包一般写“贺仪”、亲戚写“面价”。寿诞前夕，亲友送来寿幛、寿联、寿面、寿鞋等寿礼，谓之“开寿”“暖寿”。“开寿”之时，厅堂设香案、摆寿礼、挂寿联。拜寿时，点寿烛、鸣放寿炮。寿星着新服，端坐中堂，接受晚辈亲友上前拜寿，并接受贺仪，拜寿毕，举行寿宴。寿宴与一般喜宴相近，但须上一碗寿面、一个生日大蛋糕。旧时有的老人怕做寿增加子女负担，常出现快临寿诞时，逃避外出，俗称“逃寿”或“避寿”。中华人民共和国成立后，寿庆时行拜寿仪式较少。改革开放后，人们生活水平日益提高，生活安定，老年人越来越多，子女为老年人做寿较普遍。

六、丧葬习俗

沙县丧葬旧俗礼数繁复，以厚殓奢侈、空享虚荣为主要特点。现代实行火葬，习俗多有改革。百岁老人亡故，可以用红灯笼、红棺材，吹奏喜事乐，俗称“打亲事鼓”，用喜宴的酒菜，俗称用亲事桌。不足40岁而死，吊丧灯笼男写“严制”、女写“慈制”二字，棺柩不刻饰福寿，殓葬从简从速。40岁以后而殁可算是寿终，男称“寿终正寝”，女称“寿终内寝”。丧礼有易服、停尸守灵、做灯、成服、吊丧、入殓（俗称正棺）、题主、出殡（俗称出棺）、安葬、祭祀等仪式，并设宴席（亲戚来礼封包写“祭价”“奠仪”，其他友邻来礼封包写“香仪”“烛价”“箔价”），即使贫困之家亦倾其所有，甚至借债，以博一时赞许。子孙丧期为3年（传统第二年称小祥，除去墙上悬挂的挽联、挽幛等；第三年称大祥，祭祀后将遗像送往家族祠堂安放。生活恢复正常），孝男60天内不能理发。

非正常死亡的人，如溺死、吊死、难产死、服毒死者，特别重视延请僧道打醮念经，追荐亡魂，认为可为死去亲人的阴魂解脱罪孽苦厄。在外死者，冷尸不得进屋，要在村尾搭一临时棚子，停放尸体，如尸体尚温者可入门。

1. 送终

送终是生与死的诀别，沙县民间风俗非常重视。老人弥留之际，儿孙等亲人要守候床前，聆听临终嘱咐，异地亲人必须赶回与其诀别，谓“送终”。老人绝气后，子女为其整容易服。传统上，老人都要在生前为自己备下死后的穿戴。民间风俗认为，生前做好下世所需的“寿衣”，穿上它便是能带去的随身之物。寿衣忌用黑色布料，其他颜色均可使用。寿衣的式样可根据本人生前爱好，但有一条俗规，即衣物要特别长，长到袖子能将手指完全遮盖住。做寿衣的时间必须选择吉日，除寿衣外，对从头到脚的穿戴均有讲究。沙县规矩是富家用绸绫寿服12件，贫者布衣7件，并用丝绢系于死者胸前，殓后取出挂于灵幡，俗称可以招魂归来。死者易服之后，移至厅堂临时搭起的“苫床”，孝子到溪边取一碗水放在“苫床”前，床前还置米1斗、上插尺、秤、镰刀各1件，秤上挂五色布、纸钱，夜间派人轮流守灵，并设长明灯1盏，烧香烛、焚纸钱和纸轿马。

2. 报丧

老人去世后，孝子和族人要分头向至亲报丧，同时用白（黄）纸黑字写上“严制”（丧父）或“慈制”（丧母）两个大字和“讣闻”一起贴于门前或路口，以哀告亲友。孝子见外祖父母、舅家要跪告丧事，若一般亲戚可请本族亲者代报。

3. 吊丧

吊丧，又称“奔丧”。奔丧而来的姻亲要备办“三牲”或“五牲”祭奠，有的地方女婿还要备纸制“银树”“金山”以及“金童玉女”。其他“吊丧者”也随带香、纸、烛、花边（冥钱）等，叫“冥仪四色”。亲友送的挽幛，要按辈分依次排列，悬挂灵堂两侧。遗体一般停放2～3天，长则10多天。客人于灵前跪拜，孝子须伏地回拜。吊丧期间，除了要焚香点烛外，还必须焚烧纸钱，说是给死人用的。有钱人家不光烧纸钱，还要烧纸扎的房子、家具。

亲友来吊唁的时候，丧家女眷都要在帐内棺旁举哀；亲友吊唁时，孝子孝孙跪在两侧低声哭泣，至亲好友揭开死者遮面布，观看遗容，吊唁者如属女戚，要和丧家女眷一起举哀，吊唁者行礼完后退出孝堂。晚上亲友参加孝堂守灵，俗称“守夜”。

4. 哭丧

丧事期间，妇女哭丧是一种习俗。人死了就要哭，不哭死者来世会成为哑巴。哭丧不是单纯悲伤地哭，是一种凄婉、哀怨、悲痛的哭诉，是哭泣和诉说的结合，声情并茂，声泪俱下，是将诉说上升到哀唱。哭丧活动历时很长，从去世到出葬，从葬后的每天早晚两次在灵位前的报孝到七七四十九日，从每隔七日的集体悼念到六十日的烧船，再从烧船到周年的上祖宗香火，每次活动都要哭丧。哭丧由女人来承担，但长辈妇女不哭晚辈。

哭丧有个人和集体之分。在丧事中，每隔一段时间，死者的儿媳妇、女儿就要在灵堂哭丧。一旦亲戚来吊唁，就位厅堂哭丧，以示迎接。女吊唁者，一进丧家之门就哭号，死者家的女辈跟着同哭。哭到了一定的时间，周围的女人还要劝她们节哀，或用手捂住哭丧者的嘴巴制哭，直至止哭为止。集体大哭有两个高潮，一是进棺，二是出棺。所谓进棺就是入殓，出棺就是出葬。死者入殓后，女人穿着孝衣，戴着遮头盖脸的尖角孝帽，围坐灵柩边，放声痛哭。其余的集体哭丧是在每隔七天的“祭七”悼念和“六十日”的烧船，以及周年的上祖宗香火时。哭述的内容一般是失去亲人的悲痛、称赞死者的美德和对自己的关爱、包容等。

5. 入殓

择日定时将遗体入棺，叫“入殓”。一般在人死1日后，夏季则半天，遇时日不利，亦有延至3~4日的。入殓时，棺底铺放石灰、纸屑、白布、鸡鸣枕、脚垫等物。请道士做一番法事，然后由死者的直系亲属借助7根布带将遗体扎好移入棺内，上盖蓝布，名曰“过河衣”，两肩放置死者生前喜用之物或旧衣服，称为“塞肩”。夏茂一带还保留在棺内放石板制作的墓志铭的习惯，称为“墓碣”。

进棺时，遗属不得哭泣，按迷信说法，眼泪掉在死者身上，死者将来在阴间会受罪。盖棺时，做道师傅大喊“天崩下来”。若入殓时日未到而先将死者入殓的，钉棺时须留1枚棺钉待时日到时再行加固，此谓“寄棺”。有的还有将遗属的衣角剪一块挂在棺钉上的习俗。棺钉加固后再漆封，并用七色布条挂在棺钉上，以讨吉利。

入殓后，“苫床”撤去，布置灵堂，举行成服礼。停柩在堂最多5天，全家大小按亲疏嫡庶，分穿孝服（斩衰、齐衰、大功、小功、缌麻），统称“五服”，跪拜哭奠，女眷早晚哭灵，谓之“成服开吊”。

6. 出殡

出殡时，灵柩的上端饰有一纸制白鹤（丁令威，男，中国道教崇奉的古代仙人。据《逍遥墟经》卷一记载，其为西汉时期辽东人，曾学道于灵墟山，成仙后化为仙鹤，飞回故里，站在一华表上高声唱：有鸟有鸟丁令威，去家千岁今来归，城郭如故人民非，何不学仙冢累累。以此来譬喻世人。后世多用此典），表示死者驾鹤升天（挽联用或驾鹤西归）。祭奠后，由“朋友家”和家族亲者抬棺出殡，送殡队伍由长子捧灵牌在前，8人抬棺紧跟，遇高寿人亡故，大家分相肩舆，寓意能“沾寿”。孝子孝孙护棺柩随后，均麻衣麻帽、草鞋哭杖，边哭边行。一般亲友白帽素服，沿城镇主要街道招摇过市。如有亲朋路祭，孝子须跪地答礼。一路上鼓乐阵阵、鞭炮不停、纸钱飘飞。

7. 安葬

安葬死者墓穴往往是事先勘好的山坡风水好地，雇工掘一深坑，谓之“打金井”，棺柩入穴有“定向、暖坑、分金、安位、兜金、斗室、掩土、坟成立碑、三牲祭祀”等仪式。之后，点燃一火把迎神主牌位回家，进家前，专人鸣炮迎接；进家后，将火把放进灶内，以示香火延续。有的还请道士作法“安灵”。当晚，设丧宴酬谢吊唁送葬的亲友和帮办丧事的邻里街坊。

死者入土安葬10年左右，子孙捡其灵骨装入“金盎”，俗称“拣金”。拣金后，有的在原地安放，大多是另择冥地安放。丧葬旧俗以厚殓奢侈、空享虚荣为主要特点，且因实行土葬，占用许多土地，旧时县城后山一带坟墓遍地，成为生产、建设及环境卫生的一大隐患。沙县人民政府于1981年颁布《关于城区殡葬改革的暂行规定》，提倡火葬，要求党员及机关干部带头进行殡葬改革，但大多仍沿袭旧俗。1994年，为推行火葬，革除丧葬陋俗，县民政局在城西北大罗山修建大罗山公墓，公墓坐西北、望东南，有穴位近4000个。2003年10月，全县实行全境火葬，各村均设公墓。2018年，沙县人民政府继续改善殡葬服务条件，建设沙县金莲花城市公益陵园（一期），总面积150亩，并新建殡葬服务堂一座，守灵室7间，更新火化炉3座（其中坐化炉1座）。

8. 祭七

死者入土安葬第三日，儿孙等亲属穿着孝服到坟前哭祭、烧纸钱，谓之“醮三朝”“哭三朝”。逢“七日”要在灵位前备酒馔香烛祭奠，到七七四十九日止，称“祭七”。一般情况只做“五七”。有客家人还有“撞四七”的特别风俗，传说人死的第四个七日，碰上农历的初七、十七、二十七的任何一天，阴魂会回家作祟（俗称“殃”），全家人都要避开，甚至猪牛鸡犬都要移走，同院住的邻居也要回避。俗传死者逢第五个七不能吃家中的饭菜，故出嫁的女儿备办酒菜，送到死者家中祭奠亡灵，叫作送“五七饭”，其他亲友也送纸箱、粉干、食品等，在中午集中焚化，叫作“烧饭箩”。死后第七个七日

（即第四十九日），丧家举行祭奠，焚化灵屋（纸屋），叫作“完七”。第六十日焚纸船，表示亡者渡登彼岸；百日烧纸宅，意为死者在冥地安居乐业，并迎神主牌位入家族祠堂。至此，丧事方告结束。

现在由于沙县小吃经营者一般在外地，所以只好简化环节，出现一次回家一次搞定的情况，如夏茂地区等。

七、日常礼仪

1. 出门远行

沙县人出门远行，常带本地产的茶叶、腌菜或灶心土，到达后先吃这些东西，认为可以更好地适应新地方的水土，有利健康。晚辈外出前要向长辈辞行，回家时要禀告。过去出远门风险较大，有人要向祖宗神祇祷告，祈求一路平安。

2. 亲戚往来

平常走亲戚，讲究不空手，都要带上一点礼物，俗称“手信”，一般是茶点（糕点、饼干之类），叫“茶料”。

3. 宴请宾客

（1）请柬

旧时请柬有两种，把要请的客人都列在一张红纸上的称“全帖”，列在第一名的必坐首席，见帖要签“敬陪末座”，其余客人，出席的可签“敬陪”，不出席的则签“敬谢”；另一种是一人一帖，称“单帖”。结婚用的请帖要很长，折叠成五折，含“五福”之意。宾客到齐，由负责请客的专人依次唱号，按序入席。主人一一请其就座，为其斟酒，俗称“安席”。东道主家人要在席中斟酒、谢客。食完要待首席起身才能散席，主人要提早等候在大门口送客。客人道谢，红喜事说“多承”，白喜事说“节哀”等慰语。此俗至今犹存，不过较简化而已。

（2）红包

送礼的红包要封口，面上注明谁送。如退回，写“大仪璧谢”或“完璧”。送丧家烛礼，加贴红纸一条，写上“旋吉”。2000 年以后，丧家多不收烛礼。

（3）宴席

每逢婚丧喜庆，沙县人有宴请亲戚朋友的习俗。宴请宾客分粗席、嫩（细）席。旧时，丧事常用粗席，即“五碗菜”，俗称“五个缸”，丧事一般连续办七天酒席，称吃“一百零五个缸”；一般请客用八碗菜，滑肉、滑鱼、扣鸡、扣肉、粉干或切面、豆腐皮、炒粿、肉皮汤。后丧事改用八碗菜。菜肴多用米面为原料，鸡鸭没有用整只的，喝水酒或红酒；结婚做寿用嫩（细）席，除八大碗菜外，增加红烧鱼（“丝鱼”，草鱼挂粉糊油炸后浇卤）、扣鸭、炖猪肚、蛏干豆腐等，有10～12个菜，上“山珍海味”，喝冬酒、玉露酒。讲排场的还要四个果碟、四个荤碟、四个蜜饯，大圆桌放得满满的。四个荤碟是：鱼肝花、荔枝肉或炒目鱼、炒鱼片、炒三丁。农村酒席视目鱼干、蛏干为海货，因物以稀为贵，一般做汤菜，为必备物品，旧俗有“没上目鱼菜不下席”之说。赴宴者听从主人安席，迟到要饮酒表示歉意，中途离席要向主人说明，并向同席者表示歉意。主人来敬酒时，客人要起立致意。

4. 待客礼仪

沙县人好客，礼貌、卫生，有“礼仪之邦”风度。如有人从门口经过，无论认识与否，主人都打招呼：“馌饭未?”“食未?”“进来坐。”“放下肩。”或问“食饭没有”。客人进屋入座之后，主人便以烟茶相敬。如果是煮蛋款待客人，城区一般3个，乡下为2～3个。如果是女客，在临走之时，还要给她捎上一些诸如红菇、黄豆、花生、糍粑之类的特产作礼品，带回去给小孩子吃。春节期间，新婚婿郎到岳父母家，同族各家要轮流宴请，此俗在农村目前仍存在。

5. 称谓礼仪

与人交往，注重礼仪，尊重对方，首推称呼。沙县风俗，遇陌生人，看其年龄、身份分别称呼，如“叔公、阿伯、老兄、阿嫂、大姐、老弟仔、老妹仔”。年轻妇女，未知婚否，应称“大姐”或“老妹”；对女性则称“小姐、太太”；“先生”用来泛称知识阶层的男性，对识文断字的文化人如老师、算命的、卜卦的，称呼“先生”；对各种工匠手艺人都称呼“师傅”；对各种行业人员的妻子称“××娘”“××母”，如“老板娘”“师娘”“师母”；官员妻子称“太太”“夫人”。

亲戚之间，常以自己的下一辈身份称呼对方，如妻子称丈夫姐妹的丈夫为“姑丈”；妻子称丈夫的父母为“阿公”“阿嫲”；儿女亲家，互称“亲家”“亲母”。

旧时，为避免孩子与父母的命相相冲养不大，常用改称呼的办法来解决。如儿子叫父亲为“阿哥”“阿叔”，叫母亲为“阿嫂”“阿婶”；或寄名给菩萨以及自然物如樟树等。如“观生”“观儿”“樟生”“樟儿”。

邻居、亲房、同事的亲戚，也可按亲戚的关系相称，以表示热忱。如某人的姑姑，大家都叫她“姑姑”。

6. 猜拳行令

（1）猜拳

即“划拳”，沙县俗称“猜拳”，行酒令也属此类。沙县人喝酒有猜拳的习俗。一般做粗活的，如搬运、撑船工人，爱到酒店花几角钱，打一两二两酒，几个花生米，一两口喝下，俗称“打酒铳”。

沙县猜拳规矩或方式，必须是呼什么数，就叫什么数，不拖音，不带呼词，叫“一字清”。呼叫时要带“马”或叫“戴帽”，就是要加呼词。有叫呼词叫什么就必中什么，不中不算，称有叫有中。一呼“一心敬”，沙县人常呼“一定高升”“一定”“一个巧”“一独请”“一帆风顺”“一心一德”“老幺”等；二呼“二郎担山”，沙县人俗呼“两榜进士”“两个榜”“两朵花”，亦有学北方人呼“哥俩好”“二龙戏珠”的；三呼“三星高照”，也有呼称“三元及第”“三元”，民间也有呼“三桃园”“桃园结义”“桃园”“三元高中”等；四呼“四喜”，沙县人俗呼“四喜临门”，又呼“四季发财”“四季发”“四季美”等；五呼“五经魁首”，又有呼“五子登科”者；六呼“六顺”，沙县人俗呼“六六顺”“六合算”“六合顺”；七呼“七巧”，沙县人俗呼“七子贤徒”，也有呼“七个巧”“巧七板”“七乞巧”“巧里发财”等；八呼“八马”，沙县人俗呼“八匹马”“八面玲珑”“八仙”“八仙过海”“八马双杯”；九呼“久长”，沙县人俗呼“九快”“九快发”“九快发财”“九长有”“九九高寿”，或简呼“快”；十呼“十全”，沙县人俗呼“全来到”“全到”“满堂”“满堂彩”“满堂红”“十全十美”“全家福”等。空拳呼为“元宝”或“宝”或“对手”。沙县人猜拳将双方出拳一样都叫“对手”，不限于空拳，这是沙县人猜拳与别的地方不一样的地方。

沙县人猜“锤子、剪刀、布”。两人各出拳，握紧拳头，叫“锤子”；食指与大拇指分开，其他三指握紧，叫“剪刀”；五指张开叫“布”；胜负计算是“布包锤子”“锤子敲剪刀”“剪刀剪布”。

猜碰碰鞠，两人各出拳，伸出食指，弯曲叫“鸡公”，伸出大拇指跷起，叫“土地公菩萨”，伸出小拇指，叫“蚂蚁”。胜负计算是“蚂蚁咬土地公菩萨”“土地公菩萨享受鸡公”“鸡公吃蚂蚁”。

猜拳计算方法有多种，按实际数加一个，或减一个，正常拳都有中的机会，但加比减大，减比正常拳大。这种拳叫“加减正”拳，可带“马”（带呼词），也可不带“马”；“加减正”拳是最初级的，还有加三叫“七面卖”，加五叫“十面埋伏”来计算，最难的是“斤求两加减正”拳，因为过去打算盘必须学斤求两口诀，老秤是十六两一市斤，中华人民共和国成立后改为十两一市斤，“斤求两”拳也就不流行了。

“猜子”又叫“猜枚”，为古时射覆的滥觞。形式大致有：猜有没有，猜中做者喝酒，不中猜者喝酒；猜单双，猜中做者喝酒，不中猜者喝酒；猜九宝，行令者按席上人数，拿几个子握在手里，猜中猜者喝酒，如都不中做者喝酒；第二轮再都不中做者喝一倍酒；一炮三响。行令者拿三小黑子，二白子给大家看后，行令者双手握几个子，但行令者两手无空，一猜单（即一或三）双（即二或四），二猜大小，三猜几个，即黑几个、白几个。最后按猜中与否喝酒。

此外还有猜诗粑、猜谜语、成语接龙、以“酒”字、“花”字、“春”字飞觞等雅令。

沙县人猜拳定输赢的形式还有：双方猜一拳定输赢，俗叫“劈柴火”；双方猜三次，输两次者，喝酒，俗叫“三战两胜”或“两码定输赢”；双方猜三次，连输三次者，喝酒，俗称“抢三码”。

（2）行令

沙县人行令（打通关）的方式有：行令者每人猜一次，不管谁输赢，都过；行令者每人猜一次，行令者赢，过；行令者输，重来，叫“必过”。这适合行令者拳好又酒量高的一种方式；行令者每人猜一次，行令者输，喝一杯酒，过。这适合行令者酒量低的一种方式；行令者每人猜一次，不管谁输赢，由下方接着做，这样轮过去，俗称“背婆娘”。

八、生产生活习俗

1. 农林生产习俗

（1）农事习俗

历史上沙县农业区，以种植水稻为主，兼种小麦、番薯、高粱、小米、豆类、甘蔗、烟叶、茶叶、油菜、麻等杂粮和经济作物。民间有“清明之前不插秧，夏至之后不拿秧”“清明薯，谷雨芋”“七葱八蒜九月韭”“庄稼不等人”“六月割禾七月拔花生，八月半芋头撑肚腹”之农谚，农业耕种讲究节令，农产品收成也有季节。

沙县有“占天象，测农事”的习俗。在长期的农业生产实践中，沙县农民积累较丰富的天文知识，并且以农谚的形式代代流传。如农谚“雷打惊蛰前，四十九天雨绵绵”“日头照昼，明朝大落；日头照暝，明朝大晴”“重阳无雨一天晴，重阳有雨一冬晴；不怕重阳雨，就怕二十晴，九月二十晴，晴到年三十暝”“早霞雨，晚霞晴”“夏至大天晴，无雨到秋边”“云盖中秋月，雨打上元灯”“处暑不觉热，水果难结粒”“小暑无雨，饿死老鼠”“雷打秋，对半收”等。

农家在每年农历正月初一至正月十四日，选一个好天气或黄道吉日“起田头”，或叫“出行”。是日，农民扛锄头下田翻一翻土，以示一年的劳动重新开始，并祈求新一年劳动生产吉利如意。新年首次参加农事活动，收工回到家里，每人都要吃两个鸭蛋，吃碗粉干或吃碗面条。

20 世纪 90 年代后，随着工商业特别是小吃业的迅猛发展，从事农业的人越来越少。

夏茂养猪历史悠久，且有养母猪的风俗，20 世纪 70 年代前后，夏茂街常常能见到母猪带着一窝猪仔，在街道上悠闲走过。小猪养一两个月，逢圩天就挑到圩市出售。20 世纪 80 年代末以后，夏茂养母猪的农户逐渐减少。沙县农户大多都院子里养鸡鸭，而从事农业生产是重体力活，一般农户在春季插稻秧前或在夏季抢收抢种前，都会宰鸡杀鸭滋补身体。

（2）林事习俗

沙县是福建重点林区之一，历来以森林资源丰富著称。青州、高砂、大洛、西霞等乡镇历史上有插杉、栽棕的传统，农户房前屋后普遍种有油桐、油茶、棕榈、杉树、板栗等经济树种。青州坂山一带更有“生一子栽一片树”的习俗。旧俗村村均有“风水树”“龙脉山”，且有乡规民约加以严格保护。

沙县农民有开山造田、炼山造林、烧田边、烧山土、烧芦苇、积农家肥的传统习俗，常引发森林火警火灾。民间早有乡规民约，一旦山林失火，村民皆主动上山扑救。灭火后每人可得半斤猪肉，猪肉由肇事者出资购买，或给每家送去白粿，以示惩罚。1980 年后，此俗逐渐改为罚款和罚放映电影。1990 年后，曾要求肇事者给每位灭火者 50～100 元钱，由于灭火者往往是邻里或同族、亲戚，绝大多数人都不肯要。

沙县人认为老树有神，大凡村头村尾、宅边的大香樟、老榕树、老木樨、老石楠、大枫树等都有神灵，禁止砍伐。谁家孩子有个头晕肚疼，往往拿一沓黄纸三支香，夹在树枝、树洞里，以求除却疾病。沙县人还认为山有山神或鬼邪，因此在山上或林间，不得大声呼喊他人姓名，以免被鬼邪抓走。

沙县人称伐木工为“柴伕佬”，“柴伕佬”多数来自福州郊县和浙江平阳，亦有部分本县农民。采伐木材，做工讲究，以砍伐杉木为例，要伐根（贴近树根砍伐），要向山倒，要贴树干打枝，前后主要工序有“劈脑、挖踏步、剥根皮、挂圈、拨钩、放斧、打枝、剥皮、削花、比记、截筒、标记、溜筒、担筒、整堆、出伕、拖辘、起堆、放坑、装排”等。在公路、铁路开通之前，运材主要以水运为主，在杉材筒口烙有“△”“I”“T”等标识，漂放到目的地后由各木材行依标识认取。

在春笋生长季节，还有制笋习俗。旧时实际上从头年八九月开始，做笋师傅（笋工）就陆续来到笋厂。当地民歌云：“八月笋工进深山，竹林深处劈山忙；劈去杂草多长笋，明年丰收喜洋洋。”描绘的就是笋工劈山育笋的劳动情景。劈山之前，要举办开工仪式，在笋厂设置笋先祖黄石圣公神位，摆三牲供品，烧香点烛，顶礼叩拜。上山后，选一最大毛竹将红纸绑于竹上，拜三拜，便开始劈山。第二年春分一过，雨后春笋遍山都是，笋工开始采笋（当地称“讨笋”），采笋辛苦，但风俗讲究，第一次上山要祭祖师黄石圣公，十天一次“作福”，都要好酒好肉款待笋工，以求山神赐福。

笋一采来，要进行剥壳、修笋，集中挑运至笋厂，放到大锅里蒸煮，而后倒进水池里浸漂。半夜三更，榨笋师傅就要起来，下池把笋捞起来，用铁钎或竹签捅通笋心，放入“笋榨”码放整齐，盖好木板，再摆叠“井字形”

木杠杆至榨梁，圈好榨索绞紧（旧时用竹篾编制，今采用钢丝绳、葫芦吊、千斤顶）。榨笋规矩很严格，笋榨上要贴红纸，第一次开榨要祭神。师傅是权威，其他人要绝对配合，站什么方位、怎么做都有规定，谁也不得违背。

焙笋，是确保笋干质量最关键的一道工序。“立夏之后焙笋忙，取来焙针做焙床；前面装好小榨子，里头引水落木枋；开榨将笋桶中洗，再放榨子绞一场；次早搬笋入焙床，掌握火候勤添炭；午前午后笋翻面，五更笋分上下床；干笋焙出金灿灿，师傅东家皆喜欢。”可见工序的复杂。由于焙笋是关键，焙床边常供奉着祖师神位，早晚香烛不断，三餐菜肴丰盛，半晌有点心端到跟前。笋干焙完后，又请师傅修笋、装笋。重篓十二斤，轻篓七斤半。全部完工，东家更是备三牲厚醴祭奉神位，设宴犒劳做笋师傅，喜庆丰收。

2. 水上生产习俗

旧时，没有公路、铁路，交通极为不便，大小船只便成了当时最主要的交通工具。自清代开辟了由广东入闽到连城、永安，顺沙溪经沙县，下延平（南平）抵福州的通道以来，来自福州、闽清、永春等地的船民船工常年来往行驶于境内大小河流。20 世纪 90 年代后，沙溪上船运逐渐衰退，上百公里的远距离运输已不存在，沿溪渡口也基本荒废，但还存在一些近距离的货物运输，如沙溪上运沙等，极个别人撑着小竹筏在水上撒网捕鱼，等等。

福州、闽清籍船民敬奉妈祖，永泰籍船民敬奉三圣公。每年第一次开船上水，逢有神庙均停靠上岸，焚香祭拜，以求神灵庇佑。行船过处常有淹死人的险滩恶水，船民用石头画符投水，口念“阿弥陀佛”以避邪，并请乘船旅客上岸行走一段。水上救人先投一石块才下水救人，意思是让传说中的“水鬼”去夺石块，而不夺救人者的性命。船靠码头或靠岸时，船头插江心，船绳系双套，借以避邪，船篷也放下一头。福州籍船民（俗称“疍民”）水上生活常年不穿鞋。正月初一至初三有上岸沿家乞求斋果的习俗。

3. 商业习俗

旧时，沙县市场上做生意的外地人很多，主要是销售农副产品，如木材、笋干、土纸、晒烟等。沙县人做生意讲究和气生财，以诚待客，童叟无欺。学生要先当三年徒弟，学习“生意经”。凡新店开张，开业之日，点燃香烛，膜拜天地和财神爷，然后燃放鞭炮，贴“利市大吉”匾额对联。亲朋及好友必备镜屏、家私用具致贺，祝愿其生意兴隆。主人收下礼物，宴请亲友。现在公私厂店开业，也多有馈赠，或联名登报祝贺，或赠送花篮，或参加剪彩，或接受宴请，既是祝贺，也是捧场，皆为扩大影响。

旧时，学徒工伙食费由师傅负责，每月只给很少的零花钱，一年发给两套衣服（夏季在端午节，冬季在中秋节）。为让学徒能真正学到功夫（技术），一般不收自己的孩子做学徒，而是将自己孩子交给另外的师傅带。从20世纪80年代开始，师傅除付给学徒伙食费外，还付给一些工资。

沙县城区早市盛行，有金沙市场、城西火车站附近市场和城北新区以及华山市场、西山市场等，每天天还不亮，许多商贩已开始忙碌，主要是批发水果、蔬菜和销售猪肉、鸡鸭、日常蔬菜，商贩批得水果、蔬菜后，用三轮车等运到经营地点出售。也有单位食堂的采购人员、家里办酒席的人前往采购，一般到上午9点左右结束。此外，青纸、夏茂、高桥、涌溪、富口等乡镇（村）也有早市，主要销售蔬菜、鸡鸭鱼肉等，大多晌午就散市。

夜市不盛行，时断时续。20世纪90年代前，沙县日常经营的商店，都经营到晚上10点左右。90年代中后期，在府前广场处自发形成夜市，出售百货、衣服等。此后又中断三五年，21世纪初又自发形成，也是出售百货等。

乡镇圩市传统上10天一墟，大致是公历每月逢一的日子为圩天。20世纪80年代后，改5天一圩，相邻乡镇之间的圩市之间不同日。随着生产生活物资的日益丰富，物流的发达，特别是网店开设，赶圩的人员有所减少，圩市的繁盛不似从前了。圩市主要销售日用百货、当地特产等。

20世纪90年代中期后，随着房地产业的发达，每个楼盘都在比较繁华的地方设立售楼部。售楼部的大厅里摆设楼盘模型，设经理室、客人接待处等，有售楼人员的咨询服务、推销活动等。进入21世纪，房产商还通过电视、横幅、车队游街、短信、电话等广告形式推销商品房，形成新的商业景观。

4. 衣食起居

（1）服饰

古代，沙县县内民间服饰式样简朴、实用。普通家庭多用当地产苎麻为原料织成的夏布，染色自制服饰；劳作者穿苎麻为原料织成的夏布，称“腰机”布，牢固结实、耐磨透风；中上层人家用茧绸扣布为衣料；绸缎、香云纱、呢羽、狐羔、罗葛等高档衣料为殷富人家所独享。民国期间，绅士阶层男服以中山装、西装为主，女服以旗袍筒裙为主；大众服饰男服多为对襟衫，女服多为大镜面衫。农村妇女多穿阴丹士蓝布，布料结实，颜色鲜艳，不容易褪色。中华人民共和国成立初期，盛行列宁装、中山装。“文化大革命”期间，盛行草绿色解放装。改革开放后，人们手头逐渐宽裕，自制新衣已经很少，绝大多数是到市场上购买。20世纪90年代开始，服装趋向多样化、时装化，对色彩、款式、质地的要求逐年提高，各种价格昂贵的时尚服装进入市场；学校推行校服，中小学生上学期间多穿校服。进入21世纪，夏天，男士多穿短袖衫、宽松长裤，女士多穿裙子，薄衫短裤；冬天，男士多穿西装、夹克衫，女士则多穿大衣，配以裙装、裤装。

（2）饮食

沙县本籍居民荤素兼食，主食为稻米，三餐基本为米捞饭，也兼少量的地瓜、地瓜丝米、玉米、面粉类等食品。电饭煲未普及之前，通常是早晨煮够一天的饭，三餐重蒸食用。人口多而贫困的家庭，常杂以番薯或番薯丝、山芋、南瓜、小米、大豆等杂粮。动物性食品以猪、鸭、鸡、兔、鱼等为主，夏茂一带喜欢吃牛肉。

稻米除用作饭、粥外，籼米还可做粉干，有“九月粉干十月蛋”俗谚，以洋溪、南阳、郑湖等乡镇产的粉干为佳。用当地粉干和外来面粉制作的饼馔面馍为精食品，用以年节加餐及招待宾客。逢年过节，有制作浆糍、发糕、白米粿、糍粑的习俗；农村过节待客则制作糍粑、米粿和芋包。高桥一带还有人在春季用嫩叶制作成糯米黑饭团，叫作“乌饭”。

县内饮食习惯一年四季无大差别。唯农历六月因气候炎热，油腻食物不易消化，又容易变质，故城乡人家在农历六月初一至十五日多戒食荤味，禁宰猪牛（称封屠）。民间有谚谣曰：“六月馌斋馌得深，豆干豆腐大当兴。”十六日则开荤设宴互请。而农历六七月在农村正值双抢大忙，早出工，晚收工，体力消耗大，一般还要“三餐两点心”。

家常便菜，腌咸菜、腌萝卜长年不断，俗言“咸菜”（咸淡），配以时令青菜，苋菜、白菜、芥菜、包菜、黄瓜、葫芦瓜，以芋子最为普遍。春夏时节也有人采蕨菜、苦菜等野菜。家家户户都能制作一些小菜，如浸汁萝卜、浸汁咸菜，爽脆味美，富有地方特色。还有豆腐、豆酱、豆腐乳、豆豉仔、小鱼、小虾、河蚬仔、田螺等，是常见便菜。城关居民爱用豆豉油做调味料，早餐常食粥配小菜，或豆浆配油条、浆糍、白粿等。

沙县菜肴的口味，城区居民受福州影响，偏重清、鲜、淡、甜；乡下农村受客家影响，爱吃油炸（方言称“㷅”）的食品，煮菜偏咸、酸、辣，口味较重。

沙县立冬有酿造米酒的习惯，康熙版《沙县志》载：“隆冬造酒，制曲为先，为红酒，为长水，为短水，为米烧，为玉露，为冬白，各有不同。”夏茂一带多酿冬白酒，城区则喜饮“新冬红”（音讹“酸冬红”）。宴席上用的酒，过去用红酒（家酿酒），城区内酒店、酒铺、酒库很多，后来用啤酒、白酒等，如今多用干红、干白、高档白酒等。

（3）茶俗

饮茶在沙县有着悠久的历史，晚唐诗人韩偓曾住在城西的天王寺，偶成一首诗，末两句写道：“数盏绿醅桑麻酒，一瓯香沫火前茶。”这是关于沙县饮茶的最早文字记载。北宋宣和元年国史编修李纲谪监南剑州沙县税务，在诗作《将去沙阳留别邓季明诸公》中写道：“诸公别后应思我，茗饮时时到寓轩。”两宋时期沙县的茶业已相当发达，饮茶风俗已经普遍，相聚时常以茶佐谈兴与诗情。到清代中期，沙县盛产红边茶、乌龙茶，饮茶之风日盛，不仅民众日常饮茶，待客还讲究茶礼。平日里如有客人来，主人首先倒一杯茶敬来客；结婚、做寿时有客人来临，主人须用盘子端茶敬客人；结婚闹洞房，客人入洞房闹房，新娘得一一敬茶，叫新娘子茶。使用茶叶供奉神明。每当祭神、拜佛、祭祖等活动，在诸多供品中，茶都放在首位。茶叶、稻谷、钱币等“七宝”，往往安放在房屋的大梁、桥梁、塔台、佛像的内里，用来镇邪、保平安。

20世纪90年代后，沙县茶楼也逐渐多起来，且布置得清静优雅，商人有业务上的接洽，往往到茶楼，边泡茶边商谈。茶楼里供应的茶叶，主要有安溪铁观音、武夷岩茶、云南普洱茶、沙县的红边茶、乌龙茶、绿茶等。在茶楼泡茶，还以花生、瓜子、橄榄、牛肉干、姜片等佐茶。无论城乡，许多人家的客厅里也摆着茶几，亲戚、朋友上门来，主人用电热壶烧开水，围着茶几泡茶聊天。

沙县还有舍茶习俗。农家把烧好的茶水，放置在村镇路边、河边渡口、人流多的山道凉亭里或廊桥上，免费供给过客饮用。20世纪80年代后，这种习俗逐渐淡化。

5. 民居

(1) 建筑结构

沙县人传统人生三件事，盖房、娶妻、生孩子。盖房是人生中的一件大事。旧时沙县民居大体分土构、木构、砖构三类。

土构即土房，又叫干打垒，在农村中常见。牛棚、亭子也常用土房建造。土屋多为单层或双层三开间结构，中间为厅后为堂，设前后大门，左右对称；设前房后灶间，前厅两房与后堂灶间有一穿心弄，通两边小门，正面留廊，两边或为开放式走廊，或为封闭式马头墙，屋面多为硬山遮瓦。主屋前面三层台阶，左右两边各建厢房两间，厢房前再建主屋或门庭，中间为天井。若大家族增添门户，则在正屋左右延伸扩建，格局与主屋相同。

木构即木房。沙县是林区，木材比较充足，也比较容易建造，但容易发生火灾。农村普遍是木头房，城区临街的房屋多用木结构，有店面，进深十几二十米，沙县人称“竹筒厝”，建筑部门称“直统型”。一幢连一幢，房子挤房子，极易酿成火灾。俗称“火烧厝”。

砖构即砖木结构。县内大家族的房子，多按规制建造，四周围有风火墙，风火墙内叫内库。门前有院子，有的家族历史上有当过官的，院子靠近门的地方，还竖有石旗杆。院子门楼设在东南巽方，进门迎面是一个屏风，当家族内有婚丧喜庆时，大厅前屏风一律打开，外边人可以从外一直看到上厅。门两侧是门房，仆人或有大事时吹鼓手就安排在门房，屏风后过道，两边天井、走廊，走廊边是厢房，上为下厅，厅两侧是寝室，厅后又是过道，两边天井、走廊，走廊边是厢房，上为正厅，又称客厅，两侧是寝室。顾名思义，客厅是接待客人的地方，家族内有重大的事项都在这里商议举行。厅后又是过道，两边天井、走廊，走廊边是厢房，上为上厅，又称祖宗厅，厅上摆列祖宗牌位，年节祭祀和婚礼、丧事都在这里举行。两侧是寝室。横屋多用来做厨房和谷仓，上厅厅后有花园，花园东北角有后门。

中华人民共和国成立后至1978年，沙县民居格局趋向简化，讲究实用，以双层或三层砖木结构为多。一般以三面墙两开间双层为多，称“三拼两植”。城关一般为砖木结构，围墙采用斗砖（用砖砌成四方斗形，内填碎石、泥土、破砖瓦）方式建造，俗叫“斗墙”，用石灰勾缝。大门用砖钉上，以防火。大门下有一矮门，又叫腰门，既防外人随便闯入，又方便观察外面情况。

城区一些大家族的房子，后来一部分门面演变成商店。

改革开放后，农村逐渐富裕起来，农民开始建造混凝土房子，建木头房的越来越少；城区进行大规模的改造，大量建造混凝土住房，居住条件、住房面积不断改善。20 世纪 80 年代，县、镇、乡、村始辟新居民点，水电交通等环境设施统一设计，三四层的钢筋混凝土公寓式楼房居多。近年来，城关的建国新村、城东小区、府北新村、东园新村、景山新村、莲花新村等一大片民居拔地而起。华山小区、西园小区、翠绿山庄等小区楼盘，多为七八层的单元房。夏茂、高桥、大洛、琅口、青州等各乡镇进行旧镇旧街旧村改造，多建成“日”字形或“田”字形三四层民居。

（2）主要仪式

放磉盘

盖房子，先请风水先生看风水、择地基。首先要打基础，打基础前要按照规划的红线画好施工的方位，过去建木头房子，在立柱子的地方，要先放石磉盘。石磉盘安放位置要正，安放不正，柱子就难以对在石磉盘上。建混凝土房子，打地梁如同放石磉盘，是建造房子的首道工序。

动工之日，建房东家黎明即起，燃起红烛、点上高香，杀鸡摆供，叩拜土地神，在风水先生指导下，东家手提金鸡，高声唱道：“日吉时良大吉昌，今日起工建华堂；手提金鸡高声唱，打好根基万年长；五色祥云高高照，子孙富贵家业旺。”

上梁

木构房上梁是建房的重要环节。“南山树木做栋梁，鲁班先师架华堂；吉日良辰迎百瑞，紫气东来纳千祥。”这是流传在沙县的一首上梁歌。先要立柱，木匠和帮工一起努力，有的扶、有的托、有的拉绳子，一边把事先摆放于地面的木柱框架竖直，用横条连接固定，一边还唱着：“千里来龙结穴真，新地新材样样新；房房发福滔滔起，子孙昌盛万代兴。”框架竖起来后，柱子贴上“文曲星驾到”“武曲星驾到”“太阳星君驾到”“太阴星君驾到”等红纸条幅。木匠师傅左手抓公鸡，右手持斧头剁下鸡头，用鸡血祭柱梁，再提一壶酒慢慢地浇在梁上；正梁上挂一块红布、一枝铁树枝，梁上贴着“鲁班先师驾到”或“姜太公在此，诸神退位”的红纸；梁上方中间凿一方洞，置入茶叶、稻谷、麦子、黄豆、荞麦、芝麻、铜钱（或银圆）“七宝”，还有官历（翻开八卦朝外）、两支毛笔（笔锋相对）。上梁大多选在卯时进行。上梁时，正厅摆供桌，点香烛，供奉三盘茶叶、三杯红酒、一盘糍粑，猪头、公鸡（鸡冠开花）、池鱼三牲，五样斋果、五样斋菜。粗大的绳子系住大梁两端，房顶两边各站着木匠师傅和帮手，提着绳子，上梁吉时一到，立时鞭炮齐鸣，师傅大声唱道："金藤起金梁！"唱念请鲁班仙师神咒，大家齐心协力把正梁徐徐吊上两边柱顶，梁与柱的榫头嵌牢后，坐在两端的师傅唱道："今日上梁大吉昌，五谷丰登财丁旺；春安夏泰永绸缪，万代兴隆富贵长。"鸣放鞭炮，东家给师傅送红包，师傅连声给东家贺喜道："财丁两旺，福禄双全，五谷丰登，平安吉祥。"此后，还要请师傅、帮工、左邻右舍吃上梁糍。

做灶

新房建好后，选吉日良辰做灶，灶位坐向一般要与扶厝相同。吉日前一天先备好料，良辰前一刻在灶位墙上挂一个牛轭，贴制煞符。到了良辰，先划定灶位方向、范围，然后按灶的尺寸做灶。灶有固定的尺寸并具有特殊的象征意义。灶长五尺为"象眼"，宽三尺为"三才"，高二尺四寸合"二十四节气"。灶门高一尺二寸合"十二时辰"，阔八寸合"八卦"。锅二口合"日月"。依以上尺寸钉木桩、安板块装土舂实。再挖灶腹、灶门并修整好，安上锅台。灶口离锅底要离10厘米左右，火焰中间颜色青黄色正好离锅底，火苗旺、火力强、省柴火。灶做好后，主妇按时辰生火爆米花、炒酥豆等，分给邻居众人吃，表示"添丁"和"壮大"。然后再煮鸡、猪肉，做米粿，备香烛，以谢"灶神"。

安门

安门以隔内外，也是盖房子的一道重要程序。旧时民居住宅大门上往往要悬挂镜、筛等物，以避"凶煞"。安门时要选择吉时良辰，贴上红纸，写上"安门大吉"大字，点香放炮。有的安门与迁居新房同一天，也有的安门后再择吉日搬进新房。

乔迁

沙县民间逢新屋建成或新房装修完毕后入住新居，家主择吉日乔迁，俗称"入宅"。"入宅"时，须从旧居持一火把移到新居灶间起火，或从旧居带火柴松明在新房门外点燃进灶间，称为"进火"。"进火"时，已出嫁的女儿也要到娘家"点火种"，仪式同上。迁居时往往天未亮前就开始，由长辈提灯或执火把在前，男主人先挑米、饭，主妇则先扛笊篱等厨房用具，小孩各取自需物件，全家大小，肩挑手提，列队而行，鸣炮入宅。中午及晚上分别宴请亲友及工匠师傅，姻亲送来贺仪联屏，并送成套碗筷及米冻、豆腐、糍粑等食品。宴席时，必先上三道食品。一为糍粑，取其黏性，以示房子牢固；二为米冻，因是凝固成冻，寓祝房子结实牢固之意；三为豆腐，谐音“陡富”或“兜富”，寓意乔迁新居后兴旺发达。

九、其他习俗

1. 民间禁忌

（1）春节禁忌

人们在欢度春节时，都祈盼来年安顺祥和，伴随着这种心理，便产生了春节期间的诸多禁忌：

春节期间忌和别人吵架、争执，否则来年不顺利。正月里忌打碎杯碗等器物，打碎杯碗是破产的征兆，如果不慎打碎，必须赶快说“碎碎平安（岁岁平安）”。

初一忌吃稀饭，恐一年内皆受穷吃稀饭。另一说初一吃稀饭，日后出门要遭雨淋；忌吃药，恐病不好或一年到头都生病；忌被他人叫醒，要自动起床，恐变懒惰。初一忌给他人钱财，恐一年钱财“外流”；忌午睡，男睡恐年内垮田，女睡恐厨房倒塌；忌扫地，恐把财运扫走；忌死人，如果有人病故，要改称初二病故；等等。春节期间忌言“死”“杀”等不吉利的字词。不得已时，要改用婉词替代，如××老人去世，要说“××去了”。正月如有亲友家的讣告进门，必须先将讣告的一角撕破，以示“除晦气”。

初一至初三忌泼水、倒垃圾于户外，有人认为会把财气置之门外，倒垃圾认为会破财；忌动刀剪针、摔坏东西、说死道病，认为不吉利。

初三忌点灯。初三为老鼠婚嫁日，点灯使它们在灯火照明下大办婚事，恐大量繁殖，日后危害农作物。

初一至初五，忌说不吉利的话，在除夕日即在屋中贴上“童言妇语，百无禁忌”的条子，以示祓除。

（2）林事禁忌

采伐林木是一项危险的工作，禁忌较多。进山搭厂，进厂时要选择吉日良辰，祭祀山神，并改善伙食热闹一番，谓之“作福”。厂房里供奉鲁班先师、九天玄女、张天师（张道陵）等神位，有的甚至供奉在床头以求平安；

伙夫煮好早饭后连叫三声“吃饭喽”，多叫少叫均为犯忌；起床后不说忌语闲话，饭前由师傅点香祭神，盛饭时饭勺要始终直立在饭甑中间，不能倒放，表示今天大伙儿出工个个平安，如果有人进餐时掉落筷子，弄倒饭勺或打破饭碗，则为不吉之兆，全厂当日不出工，一切开支由“肇事者”承担；新入伙的工人可在厂里先吃住两天，第三天开始干活；进山途中不说忌语闲话。

（3）水事禁忌

沙县旧俗，开航前不吃蛋类和螺类食品，开航时不讲闲言忌语；船上或筏上炊具不能覆置，船上喝水不能边舀边喝；饭瓢、水瓢等炊具皆不能翻置，意忌翻船。若烧坏打坏炊具或餐具，则当天不开航。

2. 占卜算卦

沙县人讲究风水，无论创建村庄、庙宇、祠堂、建房、修墓，都讲究其所处地势的来龙去脉、山环水抱及气流风势，选其美而避其恶，以求安宁吉利。

沙县小吃文化

沙县小吃，名扬天下。小吃文化，悠久绵长。

一、沙县小吃历史与现状

沙县是八闽大地和南方汉族传统饮食文化的传承汇集地。沙县小吃历史源远流长，源于汉唐，盛于明清，名于当代。千百年来，沙县民众荟萃中原传统饮食文化精华，又受闽越族和客家饮食习俗的影响，与当地民俗风情和时节习俗相联系，也与历史名人相呼应。沙县作为中国南方稻谷生产地之一，由稻谷而衍生的各种风俗和饮食文化属于经典的稻作文化。老百姓逢年过节、婚丧嫁娶、祭祀迁居，都采用当地盛产的稻米、杂粮、薯芋，以其精湛的制作技术和烹饪手艺，制作出各具特色的小吃食品，祭祖乐神，请客娱民，并互相媲美，形成地方饮食文化和工艺制作特点，在中华传统饮食文化中独领风骚，被誉为汉民族饮食文化的“活化石”。

中华人民共和国成立后，沙县群众沿袭古中原汉民族传统饮食文化，又吸纳各地精华而不断改进制作工艺，开发名点小吃品种。20 世纪 80 年代随着党的改革开放政策大力推行，沙县小吃得以迅速崛起，沙县县委、县政府因地制宜，因势利导，发挥沙县群众普遍善于制作小吃的优势，组织引导农村富余劳动力和企业下岗职工经营沙县小吃，使传统的工艺优势转化为经济优势。1997 年县委、县政府推出大力发展沙县小吃特色产业的举措，书记、县长亲自抓“小吃”，从组织领导、氛围营造、政策扶持、技术培训、资金信贷、保障服务等方面扶持推动，着力培育沙县小吃特色产业，大力实施品牌带动战略。组建沙县小吃业发展领导小组，成立沙县小吃业同业公会、沙县小吃业发展服务中心和技艺培训中心，注册沙县小吃商标，制定管理办法规范使用，在小吃店发展相对集中的城市设立联络处。不断健全的各种组织，为小吃业主提供传播市场信息、注册商标、办理证照、培训技艺、维护权益等服务。沙县政府不遗余力地通过各种方式做好小吃的推广工作，从 1997 年开始举办沙县小吃文化节，2006 年提升为“中国（沙县）小吃文化节”，2008 年小吃文化和旅游文化相结合的中国（沙县）小吃旅游文化节。到 2016

年已经成功地举办19届盛大的小吃旅游文化节。中央电视台《同一首歌》栏目曾来沙县举行盛大演出，首部反映沙县人从事小吃业的电影《走出廊桥》也在央视电影频道播出。沙县成功举办了首届中国小吃发展论坛、海峡两岸小吃精英技艺表演和中华风味小吃品牌展示会、海峡两岸民间艺术邀请赛等丰富多彩的文艺展示活动，使沙县小吃文化的内涵与外延不断扩展。以小吃为媒，经贸唱戏，以节会友，吸引天下客人，在政府“大时空”构建、“大心境”筑造、“大技巧”运作下，通过内修外炼、传承创新，沙县小吃走出闽北山区，香飘闽粤，落户台湾、澳门，流韵全国，并正在走向全世界，成功跨出国境进入日本、新加坡、美国等国家，打入国际市场，形成中国餐饮行业中经营店数多、分布区域广、品牌影响大、带动效应好的产业发展态势，闯出一条小吃创大业、小店闯大市场、农民进大城市的成功之路，沙县小吃成为推动县域经济发展、农民致富奔小康的重要支柱产业。

沙县小吃商标

2003年沙县被中国饭店协会认定为“中国小吃之乡”；2005年沙县小吃商标被认定为福建省著名商标；2006年沙县被中国烹饪协会授予“中国小吃文化城”的称号；2007年沙县小吃制作工艺被列入福建省第二批非物质文化遗产名录；2010年5月，“沙县小吃台湾行”系列活动，成为福建省海峡两岸交流的文化“使者”；2010年，沙县小吃代表福建美食唯一餐饮品牌入驻上海世博会“中华美食街”窗口，受到各级领导和国内游客的广泛好评，并成功入驻北京钓鱼台国宾馆和全国人大、财政部食堂；2011年7月，“沙县小吃澳门行”系列活动，在海内外产生广泛影响；2013年在新加坡、澳大利亚、美国以及我国港澳台地区成功注册了“沙县小吃及图形”商标；2014年县国有资产经营有限公司投资6500万元控股的沙县小吃集团与正大集团签订战略合作协议。至2016年，全县各类名点小吃品种达240多种，被认定为“福建名小吃”的有63个，其中有27个品种被认定为“中华名小吃”。全县有6万人外出经营小吃，占全县总人口的23%和农村劳动力的60%，“沙县小吃”

遍及全国大中城市，并拓展到我国香港以及日本、新加坡、加拿大、德国、美国等海外市场，年营业额超过60亿元，年纯收入8亿元以上，占农民人均纯收入的60%以上。由沙县国有资产经营有限公司独资控股的沙县小吃集团有限公司在全国成立18家餐饮子公司，旗下沙县小吃连锁示范店120家，沙县小吃门店超过2万家。

二、沙县小吃名品（菜）

1. 小吃品牌

（1）中华名小吃

1993年沙县宾馆厨师林霞制作的“包心豆腐丸”在全国第三届烹调比赛中获得银牌奖。

1997年12月6日在杭州市全国第一届“中华名小吃”认定会上，沙县庙门扁肉店陈圣泉制作的“扁肉”被认定为“中华名小吃”。

1999年9月5日在银川市全国第二届“中华名小吃”认定会上，沙县小吃培训中心乐相森、林霞制作的“芋包”“烧卖”被认定为“中华名小吃”。

2003年12月7日中国饭店协会在沙县举办“中华名小吃”专场认定会上，原家小吃总店邓世奇、原冬英、原雪莲制作的“鲜笋鲜肉馄饨”“青菜鲜肉馄饨”“香菇鲜肉馄饨”“咸鱼鲜肉馄饨”“水晶烧卖”“熏香兔”“醉鸡”“米冻皮”“茶籽香板鸭”“包心白粿”“牛腩面”“淮山羹”“蒸饺”，郑嘉兰制作的“佳兰烧卖”“烫嘴豆腐”，张木清制作的“香酥芋饼”“金包银”“炸米冻”，小角楼苏明制作的“夹馅花椒饼”“芋饺”，邓福瑛制作的“竹荪豆腐”，陈圣通制作的“煎饼”“扁肉燕”，沙县宾馆朱建津制作的“煎包”获得“中华名小吃”称号。

2003年12月8日，中国饭店协会经考察由张景富副秘书长莅沙授予沙县“中国小吃之乡”称号。

2004年10月24日，谢昌溪在中国第十四届厨师节上，制作的淮山丸获得“金厨奖”、豆腐丸获得“银厨奖”。

2006年10月16日，沙县小吃发展服务中心林霞制作的沙县扁肉在西安获得奥运会推荐食品；包心豆腐丸、烧卖在西安中国餐饮博览会烹调比赛中获得银牌奖。

2006 年 11 月 14 日，中国烹饪协会在沙县举办“中华名小吃”专场认定会，今沙成餐饮管理有限公司的“今沙成甜烧卖”，花桂兰板鸭店的“沙县小花板鸭”、李记小吃店的“李记泥鳅粉干”“李记玉米锅贴”“李记金包银”，肥姐小吃店的“肥姐蒸饺”“肥姐牛肉汤”，好味爱小吃店的“好味爱蒸饺”“好味爱板鸭”“好味爱芋饺”，宝珠小吃店的“宝珠扁肉”“宝珠芋饺”等12个沙县小吃品种被中国烹饪协会认定为“中华名小吃”，沙县城关聚园酒楼制作的“红菇淮山丸”被认定为中国名菜。

（2）福建名小吃

2003 年 10 月 9 日，福建省烹饪协会在沙县举办的“福建名小吃”专场认定会上，原家小吃总店邓世奇、原冬英、原雪莲制作的“豆腐丸”“原家鲜肉馄饨”“青菜鲜肉馄饨”“香菇鲜肉馄饨”“鲜虾鲜肉馄饨”“香芋饼”“水晶烧麦”“笋肉夹饼”“炸米冻”“芋饺”“锅贴”“鱼丸”“牛肉丸”“泥鳅粉干”“板鸭”，郑嘉兰制作的“佳兰烧卖”“烫嘴豆腐”，张木清制作的“泥鳅粉干”“蛋贴”“香酥芋饼”“金包银”“三鲜芋丸”，民寿腊鸭厂林泓制作的“板鸭”“腊肉”，小角楼苏明制作的“水煎锅贴”，沙县宾馆朱建津制作的“煎包”“重阳糕”，绿圆大酒店陈圣通制作的“千页糕”“翡翠三鲜饺”“芋仔包”，夏茂牛宴馆邓福瑛制作的“炼乳豆腐”“百花牛尾”“白灼牛肚边”“赛熊掌”，傅声旺制作的“芋饺”“夹饼”“香芋派”等品种被认定为“福建名小吃”。

2004 年 9 月 10 日，福建省烹饪协会在沙县举办“福建名小吃、名菜”专场认定会上，原家邓世奇、原冬英、原雪莲制作的“炸酱面”“淮山米线”“烫嘴豆腐”“开口馄饨”，夏茂谢昌溪制作的“五彩扁肉”“金钱蛋”“米冻皮”“包心鱼丸”“甜烧卖”“蒸饺”“白玉肠”“金三角”“烧卖”“咸馅白粿”“鸡线米丝”“米冻”“香芋饼”“芋包”“玉糕”“传统豆腐丸”“南瓜饼”“薯粑”“烤鸭”“五香茶叶蛋”，沙县小吃美食城谢永茂制作的“翡翠豆腐丸”“桂花香汤圆”等品种被认定为“福建名小吃”。

3. 名菜认定

2004 年 9 月 10 日，福建省烹协在沙县举办的福建名菜专场认定会上，邓世奇制作的“盐水胗”“乌根兔”“田螺煲”“草根猪脚”“白斩鸡”，谢昌溪制作的“淮山丸”“红菇鸡”“红菇猪脑”“淮山炖鸡”“激情健身球”等品种被认定为“福建名菜”。

2004 年 10 月 24 日，中国烹饪协会在福州市举办的中国第十四届厨师节上，谢昌溪制作的“淮山丸”“豆腐丸”被中国烹饪协会认定为“中国名菜”。

4. 风味小吃

1990 年 5 月 4 日，沙县举办风味小吃评选活动，陈福儿的“扁肉”、陈春兴的“芋饺”、武启英的“汤圆”、姜水英的“烧卖”和陈阿眉的“豆干”获得优胜奖。同年，三明市举办风味小吃比赛，陈福儿的“扁肉面”、陈春兴的“芋饺”和武启英的“汤圆”获得优秀奖。1991 年“三八”妇女节期间，沙县个体劳动者协会举办风味小吃评比活动，陈福儿的“扁肉”、武启英的“汤圆”、王爱英的“手切面”、陈春兴的“芋饺”和姜水英的“烧卖”获得优秀奖。1996 年 5 月 4 日，沙县个体劳动者协会举办第二届风味小吃评比活动，陈福儿的“扁肉”、武启英的“汤圆”、邓玉珠的“芋饺”、连标有的“沙县鱼丸”、张木清的“泥鳅粉干”、郑嘉兰的“油条”、范发娣的“米冻皮”和张明娣的“甜烧卖”获得优胜奖。在 1996 年 6 月 16 日三明市经贸洽谈会举行的风味小吃评比中，陈福儿的“大扁肉”、姜水英的“烧卖”、武启英的“汤圆”、陈春兴和吴秋娥的“米粉肉夹饼”和连标有的“沙县鱼丸”获得优秀品种奖。在 1999 年 12 月 28 日省旅游博览会上，陈圣泉的“沙县扁肉”、林霞的“红菇豆腐丸”、连标有的“沙县鱼丸”、郑嘉兰的“沙县烧卖”、杨水儿的“花椒饼”、林霞的“牛肚尖”、林霞与廖素美的“豆粉糍”、罗清珠与廖素美的“炸芋包”获得美食金奖品种。2000 年 4 月 8—18 日，江苏省无锡市穆桂英美食城举办“福建名点沙县小吃美食节”，沙县选送的“扁肉”“红菇豆腐丸”“炸米冻”“烧卖”“芋包”“鳝丝粉干”“榨菜面”“花椒饼”“起酥饼”“椒盐猪脚”10 种小吃参展，深受消费者的欢迎。

三、小吃名城（街店）

1. 小吃城

（1）沙县小吃文化城

国家 4A 级景区沙县小吃文化城，位于福银高速公路沙县出口处的淘金山脚下，于 2007 年 6 月动工兴建，建设年限 3 年，总投资 2.6 亿元，占地面积近 7 公顷，建筑总面积 75000 多平方米。

沙县小吃文化城夜景

采用中国古典徽派园林设计手法，以沙县传统的明清建筑风格为基调，遵循古朴、典雅的设计风格，规划设计为小吃餐饮、休闲娱乐、星级宾馆及旅游购物4个区，建设20余幢古建筑群，并配套建设园林景观、建筑小品、绿化及夜景工程等公共附属设施，使整个建筑和谐地与淘金山人文、历史、自然景观融为一体，体现文化艺术品位，再现沙县这一闽中悠久历史和饮食文化的古城风貌。小吃城内汇聚品种繁多的小吃，展现了“中国小吃之乡”“中国小吃文化名城”“中国特色魅力城市”的风采。

（2）沙县小吃美食城

位于沙县城区步行街内（电信大楼二、三层），面积2200平方米，仿古装修，于2003年12月8日开业，经营的沙县小吃品种100多种，并可在品尝小吃的同时，观看沙县民间传统艺术肩膀戏等，融饮食、娱乐为一体，每天接待游客、食客上千人，为当时闽西北规模最大、档次最高的小吃城。2004年9月11日，国务院副总理吴仪莅临沙县小吃美食城考察，对丰富多彩的沙县小吃表示赞赏，并与省、市、县领导合影留念。

2. 小吃街

（1）沙县小吃街

为提高沙县小吃知名度，规范小吃业管理，发挥小吃业的规模效益，1997年，县政府投资562万元，在府前广场西侧兴建了一条190多米长的沙县小吃街，有54个店面，20多家业主，展示不同风味的各式沙县小吃品种。其中原家沙县小吃，经营业主邓世奇，有13间店面，采用套式固定座椅，经营20多种名小吃，深受消费者欢迎。

（2）民间小吃街

2002年前，沙县民间自发形成的“小吃街”，位于沙县城区六婆巷口（县妇幼所门前），后因旧城改造迁至李纲路池尾巷（悬索桥北面东侧班厝巷小巷口），有10多家沙县小吃摊、点，经营烧卖、烫嘴豆腐、锅贴、春卷、烤豆腐干、金包银、米粉肉夹饼、牛肉丸、米冻皮、米冻、喜粿、年糕等40多个沙县小吃品种。

3. 小吃名店

（1）原家小吃店

经营业主邓世奇，2004年5月，因沙县小吃街拆迁，搬至鸿图花园巷口，后又搬迁至水南沙阳乐园内。该店制作的茶仔香板鸭、鲜肉馄饨、青菜馄饨、熏香兔、水晶烧卖、醉鸡、米冻皮、包心白粿、牛腩面、蒸饺等品种获得“中华名小吃”称号。

（2）小角楼美食店

位于城区小吃街内，经营业主乐水锦。于2000年6月1日开业，主营风味小吃。其制作的“水煎锅贴”获得“福建名小吃”称号。

（3）庙门扁肉店

位于城区建国路，经营业主陈圣泉。该店制作的扁肉于1997年12月6日获“中华名小吃”认定。

（4）佳兰烧卖店

位于城区府前中路，原县影剧院对面，为城区最早经营制作烧卖的专卖店。经营业主王景熙、郑嘉兰。1997年12月6日，其经营的佳兰烧卖、烫嘴豆腐被认定为“中华名小吃”。

（5）宝珠小吃店

位于沙县城区府东路10号（文化街对面），经营业主梁永光、梁永辉兄弟。主要经营沙县扁肉、拌面、葱肉饼、芋饺、排骨面、牛肉线面、水饺、各种炖罐等品种，其制作的葱肉饼被认定为“中华名小吃”。

（6）肥姐小吃店

位于沙县城区李纲路吊桥北面东侧巷口，经营业主傅红萍。2003年开业，经营扁肉、拌面、芋饺、夹饼、香芋饼等20多个小吃品种，其中傅氏芋饺、傅氏夹饼、傅氏香芋饼3个品种2003年10月被认定为“中华名小吃”。

（7）李记小吃店

位于池尾巷巷口（沙县城区李纲路吊桥北面东侧巷口），经营业主李贤锦。2005 年 8 月开业，经营李记锅贴、金包银、泥鳅粉干、扁肉、拌面、烧卖、笋夹饼、香芋饼、鲜菇鸭血酸辣汤、牛肉汤、牛杂汤等 30 多个小吃品种，其中李记锅贴、李记金包银、李记泥鳅粉干 3 个品种 2006 年被认定为“中华名小吃”。

（8）民寿牌腊鸭店

位于城西锦隆超市，经营业主林信棋。其制作的“民寿牌”腊鸭香鲜味醇，地方风味突出，下酒、待客、馈赠皆宜。2003 年 10 月 9 日，该店制作的板鸭被认定为“福建名小吃”。

在沙县，从城区的大街小巷到集镇，风味小吃店（摊）随处可见。2005 年，县城区 7 平方千米计有沙县小吃店（摊）300 多家，24 小时营业，是名副其实的“美食城”“不夜城”。各乡镇的集镇所在地，各类特色小店（摊）争奇斗艳，如高砂镇巷口拌面摊、南霞泥鳅粉干店、夏茂镇大胡子牛系列店等。

四、名品小吃简介

1. 沙县扁肉

沙县扁肉又叫沙县馄饨、沙县面食、沙县扁食。扁肉是沙县最普遍、最受欢迎的小吃，不论城区大街小巷或乡村都可以看到沙县扁肉的倩影。其风味鲜香辣烫，引人食欲。据史料记载，早在唐朝，随着北方人的南迁，沙县城关即有扁肉问世。沙县扁肉也是沙县小吃工艺最独特的一个品种，制作过程较复杂，是沙县人在外经营沙县小吃的特色品种。沙县小吃店一般都有沙县扁肉这个品种。

其品种变化有青菜扁肉、五彩扁肉、虾仁扁肉等，均脍炙人口，很受广大消费者欢迎。

2. 沙县烧卖

产生于宋元时期，当时的话本《快嘴李翠莲记》记载："烧麦扁食有何难，三汤四割我也会。"元代《朴事通》载，元大都（今北京）午门外饭店中有"稍麦"出售。"以面作皮，以肉作馅，当顶作花蕊，方言谓之稍麦。"现各地均有烧卖食品应市，原名叫梢梅，因蒸时竖立，成品上部似梅花，故名。到福建因语音变易，又叫烧卖、寿迈。沙县烧卖皮薄、馅多，小巧玲珑，晶莹似玉，配以沙县独有的调味品豆豉油，味道鲜美，是闻名遐迩的沙县小吃。其品种变化有：水晶烧卖、三鲜烧卖、虾仁烧卖等。

3. 沙县拌面

面条起源于汉魏，至宋，面条品种发展更为迅速，资料记载的品种就多达三四十种之多。沙县拌面是沙县小吃的特色品种之一，成品条细韧长，面条讲究"火旺、水开、汤宽，一客一下"，面条下锅一煮即浮，入口咬劲十足，配上新熬的猪油、高汤、调味品，成品香鲜油润，风味浓郁。

其变化品种有：干拌面、清汤面、酸菜面、青菜面、猪肝面、猪腰面等。

4. 沙县芋包

芋包，俗称"蕨粉芋"，为沙县著名客家小吃，客家先民以芋代替面粉，做成三星形状，供农事节日或祭祀用，翻译普通话称"芋包子"。早期芋包主要原料为"蕨粉"，系用野蕨根放石臼舂烂洗粉，成品有天然香味，但色泽较黑，且产量低，成本高。20 世纪 60 年代后，木薯大量种植，芋包原料也改用木薯粉，成品色白，有咬劲，深受消费者赞誉。

沙县夏茂芋包又称"芋包仔"，做工细、配料精、可拌食（习称芋包）

或煮食（习称芋饺）。成品嫩滑软韧、清香可口。芋包做剩的皮坯可搓成小指粗细，两头尖的泥鳅状，加各种调料煮汤称“芋鳅”，亦受食客欢迎。

5. 沙县豆腐丸

沙县豆腐丸是沙县小吃著名品种。色如白玉，外皮嫩润，内馅味美，制作方法多样。本品采用历史悠久、民间喜食的沙县游浆豆腐为原料，加以创新。20世纪80年代初，沙县虬江饭店曾启泉师傅仿照福州鱼丸做法，以豆腐泥替代鱼泥包肉馅汆制而成。1993年沙县宾馆林霞师傅制作的沙县包心豆腐丸在全国第三届烹饪比赛苏州赛区中获得银牌奖。其变化品种有：传统豆腐丸、虾仁豆腐丸、海鲜豆腐丸、三鲜豆腐丸、红菇豆腐丸等。

6. 沙县炖罐

沙县炖罐（盅）汤汁醇清、肉质酥烂、内料完整、外观洁净、清纯鲜美。沙县炖罐菜品一般选用无异味的老韧原料以及一些海味干货，如老鸡、鸭、鹅、鸽、鹌鹑、牛、羊、猪肉及鱼翅、干贝、鲍鱼、鱼皮、鱼骨等。沙县小吃中常用强身健体的草药穿山龙（又称串串龙）等和菌类蔬菜作为辅料一同炖制，炖罐品种是沙县小吃店常备品种，原料排骨、猪脚、脑、肝、心、肚、腰、肠及鸡、鸭、鹅、牛、羊、兔、蛇、鸽皆宜，加草药如穿山龙、黄花菜根等炖制效果更佳。

7. 沙县卤货

卤菜是中国烹饪独有的风味。在很早以前，沙县民间就掌握了卤菜的制

作方法。沙县小吃店经常上市的有卤鸡翅、卤鸭头、卤猪肚、卤鸡蛋等。虽然这些卤菜红、褐、黄、白等色泽不同，口味咸、甜、酸、辣、辛、香各不相同，但其甘香味美、越嚼越香的特色让消费者百吃不厌，极受消费者欢迎。

8. 沙县浆糍

浆糍是典型的客家食品。浆糍是沙县城关地区的叫法，因其为用米磨浆内馅像糍粑黏性较大，故称。而在夏茂等客家地区则称“灯盏糕”，因其炸制用的铁瓢形似旧时农村点灯用的灯盏，故名。此小吃，常与锅边糊、豆浆配食。如在炸制时，铁瓢浆中放入少许鲜海蛎，再盖上一层米浆炸制，称“蛎饼”，鲜嫩酥香，风味更佳。

9. 春卷

春卷又名春饼。习俗上将手烙的称为春饼，经过油炸的称为炸春卷。馅心丰富多样，价廉物美，食用方便，沙县民间常在除夕、立春、元宵期间食用，近年来因有冰箱已可长年供应市场，极受消费者青睐。

10. 沙县状元饼

源于古代胡饼（脂麻饼），南唐沙县张确幼时家庭贫苦，其阿嬷（奶奶）每天买饼与其充饥，张确后来中了状元，故称状元饼。古代文人赴京赶考常携带“状元饼”做干粮，以祈高中状元。传统做法：面粉加老面发酵，内包葱肉，入炉烤熟，成品麻香浓郁，外酥内软，入口酥脆咸香，也可夹粉蒸肉、酸菜、笋等食用。

11. 沙县烧饼、花椒饼

沙县烧饼，又称“胡麻饼”。以面粉制剂，擀成饼坯，粘上芝麻，烤制而成。如在饼坯中加入油酥叫起酥饼，松软酥香，特别可口；如将生坯包韭菜烤制，叫韭菜饼，有韭菜的天然清香，特别受大众喜爱；如将生坯包入香葱、五香肉丁烤制叫葱肉饼。

花椒饼，又叫“胡麻饼”。因采用炭火烤制，原称“火烧饼”或“火照饼”，方言音讹称“花椒饼”，又因其面上有芝麻，系烤制而成，故又称“芝麻饼”，因口味咸，乡下人称为“咸饼”。以面粉制剂，擀成饼坯，粘上芝麻，烤制而成。因此饼出自胡地，系汉代由西域传入长安和中原，故称胡饼。唐朝诗人白居易《寄胡麻饼与杨万州》：“胡麻饼样学京都，面脆油香新出炉，寄与饥肠杨大使，尝看得以辅兴无。”如在饼坯中加入油酥叫起酥饼，烤好后饼坯起层松软酥香，特别可口；如将生坯包韭菜烤制，叫韭菜饼，有韭菜的天然清香，特别受大众喜爱；如将生坯包入香葱、五香肉丁烤制叫葱肉饼，省去熟后包肉一道工序，同时生肉同生坯一起烤熟，肉味融入饼坯，又别有一番风味。群众还经常用来夹猪肉、酸菜、笋丝食用，价廉物美，春季时群众经常将饼夹春笋食用，极受群众欢迎。

2010年沙县小吃前往台湾推介，沙县葱肉饼（美名“状元饼”）具有脆、薄、香（油香、麻香、肉香、葱香、面香、醇香）、酥等特点，是很受欢迎的品种之一。

12. 沙县蒸饺

又称柳叶饺，因外形捏如老鼠大小，俗称“老鼠饺”。该饺皮馅味道融合，清鲜可口。在制作馅料中还加入了胡萝卜、芹菜等蔬菜，口感清鲜淡甜，爽口不油腻，配上沙县小吃各种炖罐，深受广大消费者欢迎。

13. 沙县锅贴

源于宋元时的饺子成熟方法的变换。北方地气冷，喜吃烤、烙、煎的饺子，锅贴应运而生。锅贴有一面煎和两面煎加热法。锅贴皮如同饺子皮擀法，有咸、甜两种皮坯，咸皮口感更韧性，有拉力；甜皮更松润。锅贴一般要求包成边薄、馅饱、底平（好烙均匀），有木鱼饺和月牙饺两种包法，变化在馅料，著名的是羊肉饺子、牛肉锅贴。常用韭菜、葱花作配料。锅贴是北方群众喜爱的食品，美味留唇齿，开锅香一街。

14. 喜粿

北方有“冬至馄饨夏至面”的风俗，而沙县则是立夏家家户户都有食喜粿的习俗。喜粿用籼米磨浆制作，以红米制作质量更佳。其做法与做米冻相似，唯加水量更少，米浆加碱加盐放锅内，边加热边用锅铲旋转搅拌，使米浆淀粉迅速膨胀糊化，故称旋米冻。待淀粉与水充分结合糊化不见生米粒、浆时即趁热舀出，手中抹油将粉团抓出一小块，包入糟菜与虾米韭菜等，双手一合即成喜粿，民间在立夏这天有制作喜粿相馈送的习俗，如不包馅拍成小团即称喜粿团。传说喜粿源自战国时孙膑与庞涓斗智的故事，其实此时正值农事大忙，喜粿制作方便、又耐饥，成为农民下田中耕时最好的快餐食品，而一代一代沿袭下来，成为风味独特的美食。

15. 米冻、米冻皮

米冻，又名“米粉”“米豆腐”。沙县米冻用籼米制作，是沙县民间百姓普遍喜欢的美味食品。民间盖新房、乔迁，亲友要馈送米冻、糍粑、豆腐，以米冻其名近似“美栋”，取其赞赏新房美丽，糍粑牢固、豆腐“陡富”之意。

沙县米冻皮是客家人喜欢吃的食品，夏茂人叫粳籼面，因其主要原料是用籼米制作而言。成品可凉拌、炒、煮等，十分方便，深受群众喜爱。采用籼米磨浆，加水、盐蒸制，成品色白如玉、软嫩明亮，城关多以豆豉油调入辣椒、蒜末、香油、味精、葱花蘸食，清淡、香辣、鲜美。夏茂一带人们食米冻皮喜用泥鳅汤调味。

16. 碱水粽子（肉粽、豇豆粽）

粽子也叫“角黍”和“筒粽”，是端午节的传统食品。俗有“食过端午粽，寒衣收入笼”“未食五月粽，寒衣不敢送”的谚语。粽子一出现，就说明时序已转入夏季，人们将要换上夏装。现在民间普遍接受了端午节吃粽子是为了纪念屈原的说法。沙县粽子制作常用俗称“洋脊里树”的枝叶，烧成灰，取其汁泡成碱性液加入糯米中浸泡后制作，据说吃了以后不会拉肚子。端午节期间，人们除了吃粽子，还要划龙船，赛龙舟，参加竞赛活动的船员事后要吃龙船吊（韭菜缠绕豆干和花椒饼一份为一吊）、喝水酒，以示犒赏。小孩子身佩五色丝线织成的臭丸（樟脑丸）以避瘴气，有的还要食用中药“使君子”杀蛔虫。吃粽子、花椒饼、面条、荷叶包，喝雄黄酒，家家户户悬挂艾草、菖蒲等。

端午吃粽寄托了人们对伟大的爱国者、诗人屈原的无尽崇敬与怀念，随着这一习俗的不断沿袭流传，粽子逐渐成为一种具有民族风味的节日食品。

17. 年糕

春节，我国很多地方都讲究吃年糕。年糕又称“年年糕”，与“年年高”谐音，意寓人们的工作和生活一年比一年提高。

年糕作为一种食品，在中国具有悠久的历史。至今有的地方将糍粑制作成圆形，有大有小，象征着丰收、喜庆和团圆。有的地方又称为年糕。人们常说："年糕，年糕，年丰寿高。"

将米磨粉制糕的方法也很早。这一点可以从北魏贾思勰的《齐民要术》中得到印证。其制作方法是，将糯米粉用绢罗过后，加水、蜜和成硬一点的面团，将枣和栗子等贴在粉团上，用箬叶裹起蒸熟即成。这种糯米糕颇具中原特色。

18. 籼米粑（咸米粑、甜米粑）

沙县民间至农历四月初一有吃烙粑的风俗。粑是一种制作简易携带方便的手抓食品。烙粑源自北方煎饼风俗。传说古时水神共工与火神祝融不和相斗，共工输了，一怒头触不周山，而不周山是撑天的柱子，这下倒了，天倾西北，日月星辰往焉，地倾东南，江河湖水往焉，各种自然灾害频频发生。多亏人类始祖女娲炼五色石补天，人们才恢复了正常生活，后来做煎饼以纪念女娲补天的功劳。北方民间习惯第一张煎饼煎好后要丢到屋顶上去，以示补天。南方种麦少，种稻多，故以米浆烙粑代替煎饼。

粑有甜咸两种。甜粑一般用面粉加白糖或红糖加水调成稀浆，分几次在锅中烙成又甜又香的粑。咸粑一般将籼米加水磨浆，加虾米、韭菜或蝴蝶菜、食盐，也分几次在锅中烙成又鲜又香的咸粑。

19. 沙县糍、粿

做糍、粿时，将米淘洗后，用饭甑蒸熟，放入舂臼，一人用丁字形的木槌，用力舂到底部，一人手蘸水（防粘）将冲到舂臼旁边的米粒，按到舂臼中间，直至米团胶黏，看不到米粒止。糍粑一般滚豆粉、白糖或红糖食用，香甜可口。

清明节前后，沙县民间常有吃清明粿的风俗。清明粿系将粳米炊熟，放舂臼中舂烂舂黏，与平常的粿不同，在制作时加入艾草的嫩叶、黄曲花（学名鼠典草）的花朵一起舂，成品清香，包上豆粉糖的甜馅，或包上炒好的萝卜丝的咸馅，或一样一半，合而食之，外表一白一绿，内馅一咸一甜，其味妙不可言。

20. 沙县豆腐

中国豆腐世界闻名，而豆腐的名称较多，除正名外，还有原名、别名和美称。传说是汉朝淮南王刘安喜欢修道炼丹时所发现创制。其美称有“小宰羊”，此外还有“琼浆”“玉液”“雪花”“玉乳”等。别名有“黎祁”“菽乳”（豆古称“菽”“乳”，其磨成的浆，古人把豆浆叫“啜菽”）、“寒浆”等。豆腐的做法有两种：一种是发酵的，豆子磨浆后，不用凝结剂，而是通过蒸煮发酵自淀做成的。元朝女诗人郑允端的《豆腐诗》“磨砻流玉乳，煎煮结清泉”，写的就是这种做法。另一种是非发酵的，豆子磨成浆后加凝结剂点成。常用的凝结剂是盐卤汁和石膏末。人们还研究制作出许多各种各样的制品，受到许多顾客的喜欢称赞。

沙县豆腐又白又嫩，没有火焦味，是人们喜欢的日用食品。传说来自正宗的西汉时期淮南王刘安传统制作方法。它不是用石膏或盐卤来作为凝结剂，而是让磨好的豆浆放在锅里加热，用瓢舀上隔夜的老浆水逐瓢渗入煮熟的豆浆中，行话叫“游浆”，让豆浆慢慢凝固成豆腐花。把豆腐花舀入用布包成的方框内（方块大小乡村 10 厘米、城关 5 厘米）压干切块即成；将豆腐逐块用细麻布包成四方形，叫豆腐包；将豆腐包烤熟，焙干，叫豆干包。选用游浆豆腐为原料，加入地瓜粉搅拌成豆腐泥，再塞入肉馅制成丸，叫包心豆腐丸；用沙县豆腐为原料，加上黄花菜、蛤干等原料，慢火蒸煮入味后，捞起蘸豆豉油等调味料食用的，叫烫嘴豆腐，俗称“豆干胖”，是大众小吃品种。还有是将豆腐先加水和盐、中药栀子煮后用木炭火烤熟，叫烤豆干。食用时采用豆豉油熬煮出香味后，加酱油、味精、蒜泥、料酒、葱花、辣椒、香油为蘸料，成品香辣咸鲜，是城区著名特色小吃之一。

21. 沙县板鸭

沙县农村传统的家庭美食，民间称为“腊鸭”。其源远自三千年前的周朝。早在周代，就有将鸡鸭肉类腊制的做法，其名叫“腊”就是指生产制作此类食品时间在农历腊月，朝廷中曾设有“腊人”一职。掌管加工干肉的事务，加工方法一般是将肉抹上盐姜等作料腌渍后风干、晒干或烘干，使肉脱水，延长保存期，食时过蒸切块即可。现在沙县腊鸭的传统做法，同以上所述大致相同，只是在配料上略有增减，烘烤的方法也更加讲究而已。其具体做法是将鲜鸭腌制，板晒定型。经过这些程序制成的咸鸭，可供久贮、远运，肉鲜香而肥嫩，皮白肉红，可蒸后供食，也可以用作菜肴原料。沙县板鸭名产很多，风味各异。以城关林信其“民寿牌”板鸭、郑湖杜坑板鸭、夏茂板鸭最著名。

22. 沙县包心鱼丸

鱼丸又名鱼圆，精致的鱼圆成为沙县人招待客人的既方便快捷，又不失体面的好菜肴，也是南方的大众菜肴。成品浮于清汤之中，有“黄金白玉兜，玉珠浴清流”之美。

沙县鱼丸民间流传历史悠久，为民间宴席的主要汤菜之一，小吃摊点也有供应。其主料用草鱼，制作过程中淀粉用量极少，成品洁白如玉，软嫩如腐，极易消化，煮汤清香可口。传统制法只用刀刃刮鱼茸制作，不包馅，有鱼味而不见鱼，嫩如腐而鲜如鱼，口味清爽不油腻。20 世纪 80 年代末才仿照福州鱼丸制作方法，包以肉馅，成品皮嫩，馅香，更受群众欢迎。

23. 仙草冻

每年夏天，气候炎热，农历入伏那天熬吃仙草冻是沙县民间的习俗。仙草又名仙人草、凉粉草，唇形料。《本草拾遗》记为仙人冻。每年三伏盛夏，家家均有熬制，大街小巷也有出售，赶路行人无不以一吃为快，大有“凉人衣襟骨有风”的感觉。沙县农历七月十五，市场上有出售仙草冻，家家户户都要买来消暑过节。

24. 菜肉水饺（太极饺、鸳鸯饺、柳叶蒸饺）

饺子经历漫长的发展岁月，由于历史、地理、习俗和方言的不同，对饺子有许多不同的称呼，在古代曾经称为：“馄饨”“扁食”“角子”和“饽饽”，等等。后来，沙县小吃经营业主在饺子制作的基础上创新沙县蒸饺，由于其外形如鼠大小，群众俗称为“老鼠饺”，也因其包制成形如柳叶，亦称柳叶饺。

五、沙县小吃故事

1. 甜烧卖的传说

相传，古时夏茂儒元村出了个远近闻名的美女。未婚的青年如过江之鲫，慕名而来。美女的父母也就待价而沽，要求甚高，除了门当户对，还要求男方体魄健壮，能精通一门手艺。挑来捡去，最后相中了镇上卖酒巷一位手脚勤快脑子灵活且能烹饪一手好菜的帅哥阿坤。婚后回门那天，岳父大人想考考女婿的烹饪手艺如何，就让小夫妻捎带上五斤白糖，五斤清水饼，五斤紫菜，说是要做一道世间独有的美食。小两口拎着衮盒，出镇西，过米头桥，向儒元一路兴高采烈地走来。也许是老天爷也要考考这位帅哥，眼看穿过田间小道，就要进村了，一场突如其来的当头雨，把衮盒里的东西全淋湿了。这下可把阿坤急坏了。时至当午，岳父大人和宾客正在家里等着。聪明灵巧的阿坤急中生智，忙对岳父大人说，你要的东西我带了，就让我来做一道菜吧！岳父大人一听乘龙快婿自告奋勇做菜，正中下怀，忙说，你要抓紧点，来喝喜酒的客人正等着呢。阿坤躲进厨房，乒乒乓乓忙活开了。刚刚才一炷香工夫，一盘盘热腾腾香喷喷的点心端上桌来。岳父大人和客人一看，都惊诧不已，这叫什么菜？看那一粒粒形状恰如烧卖，而包心却如紫玉般闪闪发亮，活像一尊尊小佛塔。宾客一个个大吞口水。岳父大人忍不住用筷子夹了一只放进嘴里一咬，又香又甜，嘴唇还差点被热油烫起水泡来。小女婿这才自负地说，这是我发明的甜烧卖，吃一口包你香甜透心！于是，赴宴的客人不顾当客人的礼节，争先恐后地品尝开了。原来，阿坤这甜烧卖正是利用他岳父大人叫带的礼品加工的。把淋湿的清水饼切成指头大小块状，拌上白糖、紫菜和临时熬的热猪油，揉和在一起，捏成一小团一小团，拿特制的扁肉皮包裹成一尊尊小佛塔，蒸熟后即可食用。很快，阿坤发明的“甜烧卖”在镇上四方八堡流传开了。渐渐演变成夏茂人宴请东床女婿“三过汤”中一道必备的特色点心。

2. 李纲吃扁肉的传说

扁肉又叫扁食，是沙县人最普遍、最受欢迎的小吃，也是小孩子最爱吃的小吃。在沙县到处都可以看到小吃店里卖扁肉。听说，早在一千多年前的唐朝，沙县就出现过有人卖扁肉；还传说宋朝时有个官员叫李纲，因为上书言事，得罪朝廷，被贬为沙县筦库监（税务官），平常李纲居住在寓轩，有空的时候就登山、饮酒、赋诗，还根据沙县的风景名胜特点，命名了“沙阳八景”。他经常到文昌门里的赞化宫旁吴仕仁老大爷的“吴家扁肉店”品尝扁肉。吴大爷态度好，为人和气，但因年纪大，本钱少，缺帮手，生意清淡，一天卖不了几个钱。李纲看到后，非常同情，就教吴大爷一些朝廷传出的添香增味配方，使吴大爷制作的扁肉香、鲜、酸、辣，五味调和，顾客吃后赞不绝口，自此生意兴隆。李纲因此也非常高兴，还写诗赞美扁肉：“浑沌乾坤一包中，常存正气唱大风，七峰叠翠足娱晚，十里平流任西东。”李纲后来调回朝廷，但他传授的扁肉配方却一传十，十传百，留在了沙县。沙县扁肉也名声大振，还传到台湾，称为“贡丸”，至今沙县小吃店在外也大多有卖扁肉的。扁肉为沙县人赚了好多好多钱，大家在盖房子时，常比喻说：“扁肉是砖头，面条是钢筋。”沙县人还将一条滨河路段命名为“李纲路”，以怀念李纲抗金功绩和为沙县美食做出的贡献呢！

3. 烙粑的传说

农历四月初一沙县有吃烙粑的风俗。这一天，家家户户都要把米粉或面粉和糖水调成浆，烙成又香又脆、或甜或咸的香粑。这时，在山间小道上漫步，耳边听的是香粑入锅时滋滋的响声，空气中弥漫的是诱人的香味，你肯定会垂涎三尺。而淘气的孩子呢，这时也不再满世界疯跑，他们站在锅台边，眼巴巴地等着一饱口福。

相传很早的时候，有一种专门传播病害的蛊毒鬼。每逢阳春三月万物复苏之时，冬眠的各种毒虫蛇类也苏醒过来，蛊毒鬼便开始搜集各种各样的毒虫，让它们互相争斗，然后将斗胜的、毒性最强的虫子焙干，磨成粉，到了四月初一这一天，蛊毒鬼就把所有的虫都散发出来，使天空布满了各种各样的虫子，几乎把太阳都遮掉了，变成了一个漆黑的天空。这些虫子沾到食物上，人们一吃就毒发身亡。

百姓非常惧怕，有的一个劲地敲锣打鼓赶毒虫，有的打起火把熏毒虫，可是不管他们怎么治，都没有办法把虫子赶走。有一座房子里住着几口人，他们去赶虫子，赶得一个个头昏脑涨、饥肠辘辘，小孩子哭着说肚子饿，要吃东西。大人怕小孩中毒，开始不敢煮，后因孩子哭得太厉害了，只好拿了些面粉用水揉开，并找来七种带有消毒祛病功能且香味浓郁的野菜与面粉和在一起，再拿到锅里去烙，没想到经锅里的粑香气一熏，那些毒虫竟成片成片地掉在地上死了，而小孩狼吞虎咽地吃粑却全然没事。于是左邻右舍也学着这一家烙起粑来，一时间街头巷尾处处芳香扑鼻，人们吃着香甜爽口的香粑，毒虫却消失殆尽。从此以后，沙县四月初一烙香粑的习俗就传了下来，并被定为烙粑节。香粑的做法也越来越精致，成为沙县别具一格的风味小吃。

4. 米灌肠的来历

米灌肠可以说是沙县夏茂小吃中最具地方特色的小吃了。

从前，山里人穷，一年到头难得吃上一顿鸡鸭鱼肉。清顺治年间，山里大旱，年关又到了，眼看着家家户户粮食米缸见了天，更别说杀鸡宰鹅过年了。这年冬天，夏茂大汉罗其熊，人称罗总爷，因参加反清复明攻打徽州兵败，旋回故里。他看着乡亲们处在饥寒交迫之中，便扛了把猎枪，钻进深山野林打了一头野牛。尽管野牛身材庞大，可对于苦度饥寒的乡亲来说，无异于杯水车薪，怎么办？面对野牛，他发愁了。夜里辗转反侧无法入睡。蒙眬之中，一位白发苍苍的老人来到他跟前，对他说，把野牛的内脏肝肠肺脾灌上米浆，就可以让很多人吃饱了。他一机灵醒来，原来是南柯一梦。而梦中那位白发老人正是他攻打徽州兵败时，庵里那个托梦指点他逃脱的菩萨。他赶紧跪地朝天拜了三拜。第二天天一亮，他让家里人按照梦里菩萨指点的办法，磨来一大桶米浆，小心翼翼地灌进野牛的肝肠肺脾等内脏。果然 下子野牛的身体膨胀了几十倍。煮熟后，他让乡亲们挨家逐户领了一份。这一来，既可以食饱又可以解馋，乡亲们总算过了一个饥荒年。

5. 沙县喜粿的传说

沙县人每年农历立夏时，家家户户都要制作喜粿，以迎接夏天的到来。

传说喜粿源自战国时孙膑与庞涓斗智的故事。孙、庞两人本来同为鬼谷子的学生，庞涓艺成下山担任了魏国大将，魏王对庞涓言听计从，风光得很。孙膑后来也学艺有成，就下山投奔庞涓，刚开始庞涓对孙膑还是热情接待，后来见师弟孙膑才能比他高，就由忌妒而想陷害和排斥孙膑，竟然向魏王诬告孙膑想勾结外国谋反。魏王听信谗言，将孙膑下入大牢，处以酷刑。庞涓还假惺惺地表示同情，还想请孙膑在狱中为他写下兵法。孙膑后来知道内幕后，就假装疯癫，将写下的兵法全部烧毁，避祸流落街头。庞涓对孙膑疯癫之事，怀疑有诈，就派人监视孙膑。孙膑的门人为救他，将红米磨浆制成黑不溜秋的喜粿投掷孙膑，孙捡而食之，避开了庞的监视。后孙膑被齐国使者发现，就想办法帮孙膑伪装逃至齐国，成为齐国丞相田忌的门客。有一天，田忌与齐王赛马，孙膑为田忌出谋划策，以下马与齐王上马赛，以上马与齐王中马赛，以中马与齐王下马赛，结果以“二胜一负”成绩，胜了齐王。赛后，田忌就向齐王推荐了孙膑，孙膑被齐王拜为军师。有一次，魏国包围赵国，赵国向齐国求救，孙膑采取“围魏救赵”之计，解了赵国之围。后又屡破魏军，于马陵道上打败庞涓，庞涓自杀。孙膑也为后人留下了喜粿这一美妙的食品，并被中原人带到南方，沙县作为闽越之地自然承接了这一习俗。其实此时正值农事大忙，喜粿制作方便，又耐饥，自然成为农民下田中耕时最好的快餐食品，而一代一代沿袭下来，并为沙县小吃增添了一道风味独特的美食。

6. 鱼合福（鱼茸丸）的故事

俗话说，一方水土养一方人。沙县地处山区，山多水少，自然是靠山生活。但县城里有沙溪和东溪两条溪流经过，自古以来也有向水讨生活的，东门一带历来都住着一批渔民和艄公。自然沙县的圩市上，从来都不缺少鱼，而且品种繁多，有草鱼、鲢鱼、鲫鱼、青鱼、白刀鱼等，还有一种据说是沙溪中下游特有的珍贵鱼类，叫黄尾鱼。鱼的烹制方法很多，蒸、煮、煎、炸、炒、焖、红烧皆可，袁枚《随园食单》记载：“用白鱼、青鱼活者，剖半钉板上，用刀刮下肉，留刺板上；将肉斩化，用豆粉、猪油拌，将手搅之；放微微盐水，不用清酱，加葱、姜汁作团，成后，放滚水中煮熟撩起，冷水养之，临吃入鸡汤、紫菜滚。”袁枚记载的是鱼茸丸子。鱼茸丸，顾名思义就是将鱼肉剁制或打制成茸后制成的菜肴。这种做法决定了鱼茸丸的特性，必须挑选上等的鱼为原料，经过复杂的操作程序，煮出来才口感细腻，口味极佳。

沙县有一道著名的鱼茸小吃，叫作“鱼合福”，相传是沙县现代实业家潘伊铭发明的。潘伊铭小名阿奴，小时候家里很穷，15 岁就以撑小船运货谋生。19 世纪末，陆路运输还很落后，一般货物都靠船运。当时货船从城关到琅口运货，一般人一天运一趟。潘伊铭每天傍晚先把船放到琅口，第二天一大早就装船运货，一天可以运两趟。他的勤劳诚实得到了当时茶叶箱制作商潘老板的赏识，对他说如果他想做茶叶生意，愿意赊茶叶箱给他。那时潘伊铭的母亲在琅口一个叫金和丰茶庄杨老板家当奶妈。有一天，他去看望母亲，同杨老板谈起做茶叶生意的事。杨老板讥笑他说，就你这个撑船运货的毛小伙，连茶叶箱都买不起，哪有本钱做茶叶生意。潘伊铭说，茶叶箱倒买得起，就是没本钱买茶叶。杨老板夸口说：如果你有茶叶箱，我就赊给你茶叶。潘伊铭当即去向制作茶叶箱的潘老板赊了一千个箱子，杨老板因夸下海口没办法，只得赊给他一千箱的茶叶。潘伊铭由此起步，逐渐发展，在福州上杭路万隆巷开了金裕铭庄，成了沙县赫赫有名的茶庄老板。后来他还经营沙县、永安一带的木材、笋干，木材和笋干经沙溪运到福州，再转销往上海、天津等地，甚至销到海外。据说，潘伊铭经营的沙县笋干曾在巴黎国际博览会上展出，在国内外市场上颇有声誉。

再说回来，潘伊铭是一个大孝子，发财以后对母亲孝敬有加。他的母亲非常爱吃鱼，特别是沙溪特产黄尾鱼，潘伊铭就经常买黄尾鱼给她吃。黄尾鱼的肉虽然鲜嫩，但刺又细又多，其母亲年迈，吃鱼时常被刺卡住。潘伊铭想，如果把鱼刺挑掉，打制成鱼茸，再煮给母亲吃，不就解决问题啦。于是他叫家里的厨子，制成鱼茸给母亲吃。她母亲吃过几回，又觉得鱼茸似乎缺了点什么，总没有原来的鱼上口。潘伊铭又想，如果把鱼茸和捣烂的豆腐掺和在一起，做成鱼茸豆腐，不就更有味了？就这样，潘伊铭发明了一道新菜——鱼茸豆腐。潘伊铭的母亲一吃，果真口味鲜美，赞不绝口。

后来，这道小吃传开来，沙县很多厨师都会做。有人还运用谐音取了个吉祥的菜名，叫“鱼合福”。

7. 夏茂芋包子的传说

闽西北古镇夏茂有种造型奇特风味独具的小吃，叫芋包子。芋包子是用新鲜的芋子打烂，掺入地瓜粉、木薯粉，或者蕨根粉，细心揉和后，捏成小酒杯一样的坯，包进笋干瘦肉馅，就可以下锅了。夏茂的芋包子都捏成三角形，如同一锭晶莹闪烁的金圆宝。

说起这种三角形的芋包子，民间还有一段神奇的传说。事情发生在明末清初，当时镇上有个廪生叫罗南生，为人好爽仗义。清兵入闽以后，他拥戴明皇室德化王，秘密建立武装，共图反清复明大业。他率领义军打出“剿除衙役”的口号，杀死作恶多端的县令董璘。义军声势越来越大，接连攻下不少城池，一直打到江西赣州附近。清兵派了精锐的部队围剿，义军终因寡不敌众，被清兵团团围困在一座孤城里。义军弹尽粮绝，眼看就要全军覆没。

晚上，罗南生无意中踱到寺院东侧的厨房，竟发现锅里浮着一堆三角形的东西。罗南生大为惊奇，庙里的和尚早已不知去处，哪来这一大锅的美食？罗南生饿坏了，顺手捞起一个吃了起来，只觉得这东西细腻香滑，满嘴的芋子味儿。他猜测，肯定是神人在庇佑义军。于是，他叫来亲兵一起共享。夜里，罗南生正蒙胧入睡，一位白发苍苍的老者对他说，清兵已经将城包围了，锅里三角形芋包子那个大角指的就是秘密出城的方向。罗南生一惊醒来，发现神龛里有两尊木头篾身的菩萨，锅里芋包子的大角都指向北边，知道是神人在指点。罗南生顺手将两尊菩萨掖在盔甲的内袍里，按照芋包子指点的方向，连夜逃出城去了。

回到夏茂，罗南生出钱修建了一座神祇头庵，把两个菩萨供奉在上，称“邪邪”“妮妮”。

从那以后，每年正月镇上的迎神会，都要做三角形的芋包子，迎神会最后把“邪邪”“妮妮”送回庙中。夏茂有童谣唱道：“菩萨上岭，芋包下鼎，菩萨回庙，芋包拌汤。”到了正月十五傍晚，菩萨上街游完最后一趟后，抬回到神祇头庵坡下。这时抬轿的小伙子由四个增至八个，杠棍从肩膀放到手臂上，一番吹吹打打祭祀过后，小伙子们一声呐喊，像离弦的箭一样，抬着菩萨冲向岭上神祇头庵。在欢笑声中，人们开始品尝芋包子。

就这样，芋包子成了夏茂一带的名小吃，一直流传到现在。

8. 泥鳅汤卷心面的故事

明万历年间，在夏茂古镇街头住着一对年轻的夫妻。男耕女织，生活虽然清苦，但小两口恩恩爱爱，相敬如宾，日子过得蛮舒心。但是丈夫不甘心一辈子面朝黄土背朝天，一心想通过读书出人头地。于是，发愤读书，经常就着一盏小油灯熬到半夜三更。妻子看在眼里疼在心里，生怕他熬坏了身子，就想方设法做些可口的饭菜。那时山里穷，鸡鸭鱼肉一年到头也难得见上几回。为了让丈夫吃得好点，只好在“米”字上做文章。心灵手巧的她，常常把米磨成浆，做出各式各样精美的点心。一天，她在田里抓到十条活泥鳅，满心欢喜，就加些桂叶、荜茇、大蒜之类作料，熬成一种味道鲜美的泥鳅汤，浇淋在米浆做的卷心面上，吃得丈夫连声叫好。于是，一有机会，她就精心制作这种泥鳅汤卷心面，以改善丈夫的口味。

转眼，秋闱临近，丈夫辞别古镇要进京赶考了。临别时妻子泪水涟涟，一再叮嘱他无论如何考试后早日返回故里。哪知道，一表人才的他进京后不久，被一位富商千金小姐看上了。看着满屋子的绫罗绸缎，金银财宝，他眼迷了，心动了，早把糟糠之妻的叮嘱忘得一干二净，竟美滋滋地当上了富商的乘龙快婿。不料，天有不测风云，吃香喝辣的日子没过上几年，一把大火把富商的高楼烧得干干净净，而他也被大火熏瞎了双眼，被驱逐出门，转眼成了鹑衣百结沿街乞讨的叫花子。

话分两头。在镇上的妻子见丈夫一去没了音讯，以为进京途中遇害了，竟日思夜念，渐渐愁白了一头秀发，只得靠制作卷心面过日子。一天，她正倚门看望街头来往行人，眼睛忽然一亮，心口扑扑直跳，这不是她丈夫吗？是他，虽然离别十来年了，他颈脖上那颗独特的红痣怎么也改变不了。他还活着，他怎么成了这个样子，一根拐杖，一只破碗，还沿街乞讨？几年来，她听过不少她相公的传闻，有的说进京路过蕉坑岭时，被一伙强盗打死了；也有人说，在京城见过他，一身绫罗绸缎，一脸不可一世的神情……瞬间，她的心像打翻了五味瓶，说不清楚是什么滋味。我该怎么办？一会儿，她渐渐冷静下来。对，先问清楚再说。

这时，乞丐拄着拐杖，趔趔趄趄朝她家这边走来。她将他扶进了客厅，拿了把板凳让他坐下。她故意问道：“老乡，敢问家住何处，为什么变成这样？”他听得问话的声音温柔和善，大概没什么恶意，就深深叹了口气，慢条斯理地说，别提了，大姐，都是我的过错，那年要是没有离开老家就好了，我娘子对我一直非常好，我真恨自己……

听了他的讲述，她哆嗦着端上一碗香喷喷的泥鳅汤卷心面，插话说：“你一定肚子饿了，先吃吧。”

他接过碗，低下头狼吞虎咽吃开了。吃着，吃着，突然停住了筷子，像是自语又像沉思：“这味道真好，大姐，你这泥鳅汤卷心面怎么跟我娘子做的一模一样。”说着，忽然惊诧地仰起了脸，“全夏茂镇只有她才会配制这种味道的泥鳅汤，只有她。你，你，你……是谁?”

“卷心面，卷心面，心都给卷走了，人活着还有什么滋味呀……”她一切都明白了，忍不住掩口嘤嘤哭起来。“你，你，你是秋兰?”他手中的碗“嘭”一声摔在地上碎了，那泥鳅汤面撒了一地。“秋兰，秋兰，我好后悔啊，我贪图荣华富贵，把你抛弃了，心都被卷走了，我还活着干吗!”说着，一头向墙壁撞去，只听“嘭”的一声，他倒下了。

从此，夏茂人远离故乡无论走到哪里，逢年过节都要做一次泥鳅卷心面，让一家老少尝一尝，以示游子不忘乡亲，不忘故里。

9. 蛋索面的来历

蛋面是沙县南阳乡的美食。蛋面又称蛋索面，又名鸡肠面。制作蛋面时先将鸡（鸭）蛋磕入碗中，顺时针方向搅打成蛋液，地瓜粉入盆，蛋液加适量清水和调味料混合打成稀糊状，平底锅烧热，抹上油，倒入粉浆摇晃至均匀，文火烘焙成薄面皮，熟透后揭下卷团切条即可。成品色泽黄亮、蛋香浓郁、软韧爽滑、咸鲜可口，是面条之上品，属于高档面条。切条后若和肉丝、香菇丝、白菜丝、冬笋丝一起炒熟，蛋香、肉香、菇香、笋香融合，香气四溢，吃上一口，欲罢不能。

传说，南阳蛋面的来历与罗岩太保有关。

明朝洪武年间，一票山匪自江西流窜到七都村头（现在南阳乡华村）罗岩山下，这群乌合之众来自游兵散勇，足有二十来人，匪首牛疤痢，欺男霸女，无恶不作，村民敢怒不敢言。

一天，牛疤痢又带人入村抢劫掠夺，半夜闯进村头豆豉溪边的罗老汉家，翻箱倒柜洗劫一空，离开时见罗家独生女儿桂姬年轻靓丽，顿生歹心，将她捆绑，连夜强掳上山，留言索要赎资一百枚银圆。罗老汉家一贫如洗，温饱尚未解决，哪里有钱赎人？罗老汉无计救女儿，急得像热锅上的蚂蚁。

隔壁邻居提醒他说，罗岩太保公灵验，何不前去罗岩太保庙祈求帮佑？罗老汉猛一惊醒，一拍大腿：对呀！一着急我怎么把这茬给忘了。敬神拜佛需供品，罗老汉翻遍家中犄角旮旯，除了九枚土鸡蛋和一小袋地瓜粉外，再无其他。他急中生智，把鸡蛋和地瓜粉调成糊浆，用平锅烙成圆饼，再卷起来用菜刀切成细条条，做成一碗别致的鸡蛋面，一大早急急忙忙赶到罗岩庙去，恭恭敬敬奉在三位太保公殿前供桌上，虔诚叩首……

话说山贼把桂姬掳走，送进罗岩山东面的野猪洞内，还未待坐定，天空突然乌云密布，一股山风迎洞口袭来，接着一根拇指粗的绿色山藤横贯直入，眨眼间把二十多个山匪的手脚扎扎实实捆绑在一起，二十多人被山藤“穿”成一根绳，赛似一根麻绳上的蚂蚱，他们即使拼尽全身气力也无法挣脱。而绑在桂姬身上的麻绳却自动松脱，她乘机迅速逃回家去了。

三日后，这伙被捆的山匪饿得头昏眼花，奄奄一息。回想之前自己所做的一切，个个忏悔自己作孽太多，活该命绝。其中一个心智聪慧的山贼，脑瓜子很快转过弯来，意识到是罗岩太保公显灵，暗中惩罚他们，跪地求太保公饶恕，其他人见了纷纷仿效，并表决心再也不做坏事……说话间，群匪身上山藤索瞬间消失，仔细寻找，身上哪有什么藤索，只是每人面前一碗蛋面而已！山匪个个饿得前胸贴后背，捧起蛋面狼吞虎咽……他们深谙这次太保公罪罚并不重，只算是警告，此后改邪归正，再不敢做坏事，回乡安家落户，并自食其力。因这个故事，南阳蛋面又称蛋索面。

至今，沙县人在品尝南阳蛋面的美味时，对罗岩太保公勇救桂姬的故事仍津津乐道。南阳蛋面也因这个传奇的故事风靡沙县，并流传下来。